유대인과 한국 사회

유대인과 한국 사회
우리에게 유대인은 누구인가

2019년 11월 20일 인쇄
2019년 11월 27일 발행

지은이 | 최창모
펴낸이 | 김영호
펴낸곳 | 도서출판 동연
등 록 | 제1-1383호(1992년 6월 12일)
주 소 | 서울시 마포구 월드컵로 163-3
전 화 | (02) 335-2630
팩 스 | (02) 335-2640
이메일 | yh4321@gmail.com

ISBN 978-89-6447-533-1 03300

유대인과
한국사회

우리에게 유대인은 누구인가

최창모 지음

동연

오래전 예루살렘에서 만난 미국의 고인류학자는 면전에서 나를 물
끄러미 살피더니, "당신은 어디서 왔느냐?"고 물었다. 알다시피 난
한국인이라 했더니, "당신의 뿌리는 어디냐?"고 되물었다. 내 조상
은 한반도 남쪽 경주라는 곳에서 살았고, 아주 멀리 바다에서 왔다
는 얘기를 전해들은 바 있다고 대답했다. 그는 주저 없이 "당신은
골상학적으로 페니키아인일거야. 당신은 분명 해양민족의 후예야"
라며 진지하게 웃었다.

　　나는 단 한 번도 내가 유대인 연구자가 될 것이라고 상상하지 못
했다. 단지 가르침을 받고 싶은 분이 있었고, 그가 우연히 유대인이
자 예루살렘 히브리대학교의 교수였을 뿐이다. 유학을 떠날 때 이
스라엘은 레바논과 전쟁이 한창이었다. 내 주변 사람들이 걱정했
다. 꼭 거기로 가야만 하는 거냐고. 돌이켜 생각해 보면, 나는 내 안
에 잠복해 있던 유전인자에 이끌려 본래 내가 왔던 곳으로 돌아가

고 싶었을지 모를 일이다. 이를 두고 운명의 장난이라 해도 어쩔 수 없다.

유학시절은 가난했지만 행복했다. 물론 낡고 좁은 대학 기숙사에서 가족들과 살면서 연구 풍토가 전혀 다른 곳에서 낯선 히브리어로 공부한다는 것이 쉬웠다는 말이 결코 아니다. 눈물도 참 많이 삼켰다. 그러나 예루살렘 구도시의 미로 같은 골목을 혼자 걸으며 진한 향신료와 아랍 커피 냄새를 맡는 일을 좋아했고, 히브리대학 언덕에서 텅 빈 유대 광야를 바라보거나 그곳에서 불어오는 뜨거운 공기를 들이마시는 것을 사랑했으며, 머리를 식힐 겸 종종 갈릴리 호수로 여행할 때는 벅찬 감동이 밀려오곤 했다. 중고서점 순례를 핑계 삼아 찾던 텔아비브 해변, 사해나 홍해를 찾아 수영을 하는 것은 빈궁한 유학생에게 주어진 사치였다. 그러나 역시 최고는 도서관에서 보낸 시간들이었다. 아침 일찍 자리 잡고는 해질녘에 도서관을 나설 때마다 내 몸에서 나는 케케묵은 책 냄새가 예루살렘의 서늘한 밤공기와 어우러질 때면 살아 있는 것이 겹도록 행복하다는 것을 온몸으로 느끼곤 했다.

난 유대인을 참 좋아했다. 겉으로는 거칠고 예의 없고 버르장머리 없는 자들처럼 보였으나 알고 보면 속은 언제나 달콤한 사람들! 그래서일까, 스스로를 '사브라'(선인장)라 부르지 않던가. 종종 가시처럼 나를 아프게 찌르기도 했지만 그건 단지 오랜 세월 타국에서 나그네로 살다 보니 눈칫밥에 곁눈질이 늘게 마련이고 미움과 설움, 차별과 박해 속에서 살아남으려면 어쩔 수 없이 강인해져야 했기 때문일 것이다.

재외공관도 없던 시절, 공부가 끝나갈 무렵 또다시 전쟁이 터졌을 때 각자 살길을 찾아 대부분의 유학생은 이스라엘을 떠났다. 예비군 소집 영장을 받아 든 유대인 친구는 내게 말했다. "너는 참 좋겠다. 갈 곳이 있으니…." 그러나 사실 나와 나의 가족은 피난하지 못했다. 솔직히 떠날 차비가 없었다. 대학과 도서관은 문이 닫히고, 내가 할 수 있는 일이란 사담 후세인이 쏜 장거리 미사일이 떨어진 곳으로 달려가 한국의 여러 방송국에 해설을 덧붙여 화면을 송출하고 얼마간의 용돈을 버는 일이 고작이었다. 뉴스를 본 지인들은 "왜 아직 거기에 남아 있느냐?", "어서 빠져 나와라"는 말을 하며 위험한 전황을 숨 가쁘게 전해 줄 뿐이었다. 오래 가지 않아 전쟁은 끝나고 샤론 평화에 오렌지와 레몬꽃 향기가 그윽할 때 그 유대인 친구는 내게 이렇게 말했다. "함께 있어 줘서 고마워."

누군들 안 그렇겠느냐마는 특히 유대인들에게 조국/모국은 남다르다. 2,000년 가까운 세월 동안 이리저리 쫓겨나 떠돌이로 살다가 조상들이 살던 땅에 나라를 세웠으니 어찌 그렇지 않을 수 있겠는가. 남녀 모두 군대를 가야 하고, 제대 후에도 일 년에 한 달씩 예비군 소집을 당하며, 거리마다 강의실마다 실탄이 장전된 총을 들고 다녀도 저들은 불평 없이 잘도 지내는 것 같았다. 내 친구 중 하나는 왼팔 없이 학업을 이어 가고 있었는데, 전쟁 중 큰 부상을 입었다고 들었다.

그런데 1987년 12월 어느 날, 기숙사에서 시내버스를 타고 예루살렘 구도시 근처에 있는 헌책방에 가는 중 버스에 날아든 돌멩이가 유리창을 깨고 들어와 창가에 앉아 있던 여성의 머리를 때리고 깨진 유리 파편이 옆자리에 앉아 있던 내 눈에 흩뿌려졌다. 순간 나는 골목길로 내달려 도망치는 한 소년의 뒷모습을 보았다. 버스 운전사는 꽉 잡으라고 외치며 전속력으로 내달려 부상자들을 병원에 실어다 주었다. 내 왼쪽 눈동자 안에는 그때 얻은 상처가 아직 남아 있다.

솔직히 말해서 나는 제1차 인티파다(팔레스타인들의 반이스라엘 저항운동) 이전까지만 해도 '팔레스타인 문제'에 관해서는 잘 알지 못했다. 그건 내 연구 분야가 아니었다. 점차 팔레스타인 친구들과 이야기도 나누고, 그들이 사는 마을이나 집에도 방문하여 그들의 사정을 눈으로 보고 알게 되었다. 경제 사정은 물론 정치적 차별과 억압으로 인한 고통이 이만저만이 아니었다. 종종 대학 구내 복도에서 유대인 교수와 팔레스타인 학생들 사이에서 언쟁하는 모습도 눈에 띄었다.

나는 매우 혼란스러웠다. 불과 50년 전에 유럽에서 살던 유대인들이 겪은 비극적인 경험이 팔레스타인들의 삶의 자리에서 재현되고 있다니. 최소한의 인간의 존엄성을 지킬 수 있는 국가 건설을 요구하던 유대인들이 최소한의 생존권을 주장하는 팔레스타인들을 향해 저지르는 야만적인 말과 비문명적인 행동을 적어도 내 머리와 가슴으로는 이해할 수 없었다.

'나는 왜 유대인 역사를 공부하는가?' 젊은 유학시절 내내 스스로에게 던졌던 이 질문을 은퇴를 코앞에 둔 지금까지도 나는 되묻곤 한다. 머리가 아둔하여 아직까지 그 해답을 찾지 못한 까닭도 있겠으나, 학문을 하는 서생이라면 누구나 궁구(窮究)해야 할 질문이 있어야 하리라. 나는 단지 우리 사회의 유대인 지식 중계상인가? 그것을 팔아서 얻고자 한 이익은 무엇인가? 지금까지 내가 팔아 남긴 이득은 또한 몇 푼어치나 된단 말인가?

오늘날 한국 사회에서 유대인에 대한 이해는 얇고도 가볍다. 국내 유일의 히브리학과는 척박한 토양에 뿌리를 내리기도 전 스무 살이 채 안 되어 타살당했고, 폐허가 된 학문의 전당에는 잡초만 무성하다. 자본주의의 하수인이 되어 사유 없이 성장만을 쫓아 온 대학 시장에서 '모퉁이 학문'을 한다는 것은 아무 소용도 없는 '메아리 없는 외침'에 불과한 일일까. 한쪽에서는 여전히 오해와 편견이 난무하고, 다른 한쪽에서는 눈에 보이는 것만을 쫓고 있는 현실에서 '나는 헛산 걸까' 하는 물음을 되뇌며 이 책을 쓰게 구상하게 되었다. '모퉁이 학문', '메아리 없는 외침'이었지만 그것들이 우리 눈의 맹점처럼 생활에서 뼈저리지 않을 뿐, 매우 중요한 것이라는 믿음을 아직도 지니고 있기 때문이다.

이 책은 지금까지 써 두었던 글들을 모아 총 2부로 재구성하였다. 제1부에서는 한국 사회가 마주한 유대인 이야기를 다루면서 우리에게 유대인은 어떤 존재인가를 살펴보았고, 제2부에서는 지난날 유대인이 살아 온 고단한 과정을 요약하고, 오늘날 누가 유대인인가를 논의해 보았다.

'우리가 본 그들'과 '그들이 본 우리' 사이의 간극(間隙)은 얼마나 될까? 두 시선이 만나는 교차점은 과연 어디인가?

오늘날, 우리에게, 유대인은 누구인가?

2019년 10월

최창모

차
례

책을 펴내며   004

들어가는 말   012

제1부 ㅣ 우리에게 유대인은 누구인가

1장 한반도에 유대인은 어떻게 들어왔을까   021

2장 한국 근대사에 남긴 유대인의 발자취   061

3장 유대인과 마주한 한국의 근대지식인들   090

4장 한국 사회의 유대인 이미지 변천사   130

제2부 | 오늘날, 누가 유대인인가

1장 디아스포라 역사와 반유대주의   167

2장 반유대주의가 시온주의를 낳았다   186

3장 시온주의는 메시아 운동인가   208

4장 오늘날, 유대인은 누구인가   222

책을 맺으며   254

참고 문헌   256

들
어
가
는

말

역사적으로 한반도에 유대인들이 거의 체류하지 않아 그들과 직접 접촉할 수 있는 기회를 갖지 못한 한국 사회에서 유대인에 대한 인식은 매우 독특하다. "유대인은 천재다"라는 칭송에서부터 "유대인은 돈과 권력의 노예다"라는 비판까지 인식의 스펙트럼은 다양하다. 한국인 스스로 자랑삼아 "우리는 제2의 유대인이다"라고 서슴없이 말하는 세대가 있는가 하면, 사실상 "유대인이 대리인(미국)을 내세워 전 세계를 지배하고 있다"라는 음모론에 가까운 말까지 들리기도 한다.

　오래전부터 전 세계에 흩어져 살고 있던 유대인이 맨 처음 한반도에 등장한 것은 언제였을까? 그들은 어디서 어떻게 흘러 들어왔을까? 그들이 한국사 또는 한국 사회에게 끼친 영향은 무엇이었나? 한국인들의 유대인에 대한 시선과 태도는 어떠했나? 한국인들에게 심겨진 유대인 인식과 그 이미지는 어떻게 형성된 것일까? 낡고도

새로운(old-new) 유대인과 한국인의 관계의 실타래를 풀어 나가
보자.

한반도에 유대인은
어떻게 들어왔나?

아직까지 유대인이 한반도에 흘러 들어와 정착해 살았는지 여부를
밝히는 연구 결과는 없다. 다만 기록에 따르면, 적어도 12세기 중국
송나라의 수도 카이펑(開封)에 남모회회(藍帽回回)라 불리던 유대
인들이 집단으로 거주하여 살면서 유대 회당을 건설했으며, 13세
기에는 수많은 유대인이 육로를 통해 북경까지 진출하기도 했다.
이들 대부분은 오랜 세월에 거쳐 한족이나 후이족에게 동화되어 20
세기 초까지 중국인들조차 유대인들의 존재를 알지 못했다. 또한,
최근 몇몇 연구를 통해 18세기 유대 상인들이 동아시아와 중국의
항구도시에 처음 발을 딛게 된 배경과 그 경로를 어느 정도 알아낸
바 있다. 우리는 이들의 흔적을 살펴봄으로써 유대인들이 한반도에
유입되었을 가능성에 대해 추론하여 그 연결 고리를 추정할 수 있
을 뿐이다.

한국 근대사에 남긴
유대인의 발자취

그러나 몇몇 유대인이 한국 근대사에 등장한 것—비록 '집단'으로

서가 아닌 '개인'으로서—은 이상한 일이 아니며, 한국 근대사에 끼친 그들의 영향 또한 적지 않았다. '만약' 이들이 등장하지 않았더라면 하는 질문이 성립될 수 있다면, 역설적으로 이들의 활동과 그 결과의 중요성은 간과되지 아니할 것이다. 최초로 유럽에 한국을 소개한 독일계 유대인 에른스트 야콥 오페르트, 최초의 구약성서 국역사에 기여한 러시아계 유대인 알렉산더 앨버트 피터스, 그리고 러일전쟁의 재정 후원자인 미국계 유대인 야콥 쉬프의 흔적을 통해, 부정적이든 긍정적이든 간에 그들이 한국 근대사회에 끼친 적지 않은 영향과 그 의미를 살펴보는 일은 결코 무의미한 일이 아닐 것이다.

한국 근대지식인은 유대인을
어떻게 이해하고 있었나?

그렇다면 유대인에 대해 언급한 최초의 한국인은 과연 누구였을까? 그들은 왜 유대인에 관심을 갖기 시작했을까? 그들이 말하고 있는 유대인은 누구였을까? 적어도 '우리의 눈에 비친 타자'는 곧 '자기 정체성'과 직결된다. 즉, 타자에 대한 시각은 곧 자신에 대한 인식과 관련이 있다. 한국의 근대지식인들 중에서 유대인에 대해 장황한 언술을 펼쳐 놓은 윤치호, 김윤경, 김우현, 목영만, 최남선 등의 시선은 신선하고 다양하여 흥미진진하다. 해방 전후, 왜 한국의 지식인들은 유대인을 자주 거론하였던가?

한국 사회의 유대인 이미지

변천사 소고

역동적인 한국 현대사는 유대인에 대한 인식을 빠르게 바꾸어 놓았다. 1960~70년대 개발독재 시절 유대인의 개척정신과 근면성은 '새마을 운동'에, 이스라엘의 애국심과 국가안보 의식은 '반공교육'에 그대로 반영되어 유대인에 대한 이미지를 '정치화'했다(오늘날 태극기 부대가 광화문 광장에 미국 성조기와 함께 이스라엘 국기를 들고 나타나는 것이 우연일까?).

1980~90년대 유대인 이미지는 '상업화'되었는데, 고도 경제성장과 함께 불어 닥친 한국 사회의 뜨거운 교육 열풍과 한국교회의 부흥과 더불어 설득력 있는 이미지로 자리매김했다. 역경을 뚫고 살아 온 유대인의 성공 비결은 무엇인가? 어떻게 유대인들은 노벨상 수상자를 그렇게도 많이 배출했을까? 유대인 교육의 비결은 무엇인가? 유대인의 성공 모델은 방방곡곡에서 우수한 인재와 부자 만드는 법으로 탈바꿈되어 폭넓게 대중을 지배해 나갔다. 이 시기 성지 순례는 기독교인의 당연한 '의무'처럼 유행했다.

2001년 9·11 사건 이후, 국제 사회는 물론 한국 사회에서도 이슬람에 대한 인식 변화가 뚜렷하게 나타난다. 국제 질서의 냉혹한 현실 속에서 초강대국인 미국을 바라보는 시각이 달라지기 시작했으며, 특히 미국과 이스라엘의 견고한 동맹 관계는 반미주의를 반유대주의와 연결시키면서, 한국 사회에서도 서서히 유대인에 대한 부정적인 비판이 봇물처럼 터져 나왔다. 유대인은 더 이상 '선민'이 아니라, 지구촌의 골칫거리로 전락하고만 것이다.

오늘날,
누가 유대인인가?

그렇다면 오늘날 '유대인'은 누구인가? 한국인들은 왜 '(오래된) 성서 속 유대인'과 '(새로운) 이스라엘의 유대인'을 구별하지 못하는 걸까? 여전히 일부 한국 기독교인들은 둘 사이의 차이를 보지 못한다. 팔레스타인과의 갈등과 분쟁 속에서 벌어지고 있는 이스라엘의 잔인한 억압과 학살을 보고도 일방적으로 유대인 편을 드는 것은, 유대인은 선민이요 하나님의 백성이기 때문이다. 유대인의 회복—그것이 무엇을 의미하는지 애매하지만—이 메시아(예수)의 재림과 무슨 상관이 있다는 것인지.

이 질문은 (역사적으로) 반유대주의와 (이념적으로) 현대 이스라엘의 건국이념인 시온주의와 (신학적으로) 건국이 갖는 신학적 의미와 (정치적으로) 건국 과정에 대한 이해를 바탕으로 오늘날 글로벌 시대 디아스포라 유대인이 살아가는 복잡한 과정을 긴 호흡으로 살펴봄으로써 비로소 이해 가능할 것이다.

오랜 시간을 유대인 연구에 몰두해 온 필자로서는 한국 사회에 내재되어 있는 유대인 인식의 몰이해와 왜곡된 시선을 바로잡고자 미력이나마 힘써 왔으나 끊임없이 확대 재생산되는 맹목적인 태도 앞에서 무릎을 꿇고 말았다.

오늘날, 글로벌 사회 속에서 '타자'를 올바로 이해한다는 것은 세계인의 필수 조건이 되었다. 오늘날, 우리에게, 유대인은 누구인가? 지구상의 한 모퉁이에 살고 있는 우리가 또 다른 저편 모퉁이에서 살아가고 있는 유대인을 이해한다는 것은 어떤 의미가 있는 것일까?

제1부

우리에게 유대인은 누구인가

1장

한반도에 유대인은 어떻게 들어왔을까
― 유대 상인의 동아시아 이주사 ―

우리의 이야기는 이 물음에서 시작한다. 한반도에 처음 발을 내딛은 유대인은 누구였을까? 그는 어디로부터 어떻게 왜 여기까지 왔을까? 안타깝게도 아직까지 이에 대한 실증사적인 연구 결과는 없다. 다만 지리적으로 한반도에 아주 가까이 와 있던 유대인들의 몇몇 흔적을 찾아봄으로써 이들의 한반도 유입 가능성을 어느 정도 추론할 수 있을 것이다.

여기서는 유대 상인들이 동아시아의 세 항구도시―싱가포르, 마닐라, 상하이―에 처음으로 발을 딛게 된 역사적·지리적·언어적·인종적 배경과 그 경로를 살피고, 아시아에 정착한 유대인들의 자기 정체성과 그 특성을 고찰할 것이다.

방법론적으로는, 2001년 영국의 사우샘프턴에서 열린 국제학술대회에서 다비드 소르킨(David Sorkin)이 주장한 "'하나의 사회형태'로서 '항구 유대인' 개념"을 포괄적으로 살펴본 연후, 동아시아의 세 항구도시에 들어온 초기 유대 상인들도 이와 같은 맥락에서 '하나의 사회형태'로서 '항구 유대인'으로 규정/적용 가능한가 여부를 진단할 것이다.

지금까지 아시아 유대인 연구가 대체로 그들의 이동 경로, 역사적 배경 및 초기 정착 과정 등에 초점이 맞추어져 있었다면, 이 연구는 유대인 디아스포라 내에서 존재하던 다양한 사회적·종교적 카테고리하에서 '하나의 사회형태'로서 아시아 유대인을 바라보고 있다는 점에서 이 연구의 의미를 찾을 수 있을 것으로 사료된다.

'항구 유대인'의 개념과 특성

동아시아 유대인들은, 그들 모두가 지리적·언어적·인종적·신학적으로 다양한 유대인 디아스포라의 집합체에 속했으나, 근본적인 관점에서 볼 때 유럽으로부터 서아시아를 거쳐 동아시아에 처음 들어왔다고 볼 수 있다. 16~20세기에 걸쳐 지중해, 대서양, 인도양 등지에 흩어져 살던 스파라딤 유대인은 주로 항구도시들—소르킨은 이를 두고 '항구 유대인들'이라 불렀다—을 그 축으로 활동했다.

그들은 본래 이베리아 반도에서 살던 유대인들로서 개종을 강요당하던 시절 '새 기독교도' 혹은 '개종자'였다. 그들은 가는 곳마다 왕성한 무역활동을 통해 부를 축적했고, 자신들이 속한 사회에 공헌하면서 어느 정도 안정적 지위를 누리며 살아 나갔다.

소르킨은 기본적으로 유대 상인의 행운을 그들이 속한 사회의 국제무역 환경에서 찾았으며, '항구도시'에 사는 유대 공동체의 다섯 가지 특징을 그 근거로 제시했다.

첫째, 그는 유대 상인들의 성공적인 경제활동을 가능케 한 이유를 유대인 특유의 전문화된 무역 기술과 자신이 속한 공동체에 대한 기여 때문임을 강조했다. 유대인 특유의 새로운 거래 기술이란 "은행제도가 발전되지 않았던 시대에 유대 상인들은 무역하기에 유리한 제도, 즉 신용거래할 수 있는 친척, 친구, 비즈니스 업계의 사람들과의 환어음을 창안하여 거래했다"는 것에서 알 수 있으며, 그것으로 유대 상인들은 옛 지중해 상로(商路)와 대서양 경제를 잇는 독특한 이주와 통상 패턴을 창조할 수 있었다.

둘째, 소르킨은 유대 상인의 통상가치를 꼽고 있다. 그는 유대인이 속한 주최사회에 대한 유대인의 상업적 유용성, 곧 쓸모 있는 존재로서의 유대 상인의 역할을 강조한다. 유대인들이 국제무역을 통해 그 사회에 실질적인 이익을 끼침으로써 입국 허가와 장기간의 거주 자격을 부여받을 수 있었으며, 하나의 조직체로 인정받을 수 있었다고 보았다.

셋째, 유대인의 상업적 유용성은 단순히 거주자로서의 특권—상공회의소, 친목 결사, 시의회나 지방정부의 공무원 또는 명예공무원 등—을 넘어 폭넓은 사회적 수용과 법적 지위를 얻게 했다. 유대 상인의 사회적 지위 향상은 법적 특권을 점진적으로 증대시켰으며, 그들이 속한 사회에서 완전한 해방으로 이어졌다.

넷째, 소르킨은 무르익은 정치적·경제적 환경 속에서 유대인이 갖춘 충분한 지적 발효를 덧붙였다. 유대인의 지적 개발은 '재교육'과 '계몽유산'에서 기인한 것이다. 여기서 '재교육'이란 주로 종교재판소의 이단자 탄압 시기에 자신을 방어하기 위해 '새 기독교도'가 된 개종했던 유대인들이 다시 유대교로 돌아와 랍비유대교의 강화된 지적 전통을 따르게 된 것을 가리킨다. 또한 '계몽유산'은 상대적으로 크게 제한받지 않던 '항구 유대인들'이 자신들의 신앙과 실천을 보존하며 살던 환경—볼테르, 로크, 모세 멘델손 등에 의한 계몽주의에 노출되지 않은 채로도 이미 충분히 드넓은 세속문화의 공기를 들이 마신—을 의미한다. 이 둘은 모두 유대 신앙을 보존하고 확산하는 데 기여했다. 소르킨은 히브리 성서와 히브리어, 탈무드 공부와 더불어 여러 방언, 산술, 지리 등과 같은 세속적인 주제를 통합적으로 이해하고 있는 암스테르담의 에츠 하임 예쉬바를 그 예로 꼽았다.

다섯째, 소르킨은 그들의 '유대 정체성'을 폭넓게 규정하면서, 항구도시에 존재하면서 "모든 (종교적) 의무에 태만하지 않지만 느

슨하며… 공동체의 충성도에 의해 동일함을 증명할 수 있는 유대인으로 남아 있는 자들"로 정의했다. 다시 말해서 그들은 공동체 연대감, 특히 박애정신과 정치적 중재력이 강한 '비종교적'인 유대인들이었다. 그들은 음식법이나 안식일 같은 절기를 잘 지키지 않았고, 구전법의 권위 등에 관해 의문을 품고 있으면서도, 언제나 세속적·종교적 교육기관에 기부금으로 기여하고 행정기관에 대해 좋게 말하는 자들이었다. 소르킨은 "(런던에 사는) 부유한 스파라딤 유대 상인들은, 회당과는 일정한 거리를 유지한 채, 기독교 신사들처럼 살았다"고 밝힌다. 그럼에도 그들은 부와 영향력과 더불어 유대 공동체와의 관계를 계속 유지했다.

소르킨이 본 15세기부터 19세기 중엽 유대인의 인류애적인 행동과 코뮌에 대한 옹호는 19세기 후반부터 20세기 초반 유럽, 미국, 레반트, 남아프리카, 동아시아에 있는 유대 공동체가 보여준 제도적 지원과 한 짝을 이룬다. 박애와 행동의 후기 형태는 회당 중심의 종교에 뿌리를 둔 것이었다. 유대 공동체는 사회 및 공공서비스 기관을 설치하여 이민 알선, 이주민 정착을 위한 주택 마련, 약자와 노인과 노숙자와 고아 등을 위한 음식물과 거처 제공, 유소년 스포츠 활동, 정치적 시온주의 기구 결성, 반(半)종교/세속 학교 및 도서관 설립, 출판 사업 등의 활동을 조직화해 나갔다.

그렇다면 이러한 '항구 유대인'의 특성이 동아시아에 이주하여 정착한 유대 상인의 특성과 같았을까?

동아시아에 들어온 유대인과 그들의 정체성

싱가포르

18세기 후반, 바그다드 유대 상인들은 봄베이(현재 지명은 뭄바이)로 이동하기 시작했다. 봄베이는 당시 영국 식민지하의 경제적 여건에서 여러 이익이 보장되어 있었다. 인도로 떠난 바그다드 이민 개척자는 술레이만 이븐 야쿠브(Suleiman Ibn Yakub)였다. 1795년과 1833년 사이 아편 수출업자였던 그는 봄베이에서 활동했다. 그와 다른 바그다드 유대 상인들은, 1784년 이래 극동에 진출한 보스턴, 뉴욕, 필라델피아 기업인들과 마찬가지로, 동시대의 파시(8세기에 무슬림의 박해를 피해 페르시아에서 인도로 도망간 조로아스터교도의 자손들) 상인들의 경제 전략을 모방했다.

모든 사업가는 아편을 사고팔아서 얻은 이익을 생필품과 부동산 및 섬유공장 같은 곳에 투자했다. 이 전략은 바그다드 유대 상인 다비드 사순(David Sassoon, 1772~1864)에 의해 수행되었다. 그는 이라크의 바그다드 박해를 피해 1833년에 맨손으로 봄베이에 도착했다. 당대에 벌써 사순과 그의 아들들은 봄베이 항에 자신의 선착장을 건설하고 '동양의 로스차일드'로 불리기 시작했다. 사순의 아들들은 자신들의 사업을 캘커타 쪽으로 확장했다.

19세기 중엽 바그다드 유대 상인들은 싱가포르에 이른다. 영국 식민지 섬/항구도시의 유대 공동체는 전적으로 '항구 유대인'으로서의 합법적인 상거래 지위를 갖고 있었다. 싱가포르에 도착하는 순간부터 거주 허가를 받았고, 충분한 상거래상 특전을 누렸다. 아랍어 또는 유대-아랍어—영어 구사력은 어느 정도 있었으나 중국어는 못했다—를 했기 때문에 싱가포르 유대 상인들은—인도, 페낭, 수마트라, 보르네오에 정착한 하드라마우트[1] 아랍 상인들과 똑같이—바그다드 유대 상인들과 거래할 수 있었다.

봄베이에서와 마찬가지로 싱가포르에서 바그다드 유대 상인들은 아편 무역에 종사했다. 그들은 칸톤과 마카오, 홍콩 및 상하이에 이르기까지 동쪽으로 진출하여 마약을 거래했다. 1858년 야콥 사피르가 에레츠 이스라엘에 있는 유대 공동체를 위한 기금 마련을 목적으로 싱가포르를 방문했을 때, 유대인 스무 가족이 기부한 바 있다고 적고 있다. "그들은 인도와 중국 사이에서 합법적인 아편 거래를 통해 번 돈을 소뿔에 넣었다."[2]

아편 무역의 파동 때문에 싱가포르 유대 상인들은 다른 아편상들과 마찬가지로 좀 더 안정적인 필수품에 투자하기 시작했다. 궁극적으로 그들은 부동산을 구입했다. 1907년 바그다드 무역상이자

---

1 아라비아 반도 남부, 아라비아 해에 접하여 있는 지역을 일컫는 말이며, 현재는 예멘 공화국의 영역에 해당한다.
2 사피르는 "싱가포르에서의 아편 무역은… 전적으로 유대인과 아르메니아인 손에 달려 있었으며… 이 도시의 원주민 무역의 매우 중요한 부분을 차지한다"라고 말하면서, "싱가포르 유대인들의 아편 무역은 합법적으로 짧은 시간에 부를 쌓을 수 있는 지름길이었다"라고 적고 있다.

증권 중개인 니심 아디스(Nissim N. Adis, 1857~1927)는 싱가포르 유럽그랑호텔(Grand Hotel de l'Europe)을 지었다. 영국의 작가 서머싯 몸(Somerset Maugham, 1874~1965)은 "래플즈(Raffles)에서 머물되 밥은 그랑(Grand)에서 먹어라"고 충고한다. 아디스는 '수에즈 동쪽에서 최고의 맨션'이라 불린 서머싯의 개인 저택 몽 소피아를 짓기도 했다. 1926년 상하이로부터 싱가포르를 방문한 한 유대 상인은 싱가포르의 무역환경을 다음과 같이 경탄했다.

싱가포르는 무역하기에 이상적인 곳이다. 평화롭고 중국의 간섭으로 인한 불안과 혼란으로부터 자유로운 나라다. (중국에서) 상인들이 받는 엎치락뒤치락하는 일이 영국의 통치하에 있는 싱가포르에서는 전혀 없다.

일설에 따르면, 싱가포르유대인실업가협회 의장인 므낫세 메이어 경(sir Menasseh Meyer, 1843~1930)은 '공동체의 존경받는 후원자'였다. 바그다드 태생인 그는 캘커타에서 돈을 벌어 1873년 싱가포르에 도착하여 삼촌의 아편 무역업에 합류하여 항구에서 최고 부자가 되었다. 그는 아델피(Adelphi)와 씨뷰호텔(Sea View Hotel)을 포함한 부동산 투자로 부를 확장했다. 1900년에 그는 섬의 4분의 3을 소유했다. 한 동시대의 기록자는 그가 사순 가(家)보다 더 '극동에서 제일가는 부자였다'고 기술했다. 다른 자료에서 메이어는 "다른 어떤 이보다 싱가포르에서 부동산을 가장 많이 소유한 자"라고 기록되어 있다. 메이어는 1906년 에드워드 7세에게 작위를 받았으며, 60년간 유대 공동체의 정체성을 지배하고 형태화했다.

한편 싱가포르에 살던 바그다드 유대인의 제도적·이념적 변화는 소르킨의 '항구 유대인'의 기준에서 볼 때 '재교육'의 예외적인 형태라고 할 수 있다. 그들은 싱가포르의 정치적·경제적 환경에서 세속문화에 자극을 받아 세속화됨과 동시에 유대 신앙을 더욱 증강시켰다. 싱가포르 역사가인 찰스 버클리는 19세기 중반 유대 상인 개척자인 아브라함 솔로몬의 경우 자녀들을 "영국 학교에 보내 교육시켰으며, 바그다드에서의 이점은 살리지 않았다"라고 기록한다.

이러한 관습은 므낫세 메이어 경을 포함하여 많은 친영국적인 바그다드 출신 유대인들이 따랐다. 므낫세 메이어 경은 자녀들을 마겐 아봇 회당과 그곳의 종교학교(예시바)가 내려다보이는 영국 학교에 보내 교육시켰다. 그러나 그는 1905년에 두 번째 호화로운 회당 헤세드 엘을 집 근방에 지어 헌당했다.[3]

므낫세 경은, 팔레스타인 재건운동에 '긍정적 관심'을 보이며 적극적인 활동을 추진해 온 바그다드에서 온 유대인 전임자들과는 달

---

[3] 1922년에 앨버트 아인슈타인이 메이어를 방문했을 때 아인슈타인은 그를 (리디아의 전설적인 왕) 크로에수스(Croessus)라고 불렀다. 또한 아인슈타인은 헤세드 엘 회당을 보고 '크로에수스와 여호와 사이의 소통을 목적으로 지은 탁월한 회당'이라고 칭찬을 아끼지 않았다.

리, 팔레스타인에 있는 유대기구들이 유럽의 시온주의 운동의 급진적인 발전과 동시적으로 섞일 필요가 없음을 분명히 했다. 유럽의 시온주의 운동이 상당 부분 유럽 계몽주의의 산물이라면, 메이어는 바그다드의 랍비 하캄 요셉 하임(Rabbi Hakham Joseph Hayyim, 1859~1909)의 헤르츨 이전의 종교적 시온주의에 영향을 받은 자였다. 랍비 하임은 많은 바그다드 유대인들로 하여금 성지를 방문하여 거주하고픈 큰 열망을 갖도록 영감을 불어넣어 주었다.

메이어는 자신의 가족을 '이스라엘에 대한 사랑을 깨우치도록 하기 위해' 예루살렘을 방문케 하기도 했다. 그러면서도 메이어는 헤르츨의 세계시온주의기구에 회원으로 가입하고, 1921년에는 3,000파운드를 기부했다. 당시 개인 기부자로는 최대 금액이었다. 다음해 그는 싱가포르시온주의협회의 의장이 되었고, 그의 집은 '시온주의자 활동의 벌통'이 되었다. 1922년 앨버트 아인슈타인이 예루살렘 히브리 대학 설립을 위한 모금운동차 싱가포르를 방문했을 때, 메이어는 200명의 리셉션 초청자가 되어 1만 파운드 상당의 약정서를 받아 내기도 했다.

메이어의 딸 모젤라 니심(Mozelle Nissim, 1883~1975)—아인슈타인은 "지금까지 내가 만난 가장 멋진 유대인 여성 중 한 명"이라 칭했다—은 시온주의 운동과 자선활동 범위를 넓혀 나갔다. 1929년 그녀는 팔레스타인 유대인 정착촌 크파르 비트킨에 학교 설립 기금으로 3,000파운드를 냈다. 남아시아 시온주의자 밀사였던 골드스타인은 니심을 '우리 운동에서 없어서는 안 될 가장 자랑스러운 여성'으로 꼽을 정도였다.

1930년 메이어가 사망한 이후에도, 싱가포르의 바그다드 출신 유대 상인들 사이에서 그가 증진시켜 왔던 시온주의 운동은 계속 번영했다. 1936년 10월 1일에 이 운동의 지역 활동사에서 가장 괄목할 만한 일이 벌어졌다. 몽타규 에즈키엘과 그의 두 형제는 팔레스타인 유대협회에 이런 편지를 보냈다.

시온주의를 위해 우리(싱가포르 시온주의자들)가 한 일과 노력은 「Israel Messenger」와 「Jewish Tribune」[4]에서도 칭송하고 있다. 우리는 소요와 아랍의 폭동으로 위협받는 그런 종류의 유대인과는 다르다. 반시온주의에 대한 우리의 답변은 '더욱더 시온주의'로이며, 반유대주의에 대한 우리의 답변은 '더욱더 유대주의로'이다. 우리는 이미 지금 에레츠 이스라엘에서 일하고 있다. 만약 '팔레스타인 이민' 보증서를 '바그다드 싱가포르 유대인' 공동체가 받는다면 싱가포르는 또 다른 미래의 시온주의자들의 성채가 될 것이다.

1941년 초 싱가포르인 플로라 슈커는 팔레스타인과 바그다드와 싱가포르 공동으로 교육고문단을 설치했다. 비록 싱가포르가 일

---

4 극동, 상하이, 봄베이에 각각 본부를 둔 유대인 영자신문.

본에 의해 일시적으로 침략 당해 많은 유대인이 투옥되기도 했으나, 제2차 세계대전이 끝난 뒤 바그다드 싱가포르 유대 공동체와 시온주의 운동은 재개되었다. 1955년 유대 공동체의 한 회원인 다비드 사울 마셜(David Saul Marshall, 1908~1995)[5]은 싱가포르 첫 최고장관에 선출되었다.

식민지 싱가포르 때와 마찬가지로 싱가포르 독립 이후에도 유대인들은 완전한 평등권을 보장받았으며, 유대교는 다인종 국가에서 공인받은 여덟 개 종교에 포함되었다. 일반적으로 유대인들이 동아시아에 있는 중국인 지식인들 사이에서 환영받지 못한 것과는 달리, 싱가포르의 경우 독립 초기부터 종교적·인종적인 적들로 둘러싸인 고립감을 극복하기 위해 이스라엘을 모델로 한 발전계획을 대중적으로, 혹은 최소 정부 차원에서, 추진한 바 있었다.

1977년 「Israel Report」지는 유대인들이 싱가포르의 정치적·경제적 발전에 기여한 바를 소상히 언급하면서, 싱가포르에서 유대인이 누리는 이러한 동등권 뒤에는 유대인의 상업적인 성공과 공헌이 뒷받침되었기에 가능했다는 논조의 기사를 실었다. 이는 소르킨이 주장한 '항구 유대인들'의 경제적 유용성과 맥락을 같이 하는

---

5 바그다드 유대 상인의 후손으로 싱가포르에서 태어나 변호사가 된 마셜은 제2차 세계대전 때 일본군의 포로가 되어 홋카이도에 잡혀 갔다가 전후 석방되어 싱가포르 정계에 입문했다. 1956년 그는 중국 정부의 주은래를 만나 협상을 하고 상하이의 유대인 지도자 아브라함과 협력하여 중국 내의 유대인들을 이스라엘에 이주시키는 데 결정적인 공을 세운 바 있다

것이다. 그 글은 다음과 같다.

내적으로나 외적으로 열린 정책을 표방한 리콴유 정권은 싱가포르에
거주하는 유대인들에 대해 고려할 만한 관심을 보였다. 교차로이자 교
역의 중심지인 이 나라에서 그것은 절과 모스크와 교회 옆에 회당이
존재하도록 만든 확실한 이유였던 것이다.

마닐라

'새 기독교도' 조지 로드리게스(Jorge Rodriguez)와 도밍고 로드리
게스(Domingo Rodriguez) 형제는 필리핀에 도착한 첫 번째 유대인
으로 기록되었다. 스페인계 유대인인 그들이 마닐라에 도착한 것은
1590년대였다. 1593년 두 사람은, 필리핀 종교재판소에서는 독립
적으로 법정을 열 수 없었기 때문에, 멕시코시티에 있는 이단재판
소에서 재판으로 유죄를 인정받았다. 로드리게스 형제는 유죄를 선
고 받은 다른 여덟 명의 필리핀 '새 기독교도'와 함께 투옥되었다.

두 번째 유대인 그룹은 1880년대 후반에 필리핀에 도착했다.
1870년 프랑코-러시아 전쟁 이후 두 명의 레위 형제는 다이아몬드
를 은닉한 채 알사스에서 도망쳐 나왔다. 그들은 에스트렐라 델 노
르테—아직까지 마닐라에 남아 있다—에 보석상을 열고 일반적인
상업 활동을 시작했다. 그들은 보석 수입상을 시작으로 제약업과
자동차에 이르기까지 사업을 점차 확대해 나갔다. 1898년 미국이

스페인으로부터 필리핀을 접수하자 레위 형제는 투르크인, 시리아인, 이집트 유대인 등과 연합하여 50여 명으로 구성된 다인종 공동체를 창안한다.

어떤 '새 기독교도'도 살지 않았던 싱가포르와는 달리, 마닐라에는 '새 기독교인' 집단이 존재했음을 우리는 알고 있다. 1898년 이전에 그들은 개종을 강요받았으며, 종교재판소의 처분을 받았다. 그럼에도 스페인을 떠난 '새 기독교도들' 가운데 필리핀에 도착한 이후, 소르킨이 지중해와 대서양 등에서 관찰한 것과는 달리, 그들이 유대교로 재(再)개종했다는 기록은 찾아 볼 수 없다. 그러나 마닐라 유대인들은 다른 방식으로 증가했다.

미국이 필리핀을 지배한 지 20년이 지난 1918년에 마닐라 유대인은 약 150명으로 늘어났다. 역사가 아네트 에벌리에 따르면, 새 이민자들은 마닐라 제2전선으로서 젊고 야망 있는 이들이 흘러 들어왔다. 자신들의 고향에서는 찾을 수 없는 사회적·경제적 가동성(可動性)에 매력을 느낀 이들이 이주해 온 것이었다. 새 이주자들은 주로 1917년 볼셰비키 혁명이 일어나자 러시아를 빠져나온 러시아계 유대인에다 스페인-미국 및 제1차 세계대전 이후 마닐라에 짐을 내린 미국계 유대인 봉사자들이 주를 이루었다.

마닐라의 유대인들은 싱가포르의 유대인들처럼, 수출입 무역과 항구 지역의 부동산 개발에 종사했으나, 국제적인 유대 상인 디아스포라와 협력적인 상호작용은 하지 않았다. 이러한 관점에서 마닐라 유대인들은 소르킨이 말한 인종적인 네트워킹을 바탕으로 상업 활동을 전개한 유럽 및 지중해 유대인들과는 성격이 달랐다.

한편 마닐라에서 유대기구의 발전은 1920년 마카티 증권거래소 창설자, 마닐라 심포니 오케스트라 지휘자, 의사, 건축가 등이 모여 시작했을 뿐이다. 순전히 세속적인 기구로 출발한 것과는 별개로, 미국의 필리핀 점령 이후 22년 동안 유대기구의 발전은 거의 없었다. 이러한 현상이 1898년 이전까지는 스페인의 억압 때문이었다 치더라도, 미국 점령하에서조차 유대기구의 발전이 없었던 것은 변명이 되지 않는다. 마닐라에 유대기구가 형성되지 않은 것은 반유대주의 같은 법적 문제가 아니라 사회적인 것이었다. 1920년 유대기구의 기금모금자 이스라엘 코헨은 마닐라를 방문해서 유대기구가 발전하지 않은 것과 지식인들의 태도에 관해 이렇게 서글퍼했다.

거기에 수백 명의 유대인이 있었으나, 회당이 만들어지지 않았다. … 다만 유대력으로 가장 중요한 절기 때만 두 번 함께 모여 유대인의 의식을 깜박거리고 있을 뿐이다. 나머지 열두 달은 동면한 채. 거기에는 20년 간 어떤 종류의 유대 공동체나 기구가 없었다. 만약 유대인이 결혼하려면 홍콩으로 나가 거기서 했다. 마닐라의 유대인 부자들의 모든 행운이 잠보앙가(필리핀 민다나오 섬의 한 도시. 코헨은 거기서 시리아계 유대인 한 명을 만났는데, '우리는 갈룻(포로생활)이 여기라고 느꼈다'

고 적고 있다. 곧 우리가 이스라엘 땅으로 돌아갈 것이라는 희망을 안
고…)의 한 가난한 유대인의 영혼보다 못한 것인지 염려하며 나는 거
기를 떠났다.

1924년 한 부유한 아쉬케나지 후원자가 마닐라에 회당을 건축
했다. 상하이에서 랍비와 예배 때 음독(音讀)을 할 사람을 모셔 왔
다. 그들은 필리핀, 타일랜드, 베트남 사이를 순회하며 활동했다.
1930년, 한 미국인 신문기자는 필리핀에 거주하는 유대인 가족 80
명과 미혼자 유대인 50명의 삶을 이렇게 보도했다.

그들 모두는 자신들의 유대교를 대수롭지 않게 생각한다. 그들은 유대
공동체에 별 흥미가 없다. 멋진 회당 한 개가 있으나, 단지 신년과 대속
죄일에만 사용할 뿐이다. 종교학교도 있으나, 교사가 부족하여 문은
닫혀 있다. 따라서 대부분의 어린이는, 유대교와 유대적인 신앙생활에
관한 지식이 거의 없는 부모들 밑에서 자라는 것과 더불어, 절대적으로
유대식 교육을 받지 않기 때문에 부모들과 마찬가지로 종교를 경솔히
여긴다.

마닐라 유대인들은 분명 싱가포르에서 보여주는 것과 같은 유
대교에 대한 열정을 가진 형태의 사람들이 아니었다. 단지 좀 더 나
은 삶을 찾아 여기에 들어온, 소르킨의 분류대로 말하면 다섯 번째

유형에 가까운 사람들이다. 필리핀 유대인들의 이러한 자기 정체성은 적어도 히틀러로 말미암아 유럽의 유대인들에게 비극적인 사건이 발생하면서부터 깊이 각성하기 시작했다. 필리핀 유대인들은 유럽에서 쫓겨난 유대인 난민들을 처음으로 받아들였고, 시온주의 운동에 참여하기 시작하면서 의미 있는 은인이 되어 갔다.

비록 1898년 필리핀이 미국의 식민지가 되었으나 1930년대 중반에서야 자치정부에 맡겨져 있던 이민정책이 통제되기 시작했다. 1924년 미국 의회가 필리핀 이민을 제한했다. 1937년에 마닐라에 '유대인난민위원회'가 결성되었고, 미국이민법의 허점을 이용하여 히틀러의 박해를 피해 빠져나온 유대인 난민을 최대한 수용할 수 있었다. 필리핀 미국계 유대인 친선협회 의장인 잭 로젠탈은 섬에 관심이 많았는데, 미개발 섬에 유대인 난민을 유입할 계획을 짰다. 그는 1939년 2월 15일 필리핀 의회에 메시지를 보내 1만 명의 독일계 유대인 전문가를 민다나오 섬에 정착시킨다는 전제로 3억 달러 지원을 제안했다. 과대한 이 계획이 현실화되지는 못하지만, 로젠탈은 독립적으로 필리핀 행정기관을 설득하여 나치 치하에 있던 유대인 1,000명의 수용 허가를 받는 데 성공한다. 그러나 필리핀이 독립적인 지위를 갖지 못했기 때문에 미국의 국제 이민정책 수행 여부에 따라 방해받았다. 마닐라 유대기구 의장인 모톤 네쪼그의 아들은 "유대인에게 친절한 미국 영사관 직원들이 있는 곳에서는 유대인을 구해냈지만, 그들이 어깨를 으쓱대는 곳에서는 어림도 없었다"라고 말한다.

유대인 난민 1,000여 명이 여러 수단을 동원하여 마닐라에 도착한 것은 1941년 12월 이전이었다. 일본이 공격하여 상당수의 군도(群島)를 점령한 것은 차후의 일이었다. 무일푼으로 도착한 그들에게 2년 시한의 비자가 주어졌다. 난민 가운데는 1949년 마닐라를 떠날 때까지 마닐라 유대 공동체를 전적으로 섬기던 랍비와 그의 부인도 있었다. 미국 유대인 연합 배급위원회가 일본이 공격해 올 때까지 난민구호 사업을 담당했다. 유대 공동체가 난민들을 돕기에는 터무니없이 부족한 십일조였다. 그런 이들이 3년간이나 그들을 도왔다.

1941년 12월 7일, 일본의 공격이 유대인 난민들이 거주하는 지역에까지 이르러 그곳은 전장이 되었고, 특히 설상가상으로 1945년 마닐라 전투에서는 난민 전체의 10%가량이나 되는 유대인 79명이 부상을 입었다. 그럼에도 마닐라의 유대 공동체는 1,000명 가까운 독일 유대인 난민을 나치의 손에서 살려내는 데 기여했다. 호주계 유대인 생존자는 이렇게 증언한다.

우리는 결코 (필리핀 유대 공동체만큼) 그렇게 결속력이 강한 집단을 찾을 수 없을 것이다. 그들은 위기의 시간 동안에 주고 또 주었다. 결코 빈곤한 자들이나 병약한 자들의 필요를 간과한 적이 없었다. 비록 일본 군대가 들어오기 전에 공동체가 세워져 마라키나에 유대인 구호소가 마련되어 있었지만 전쟁이 끝난 이후까지도 오랫동안 유지되었다.

1920년 시온주의 운동 기금 마련을 위해 이스라엘 코헨이 마닐라를 방문했을 때, 유대 공동체의 형편없는 지원에 대해 크게 실망한 나머지 "내가 유대인 회원들에게 조용조용 말했으나 그들은 전혀 듣지 않았고, 빌어먹을 단 한 푼도 얻지 못했다"라고 보고했다. 그 이후 25년간 유대 공동체의 여러 회원은 시온주의 이슈에 관해 완전히 선회했다. 시온주의를 지지하고 그 운동을 지원하는 것이야말로 자신들이 히틀러의 동맹자 손에서 벗어나는 자연스러운 일일 뿐만 아니라, 그것이 곧 유럽의 유대인 희생자들을 돕는 일임을 인식했던 것이다.

1947년, 전후 필리핀 제3공화국 초대 대통령 마누엘 록서(Manuel Acuña Roxas, 1892~1948)와 가까운 몇몇 유대 회원은 헨리 투르만 미국 대통령 핵심 참모들의 도움을 얻어, 필리핀으로 하여금 UN의 팔레스타인 분할안과 유대 국가의 독립을 지지해 줄 것을 요청하여, 아시아에서는 유일한 이스라엘 독립 지지국가가 되었고 이스라엘과 최초의 외교 관계를 맺는 나라가 되었다.

독립 싱가포르의 경우와 마찬가지로, 지역 유대 공동체는 필리핀-이스라엘 관계를 신장시켰다. 1951년 필리핀은 이스라엘과 항공협정을 체결하고, 같은 해 이스라엘 방위군 사령관인 사울 라마티가 마닐라를 방문하여 국방기금 모금 활동을 벌여 약 6만 필리핀 달러를 모금했다. 필리핀에서는 최고의 모금액이었다. 1965년에 심커는 "비록 공동체는 작았으나 시온주의에 대해 매우 강한 애정을 갖고 있었다"라고 시온주의 총회에 보고했다. 같은 해 필리핀 정부는 이스라엘 외교부장관 모세 샤레트를 반(半)공식 초청했다.

전쟁 직후 필리핀에서 이스라엘로 들어간 대규모 이민자들은 필리핀 유대 공동체를 크게 위축시켰다. 최고 2,500명가량이 소속되었던 유대 공동체는 1946년에 1,000명으로, 1949년에는 400명으로, 1968년에는 250명으로 줄다가 1987년에는 대략 80가족 정도만 남았다. 심커 같은 이들은 필리핀 시민권을 획득하고 그곳에 남았다. 필리핀 유대 공동체에는 필리핀인과 결혼한 개종자와 아쉬케나짐, 스파라딤, 오리엔탈 유대인, 미국계 이스라엘인 등이 섞여 있다. 역사적으로 필리핀 유대 공동체는 전통적인 유럽식 이디시 지역공동체였던 적이 없었으며, 전적으로 세속적인 유대 정체성을 가진 이들로 구성되어 있었다. 비록 필리핀 유대 공동체가 소수이고 종교적 색채가 매우 약하지만, 남아시아에서는 네 번째로 큰 '항구' 유대 공동체로 남아 있다.

상하이

유대 상인의 중국 이주사(移住史)는 당(618~907년)과 송(960~1279년)대까지 거슬러 올라간다. 발견된 히브리어 문서들과 아랍어 자료에 근거할 때, 메소포타미아 지역에 거주하던 유대 상인들이 오늘날 실크로드라 불리는 육로를 따라 페르시아와 사마르칸트, 둔황(敦煌), 시안(西安)을 거쳐 카이펑(開封)에 이른다. 그러나 본격적으로 해로가 열리면서 서남아시아 출신의 유대 상인들은 홍해와 인도양, 남지나해를 거쳐 중국의 여러 항구도시에 들어와 상업 활동을 벌였다.

상하이는 중국 근대사에서 특별한 지위를 갖는 도시이다. 상하이의 지위는 장안(長安) 지역을 중심으로 한 전통적인 육상 무역에서부터 주요 산업의 축이 국제무역도시로 옮겨 오면서 시작된다. 1842년 외국 무역에 대한 개방을 골자로 한 난징조약(南京條約) 체결 이후 개방된 상하이는 20세기 초 중국의 근대화 및 서구적 상업 문화를 대표하는 도시가 되었다.

상하이로의 유대인 이주는 바그다드의 유대 상인이 인도에 이주를 시작하고, 봄베이의 사순이 상업적으로 일가(一家)를 이룬 시기부터 시작되었다. 오스만 제국의 통치하에서 박해를 받던 바그다드 유대인들이 신변이 좀 더 안전한 미개척지에 상업의 기회를 잡기 위해 인도에서 상하이로 진출했고, 아랍어를 구사할 줄 아는 '동양' 상인의 이점을 살려 나가면서 빠른 기간 내에 어느 정도 성공을 거두었다. 이후 알레포와 아덴, 심지어 페르시아에서 온 유대인들이 합류했다. 에즈라, 거바이, 카두리, 아브라함, 엘리아스 등이 수입·수출상, 환전상, 소매상, 면화(棉花)와 황마(黃麻), 담배 사업 등의 성공으로 봄베이, 캘커타, 랭군, 홍콩 및 상하이 등지에서 부를 얻은 이들이다. 그런 점에서 최초의 상하이 유대인은 바그다드계 유대인의 계보를 잇고 있다.

아편전쟁(1840~1842년)에서 중국 청나라가 패배한 후 외국 무역에 대한 개방을 조건으로 1842년 난징조약이 체결, 홍콩이 영국에 할양되고 다섯 항구도시—광저우(廣州), 샤먼(廈門), 푸저우(福州), 닝보(寧波), 상하이(上海)—를 추가 개항하도록 하는 조처가 취해지자, 사순의 큰 아들 엘리아스 다비드(Elias David)와 둘째 아들 다비드 사순(David Sassoon)이 새로운 무역 가능성을 타진하러 광둥으로 항해했다. 그들은 홍콩(1843년)과 상하이(1845년)에 처음으로 〈David Sassoon, Sons & Co.〉라 불리는 회사의 문을 각각 열었다.

바그다드 유대 상인들이 본격적으로 상하이에 정착을 시작한 1880년대 초까지 사순이 고용하여 상하이로 이주해 온 대부분의 유대인은 오스만 투르크 치하의 바그다드에서 태어나 영국이 지배하던 인도에서 자란 이들이었다. 스스로를 '봄베이에 거주하는 아라비아의 유대 상인'이라 부르며 무역 보부상으로 살아 온 이들은 외래문화 환경에 잘 적응하도록 훈련된 자들이었으며, 바그다드 유대인 네트워크의 지원을 받으며 지속적으로 신뢰를 쌓아 나갔다.

그러한 조건하에서 상하이, 홍콩, 싱가포르, 수바라야, 랭군, 캘커타, 봄베이 등에 있는 사순 가문의 고용인들은 아무리 거리가 멀어도 상호 결혼을 통해 유대 관계를 더욱 튼튼히 했으며, 사업상의 장애를 넘어서고자 했다. 당시 시온주의 기구 특사 이스라엘 코헨은 "… (그들은) 맨체스터의 유대인이 리버풀의 유대인과 지내는 것처럼, 거의 가족처럼 서로 잘 알고 지냈다"라고 언급했다. 1920년대 상하이의 바그다드 유대 공동체는 수백 명으로 불어났고, 이들의 지역 정체성은 더욱 견고해져 갔다.

상하이의 바그다드 유대 공동체의 사회-종교 생활은 사순 상회 주변에서 맴돌았다. 1870년대 중엽까지 사순은 유대교 관습을 지키는 숙사(宿舍)를 지어 고용인들이 살게 했으며, 안식일에는 일하지 않는 등 바그다드에서 지키던 유대교의 전통을 지키려 애썼다. 1862년에는 유대인 공동묘지를 조성했고, 사순이 후원하여 지은 베델 회당이 1887년에 완성되자 상하이 유대인들 사이에는 안정된 종교생활이 시작되었다. 회당에는 사순의 고용인들 혹은 루이스 무어(Lewis Moore, 1844~1903) 같은 개인 사업가들이 30~40명가량 모였다. 무어는 1874년에 상하이에 제일 처음으로 경매장을 세운 영국계 아쉬케나지 유대인이었다. 이처럼 공통의 문화적 유산, 혈연, 가족, 결혼, 신앙, 비즈니스, 사회생활이 상호 밀접하게 연결된 "상하이 유대인의 성공 비결은 충성심이었다."

그러나 바그다드 유대 상인들은 상하이에서 큰 행운을 얻지 못한 듯하다. 사순 상회조차 사업을 크게 확장하지 못했다. 초기 상하이의 바그다드 유대 공동체는, 비록 1880년대부터 일부 개인 회사들이 설립되기 시작했으나, 사순 상회와 그와 연관된 회사의 고용자들에 의해 매우 배타적으로 형성되어 있었으며, 공동체 내에서 지배적인 영향력을 행사하고 있었다. 1906년에 바그다드 유대 상회 11개와 바그다드 유대인/영국인 회사 1개가 상하이에서 활동 중이었으며, 고용자 42명이 고용되어 있었다. 사순 상회에만 22명이 고용된 것만 보더라도 바그다드 유대 공동체의 구심점이 누구였는지 잘 알 수 있다.

20세기에 들어서자 바그다드계에 속하지 않은 젊은 유대 상인들이 상하이를 비롯한 서양 열강들과 맺은 불평등 조약으로 개방된 여러 도시로 속속 몰려들면서, 솔로몬 같은 몇몇 원로가 바그다드계 유대인 상인들을 적극 지원하지만, 결국 상하이에서 바그다드 유대 상인들의 상업적 지위는 점차 쇠락한다. 1920년대 후반에 사순 상회가 다수로서의 지위를 사실상 상실하게 되는데, 이는 개인 고용 상회나 사순 상회와 무관한 다른 바그다드 유대 상인의 일자리가 늘어났기 때문이다.

또한 바그다드 출신의 유대인 가족 간의 상호 결혼 풍습도 1920년대 후반에 들어와서는 거의 찾아보기 어렵게 되었다. 이런 관점에서 1886년에 부동산 거부 실라스 아론 할둔(Silas Aaron Hardoon, 1851?~1931)의 결혼은 주목할 필요가 있다. 그는 평판이 좋은 불교도이자 프랑스계 아버지와 중국계 어머니 사이에서 태어난 유라시아인 루오 지알링 리자(Luo Jialing, Liza, 1864~1941)와 결혼했다(물론 그가 부인의 신앙으로 개종한 것은 아니고, 1928년에 완성된 베이트 아론

회당의 건축 후원자였으며, 자신의 자녀들에게 히브리어와 유대교를 가르치
도록 유대인 교사를 고용했다 하더라도 큰 변화임에 분명하다).[6] 이로써 상
하이 유대 공동체의 종교-사회적 생활에서 사순의 가족주의적 유
대 문화는 철회되었다.

정착 초기 성공적인 개척자 중 하나는 바그다드 태생의 이삭 에
즈라였다. 1868~1879년 사순의 회사에서 일했던 그는 상하이에
정착한 첫 번째 세대의 전형이다. 그는 오스만 제국하에서 태어나
고 영국 통치하의 인도에서 자라나 유대-아랍 문화전통을 이어받
았다. 1879년 상하이에 정착한 그는 1892년 죽을 때까지 중개상인
으로 살았다. 그의 사업은 상하이에서 나고 자란 큰아들 에드워드
에즈라가 이어 받았다. 에드워드는 아편 딜러로 돈을 긁어모으면서
영국 상하이 클럽의 멤버가 되어 '사기업(私企業)의 황제'로 불리며
상하이 만국정착민 세계에서 저명인사가 되었다.

'변방의 서구인'을 자처한 바그다드 유대 상인들과 '중국의 영국
인'과의 관계는 두 가지 차원에서 평가할 수 있다. 첫째, 1840년대
영국 통치하의 인도 식민지 내에서 바그다드 유대 상인들이 대영제

---

6 할둔은 바그다드에서 가난한 유대인 가정에서 태어나 봄베이로 이주하여 다비드 사순
이 세운 자선학교에서 교육을 받았다. 그가 사순 상회에 고용되어 상하이에 처음 도착
한 때는 1868년이었다. 부동산업으로 돈을 번 그는 '그 도시에서 가장 큰 부자 중 하나'
가 되었다. 사실상 불교도였던 그는 아이-리 공원에 불교 스님을 위한 학교를 세우고,
불교 문서 인쇄에 재정 지원을 했다. 할둔에 대한 평가는 극단적으로 나뉜다. 사랑과
증오, 저주와 축복, 부도덕한 극동의 백인의 상징, 희망과 믿음이 뒤섞여 있다.

국과 불가분 밀착되어 있음을 고려할 필요가 있다. 즉, 바그다드 유대 상인들은, 싱가포르와 홍콩에서처럼, 중국과의 조약으로 개방된 식민 항구도시, 특히 상하이에서 그들의 경제적 이해관계에 따라 영국인과 합작 혹은 협력을 강화할 필요가 있었다.

둘째, 상하이 만국정착민 세계에서 바그다드 유대인들과 영국 정착민 사이에서 발달한 상호의존적인 관계에서 바라볼 필요가 있다. 두 그룹은 자신들의 이익을 위해 정착민의 불확실한 지위로 인해 발생한 그레이 존을 만들고, 지역 시의회와 행정상 유사한 관심사를 나누어 가졌다. 즉, 영사(領事)의 지시하에 있기보다는 런던의 결정에 크게 영향을 받지 않는 지역의 영국 과두정치의 영향력 안에 있는 시정(市政)의 힘을 업고 사업을 일으켰다. 예컨대 1869~1921년 사이 상하이 시의회에는 바그다드 유대인 엘리트들로 대표되는 지역동맹의 영국인 할당 몫으로 매년 1명의 의회의원을 진출시켰다. 1904년까지 바그다드 출신 유대인 의원들은 사순 상회와 한패였다. 이듬해부터 바그다드 유대 상인의 관심사는 초기 정착자인 이삭 에즈라와 벤야민 다비드, 벤야민의 아들인 에드워드 에즈라와 모리스 벤야민이 후원했다. 둘 다 상하이 태생으로 만국정착민의 지위를 보존하는 데 영국 정착민들과 꼼짝할 수 없는 관계를 통해 자신들의 이익을 추구하던 자들이었다.[7]

---

[7] Chiara Betta, "From Orientals to Imagined Britons: Baghdadi Jews in Shanghai," *Modern Asian Studies* 37-4(2003), p. 1006.

대영제국의 보호하에서 바그다드 유대 상인뿐만 아니라 파시교도, 무슬림 구자라트, 오늘날의 파키스탄계인 신디스와 페사와리 무슬림 등도 인도-중국 무역에서 독특한 경제적 지위를 차지하고 있었다. 1880년대 상하이에서는 이미 파시 무역상들이 가장 왕성한 상업 활동으로 현저한 지위를 점유하고 있었다. 같은 시기 사순 일가가 중국에서 공격적인 상업 활동을 증가시킬 때, 1884년 한 파시 작가는 이런 말을 남겼다.

영국과 중국 사이에 벌어진 제1차 전쟁 직후, 약 1842년경, 중국 무역을 독점해 오던 파시가 인도계로 보이는 경쟁자를 만나기 시작했는데, 봄베이에서 온 코자와 마호메단 상인이 그 첫 번째였다. 그러나 봄베이와 캘커타에 거주하던 비즈니스 교육을 잘 받은 유능한 몇몇 유대인이 경쟁에 끼어들면서 중국 무역에서 파시의 지위를 점차 물려받았다. 중국에서 파시 상인들이 낡은 관습에 젖어 있다면, 유대인들은 새로운 조약의 이점을 살려 새로운 사업을 열고 있다.

20세기 초 파시의 쇠락과 더불어 바그다드 유대 상인들이 선두를 차지했다. 상하이에서 정착해서 살지 않고 주로 남자 거류민으로 구성된 파시 공동체는 자신들의 상업적 지위를 상실하면서 도시의 경제 성장에 오히려 걸림돌이 된 반면, 상하이 유대인 영주권자들은 부동산 시장에 투자하는 등 지역사회의 경제에 적극적으로 참여했다.

19세기 후반에 들어서면서부터 바그다드 유대 상인들은 인도에서 중국으로 아편을 수입하여 중국의 모든 계층의 사람들에게 마약 소비를 부추겼다. 그러나 정작 자신들은 상하이 서양인 대부분이 그런 것처럼—물론 서양인들과 유대인들 중에서도 마약 중독으로 사망한 경우가 없지 않았다—아편 사용은 금기였다.

1917년 말 인도와 중국 사이의 아편 무역은 법으로 금지되면서 상하이 유대인들의 상거래도 다양한 필수품의 수출입으로 빠르게 다변화되기 시작했다. 1920년대 상하이의 쇼핑, 비즈니스, 주택가 등 부동산의 상당수는 유대인의 손에 들어가 있었으며, 1930년대 '동양의 뉴욕'으로 발돋움한 상하이에 당시 가장 높은 빌딩 세 개—팔레스 호텔, 사순의 집, 브로드웨이 맨션—은 모두 스파라딤 유대인 소유였을 정도였다. 부동산업자 에즈라의 정원은 실외 수영장, 야외 체육관, 골프 클럽, 테니스 코트 등을 갖춘 화려한 시설로 유명했다.

한편 19세기 중엽부터 인도에 있던 바그다드 유대 상인들은 점차적으로 동양적인 생활방식에서 벗어나 영국인의 정체성을 갖기 시작했다. 1830년대 봄베이의 유대 상인들은 스스로를 '봄베이에 거주하는 아라비아 상인'이라 불렀으나, 후에는 '스파라딤' 혹은 '영국인'이라 여겼다. 유대 상인의 영국 국적 소유와 영국화가 엄격히 계급화된 영국 사회에서 자동적으로 일원이 되는 것을 보장하는 것은 아니었다 하더라도, 1841년 이래 영국의 보호를 받는 '동양 상인'으로서 바그다드 유대 상인들은 이중적으로 유럽계 유산을 강조하기 위해서 스스로를 영국 상인으로 불렀다.

상하이 스파라딤은 1903년 엘리 카두리 경를 의장으로 상하이시온주의협회를 세워 팔레스타인에 유대 국가 건설을 지지했다. 또한 1909년 상하이 유대자치회를 세워 음식법 등 유대법(할라카)에 준하는 규칙을 만들고, 출생과 결혼, 장례 등에 관한 등록처를 두었으며, 1917년 10월 혁명 이후에는 상하이로 이주하기 시작한 러시아계 아쉬케나지 유대인들[8]과 자신들을 구별하기 위해서 더욱 자신들의 스파라딤 정체성을 강조했다. 1930년대에는 백러시아계 유대인 약 4,000명이 상하이에 살았으나, 아쉬케나짐은 스파라딤의 상업적 적수가 되지 못했다.

바그다드 유대인의 동양인 혹은 영국인의 이중적 이미지는 지역 상황에 따라서 여러 요인에 기인한 것이었다. 상하이 외국인 정

---

[8] 상하이에 거주한 최초의 러시아계 유대인은 1887년에 이주해 온 하이모비치였다. 그는 당시 모스크바에 있던 세계에서 가장 큰 차(茶)회사인 〈W. Wissotsky & Co.〉의 상하이 지부 대표였다. 1902년 러시아계 유대인이 세운 회당의 첫 번째 의장으로 캐멀링을 뽑았다. 첫 번째 회당은 1907년 낙성하여 오헬 모세라 명명했다. 러일전쟁(1904~1905) 이후 반유대주의가 성행하던 러시아로 돌아가지 않은 유대인 군인들이 상하이에 둥지를 틀었다. 1931년에 유대인 클럽을 세워 문화와 교육, 정치 및 사회생활의 중심이 되었다. 1932년에는 상하이 아쉬케나지 유대자치회를 세웠다. 1937년 상하이 시의회는 이 기구를 공식 인정했다. 그러나 제2차 세계대전 이후 불안정한 중국의 상황으로 상하이 러시아계 유대인은 대부분 이곳을 떠났다.

착자들 속에서 유대인 이미지는 훨씬 엄격한 환경에 놓여 있던 영국의 식민지인 홍콩에서보다 덜 문제가 되었다. 상하이의 바그다드 유대 상인과 파시 상인은 중국 내에 거주하는 외국인으로서 유럽 상회의 일원으로 취급받기 때문에 서구 공동체 안에 외견상 통합될 수 있지만, 홍콩에 거주하는 그들은 중국 회사들과 더불어 '동양 상회'에 속하게 되기 때문이다.

19세기 상하이에서 활동하던 유대 상인들의 복장이 어떠했는가에 관한 유용한 자료는 적지만, 추정컨대 파시 상인들과 마찬가지로 그들은 1850년대 초부터 서양 옷을 입었던 것 같다. 손바닥만 한 외국인 상회에서 서로 잘 어울리려면 그런 복장이 적합했을 것이다. 그럼에도 몇몇 여성이 선조들의 습관대로 복장을 갖춰 입었을 가능성을 배제할 수 없다. 적어도 1920년대까지 바그다드 유대인들은 영국인들처럼 중국인의 옷을 갖춰 입지는 않았던 것 같다. 자신들을 중국인들과 사회적으로 분리시켰던 것이다. 단, 유대인 거부 신라스 아론 할둔은 종종 중국인을 만날 때 중국 옷을 입곤 했다. 중국의 환경에서, 영국 신사 흉내를 내는 것보다는 스스로 중국 상인 박애주의자로 여김으로써 새로운 사회적 정체성을 형성하려고 노력했던 증거로 삼을 수 있을 것이다.

바그다드 유대인들은 히브리어 문자로 쓴 아랍어 방언인 유대-아랍어를 모어(母語)로 주로 사용했다. 아랍어는 몇 세기 동안 북아프리카에서부터 예멘, 팔레스타인, 메소포타미아, 인도 등지에 살던 유대인들끼리 의사소통하던 언어였다. 특히 20세기 초까지만 해도 유대-아랍어를 사용할 줄 알던 상하이와 홍콩의 제1세들은 아랍어 악센트가 섞인 형편없는 영어를 구사했다. 1930년대까지 지역 회당에서는 영어가 숙달되지 않은 바그다드 유대 상인들 사이에서 유대-아랍어를 일상어로 사용했으며, 상품 거래서나 계약서 등을 기록할 때도 사용되었다. 그러나 사순이나 할둔 상회에서는 1880년대부터 아편 상거래 장부는 모두 영어로 기록하기 시작했다.

상하이 유대 상인들과 가족들의 '영국화' 과정[9]은 19세기 초반부터 이미 시작되었다. 아랍어식 이름이 점차 사라지고, 서구식 이름이 번졌다. 예컨대 앨버트(압둘라), 엘리스(엘리야우), 프레더릭(파라지), 플로렌스(파라), 캐서린(카툰), 셸리(살하) 등의 이름이 등장하기 시작했다. 서구식 복장이 젊은이들 사이에서 유행했고, 집 구조도 영국식으로 바뀌었다. 1904년 상하이시온주의협회가 창설되고, 1941년까지 협회의 모든 기록물은 영어로 출판되었다. 상하이 엘리트 유대 상인들은 영국 클럽에 속하여 위스키 등을 마셨고 승마

---

[9] 1900년 5월 상하이 유대인 공동체는 '중국 유대인 구조협회'를 결성하고 카이펑에 있는 유대교 재건을 위해 30여 년간 지원 활동을 한 바 있다. 카이펑의 유대인들은 완전히 '중국화'되어 자신들이 유대인이라는 사실을 알고는 있었으나 유대교에 관해서 아는 건 거의 없었다. 중국 유대인의 '중국화' 과정─유대 공동체로부터의 고립, 토착민과의 결혼, 중국어 성서 번역, 리더십 부족, 중국 황실의 시민정책, '유교와 히브리 성서의 가르침은 본질적으로 같다'는 식의 유대 지식인들의 유교화 등─에 관해서는 Song Nai Rhee, "Jewish Assimilation: The Case of Chinese Jews," *Comparative Studies in Society and History* 15-1(1973), pp. 115-126을 참조할 것.

를 즐겼다. 그러나 파시와는 달리, 유대 상인들은 빅토리아 영국과 식민지에서 앵글로-색슨의 '부르주아 가치를 가장 잘 보여주는' 크리켓 같은 스포츠를 즐기지는 않았다.

영국화 과정은, 주로 사회계층에 따라 차이가 나는데, 유대-아랍어 문화 정체성이 강하고 상하이 영국 공동체와 통합될 필요가 없는 소상공인 출신의 중하류층보다 사순 상회의 고용자들 같은 중상류층에서 먼저 광범위하게 진행되었다. 또, 사업을 하는 남자들 사이에서보다 여성들 사이에서 영국화는 좀 더 느리게 진행된 것 같다. 가족을 돌보는 여성들은, 한편으로는 지역의 원예를 가미한 영국식 정원을 가꾸는 데 열의를 다하고 제1차 세계대전이 일어나자 모금운동을 통해 전쟁 고아와 과부를 돕는 기금을 마련하여 지역 영국 공동체에 기부하는 반면, 다른 한편으로는 가정에서는 바그다드의 유대 전통과 문화를 어느 정도 지켜 나갔다. 메소포타미아는 바그다드 유대인 디아스포라의 집단적 기억 속에 매우 중요하게 자리 잡고 있었다. 상하이를 방문했던 이스라엘 코헨은 이런 기록을 남겼다.

안식일 식탁에는 전통적인 온화한 분위기가 풍겼다. 틀림없이 빵 맛이긴 한데 빵이 무척 크고 넓적하고 부푼 팬케이크처럼 생긴 것을 제외하고는. 나는 싱가포르, 랭군, 캘커타를 거쳐 오는 동안, 모든 정통 동양 유대인이 안식일 빵을 집에서 굽는다는 말을 들었다. 대부분의 음식은 스파라딤 가족들이 정성스럽게 지켜 온 바그다드나 레반트식 요리였고, 다과는 파파야와 포멜로 같은 동양에서 나는 유별난 것들이었다.

결혼은 바그다드 유대 여성의 삶에서 핵심적인 것이었다. 바그다드 디아스포라 유대인 사이에 맺어진 친족 관계가 매우 강조된 가운데 거행되던 '동양적'인 결혼식은 상하이에서도 계속되었는데, 모든 아시아 지역에 폭넓게 연결된 친척들이 호텔 같은 곳에 모여서 화려한 서양식 드레스를 입은 신부가 들러리들에게 둘러싸인 채 결혼식을 거행했다.

1909년 가장 존경 받던 랍비 하캄 요세프 하임이 사망한 이후, 바그다드가 유대교의 중심으로서의 지위를 상실하게 되자 상하이 바그다드 유대인 스파라딤 공동체조차 점차 쇠락의 길을 걷게 된다. 제1차 세계대전 이후 유대교의 종교적·영적 중심이 예루살렘으로 옮겨 가면서 1920년대 바그다드의 랍비들은 공동체의 지도자로서의 자신들의 역할을 상실하고 이름만 남게 되었다. 상하이 스파라딤의 잡지 『Israel's Messenger』는 이렇게 적고 있다.

우리에게 바그다드는 더 이상 영적 중심이 아니다. … 우리는 감히 바그다드로부터 우리의 영적 지위를 위태롭게 함 없이 우리의 구실/역할을 얻지 못한다. … 그러므로 우리는 다른 곳에서 영감을 찾아야 할 것이다.

1938년 '수정의 밤'이 지나고 제2차 세계대전 발발 직전에 유대인 난민 7,000여 명이 호주로 이주했다. 그러나 유대인 난민들이 비자 없이 갈 수 있는 유일한 피난처는 상하이였다. 1937년 이후 일본이 통제하고 있었지만 전통적으로 상하이는 자유무역항이었고, 이미 많은 유럽인이 전쟁을 피해 들어온 거대한 국제정착민 도시였다. 마침 일본은 유대인들을 국제무대에서 영향력을 가진 자들로 여기고 있었다.

　　유럽의 유대인들에게 상하이는 거의 '구조(救助)가 불가능한 항구'처럼 보였다. 그들은 대부분 미국이나 여타 자유세계로 가는 비자를 기다렸다. 그러나 비자 발급은 차일피일 미뤄졌다. 결국 나치 치하에서 벗어나려는 유럽의 유대인들은 다급해진 나머지 '동양'으로 떠나기로 결정했다. 다비드 크란츨러는 이렇게 기록을 남겼다.

　　상하이, 그 이름은 독일 및 오스트리아 유대인들에게 악몽에서 벗어나 구원 받을 실낱같은 희망의 부적이 되었다. 마법이 일어나지 않는 한 나치에게서 벗어날 수 있는 유일한 희망은 상하이뿐이었다.

　　1939년 9월, 전쟁을 일으킨 일본이 이민의 문을 닫기 전까지, 상하이에는 독일과 오스트리아에서 온 유대인 난민 약 18,000명이 들어와 정착했다. 이들 가운데 상하이에 정착해서 살려고 들어온 자들은 거의 없었다. 수 주 안에 나치 치하의 유럽을 떠나야 했던 다급한 순간에 비자 없이 갈 수 있는 거의 유일한 곳—그 사이 1941년 폴란드 유대인 난민 1,000여 명이 리투아니아에서 일본의 고베로 이주해 왔다. 전쟁 초기 중국에 들어온 유대인 난민은 26,000~36,000명 사이였다. 그러나 전쟁이 끝나고 이스라엘이 건설되자 대부분 곧 중국을 떠났다—이었기 때문에 상하이로 들어온 것이다. 상하이는 유대인 난민의 생명선이었다. 그러나 제2차 세계대전의 영향하에서 상하이 유대인 공동체가 안정적으로 정착하기란 처음부터 어려운 일이었다.

상하이유대공동체회의가 극동비상회의의 연장선상에서 설립된 것은 1949년 6월 1일이었으며, 그나마 1950년 8월 합동행정위원회가 문을 닫으면서 상하이유대공동체회의는 사실상 지역이민 및 원조 지원 채널로 남게 되었다. 이 조직을 이끌던 이는 상하이에 110년간 살던 바그다드 유대 상인의 후손인 R. D. 아브라함이었다. 그는 당시 대부분의 유대인이 이스라엘 건설에 합류하거나, 중국 정부가 강요하거나 반유대주의 때문은 아니지만, 상하이를 떠나기를 원했고 또 중국 정부를 설득하여 떠나는 데 적극 협력했다고 적고 있다.

70여 년이 지나고 최근 들어 유대인들이 다시 상하이를 찾고 있는데, 그 이유는 중국의 눈부신 경제 발전과 역동성, 반유대주의 행태가 비교적 적은 안전성 등을 꼽을 수 있다. 1992년 중국과 이스라엘 간의 외교 관계 수립 이전만 해도 아랍 국가들과 밀접한 관계를 맺고 있던 중국은 이스라엘에 대해 비판적이었다. 그러나 중국의 외교정책이 실용적으로 바뀌면서 중국은 유대인의 자본력과 기술력, 잠재적 정치력을 평가하며 투자와 교류를 증대하고 있다. 흥미롭게도 2006년부터 2009년까지 이스라엘 총리를 지낸 에후드 올메르트의 조부와 부친은 중국 하얼빈(哈爾濱) 출신이다.

결론적으로 동양인 혹은 영국인 이미지 사이에서 살아가던 상하이 바그다드 유대 상인들은 점진적으로 자신들을 동양적 과거와 분리시켜 나감으로써 자신들을 서구 공동체에 속한 자들로 인식해 갔으며, 자신들의 조상들이 살던 메소포타미아와 깊은 정서적 유대감을 갖고 있으면서도 가시적으로 동아시아와 문화적 일체감을 유지하고 있었다고 볼 수는 없다. 사실상 일본 치하에서 '게토'로 남겨진 상하이 유대 공동체는 전후 공산체제인 중국에 편입되면서 오스트리아 혹은 이스라엘로 구성원들이 대부분 떠나고 그 영향력을 상실하게 된다.

항구에서 항구로

1990년대 후반 다비드 소르킨이 만들고 체계화한 '항구 유대인' 개념은 그의 이론적인 설명을 따라 항구 유대 공동체에 대한 다양한 연구를 촉발했다. 물론 이 연구들은 대부분 초기 스파라딤 '유대 상인' 디아스포라와 연관된 것들이었다. 그러나 최근 연구 동향에 따르면 스파라딤 유대인 디아스포라에만 국한하지 않고, 시공간을 넘어서 다양한 계층의 유대인의 퍼짐/흩어짐을 설명하고 있다.

이러한 맥락에서, 과연 동아시아에 진출한 유대 상인들의 경우 '항구 유대인'으로서의 특성과 자기 정체성을 얼마나 지니고 있었는가를 살펴보았다. 우선, 싱가포르에 정착한 유대인의 경우, 바그다드에서 유입된 유대 상인들로서 영국의 동아시아 진출이라는 새로운 국제정세의 변화와 그에 따른 경제적 이익을 얻기 위해 적절한 시간을 맞춰 새로운 모험을 감행했으며, 나름대로 성공을 거두었다. 그들은 싱가포르의 정치적·경제적 발전에 구체적으로 기여했다. 싱가포르에서 유대인이 누리는 이러한 동등권 뒤에는 유대인의 상업적인 성공과 사회적인 공헌이 뒷받침되었기에 가능했다고 볼 때, 소르킨이 주장한 '항구 유대인들'의 경제적 유용성과 맥락을 같이 하는 것이라 할 수 있다.

그러나 필리핀 마닐라의 경우, 스페인과 미국의 식민지 쟁탈과정에서 여러 곳으로부터 흘러 들어온 유대 상인들의 경우 종교적 차원의 유대 정체성에서 싱가포르와 다른 특성을 지니고 있었을 뿐만 아니라, 국제적인 유대 상인 디아스포라와도 협력적인 상호작용은 거의 하지 않았다. 이러한 관점에서 마닐라 유대인들은 소르킨이 말한 인종적인 네트워킹을 바탕으로 상업 활동을 전개한 유럽 및 지중해 유대인들과는 성격이 매우 달랐다.

상하이의 유대 공동체 역시 이와 크게 다르지 않았다. 인종적으로는 바그다드계 유대인 출신들이 영국의 동진(東進)을 따라 처음 진출한 곳이라는 점에서 무역 환경은 싱가포르 유대 상인 디아스포라와 성격상 흡사하다 할 수 있으나, 상하이 유대 공동체의 성격 및 정체성은 오히려 마닐라 유대 상인 집단과 유사했다 할 수 있다. 종교적 결속이나 동화 과정, 현지 사회에 대한 공헌 등 그 특징이 '항구 유대인'의 성격과는 사뭇 다른 것으로 판단된다.

따라서 소르킨의 이론—'하나의 사회 형태'로서의 '항구 유대인'의 개념화—에 비추어 볼 때 싱가포르, 마닐라, 상하이 등 동아시아의 세 항구도시에 유입하여 정착한 유대인들의 경우 그의 개념화된 특성과 어느 정도는 그 맥락을 같이 하고 있음에도 불구하고, 전적으로 일치하지는 않는다. 이에 비추어 볼 때, 소르킨의 이론이 각각의 디아스포라 유대인들의 정치적·경제적·사회적·문화적·종교적 환경과 특성을 지나치게 단순화·개념화했다는 점에서 비판받아 마땅할 것이다.

오히려 오늘날에도 여전히 항구도시가 다양한 문화와 종교, 인종을 받아들이면서, 사회·문화적 교류와 소통을 통해 서로 다른 인종-종교 그룹 간의 특이한 관계를 발전키고 있다. 또한 그로 인한 문화적 변형과 진화, 상호이익의 교환을 바탕으로 한 사해동포주의의 주체로 자리매김하고 있는 공간—물론 그 반대의 경우도 성립하지만—이라는 일반적인 관점에서 볼 때, 오히려 동아시아의 세 항구도시에 이입(移入)한 '항구 유대 상인'의 독특한 성격 및 정체성에 대한 이 같은 맥락의 연구는 어느 정도 보편성을 띨 수 있다 할 것이다.

디아스포라 유대인의 이주사는 매우 복잡하며, 그들의 정착 과정 또한 결코 균일하지 않다. 필요에 따라 또는 어쩔 수 없이 여기저기 옮겨 다니다 상인 특유의 적응력을 바탕으로 정착해 살며 자신들이 속한 토착 사회에 기여하면서 그들로부터 신용을 얻어 번영을 누렸다. 특히 '항구에서 항구로' 옮겨 다니며 국제 무역으로 부를 축적했으며, 그것이 그 지역의 경제 발전으로 이어져 "유대인이 가는 곳에는 경제적 활력이 넘친다"는 인식을 심어 나갔다.

추론컨대 일찍부터 만주나 동아시아 등지에 분포되어 여러 분야에 걸쳐 상업 활동을 해온 유대 상인들이 한반도까지 들어왔을 개연성은 아주 높다. 고려시대 많은 아랍 상인이 개성에 진출하여 왕실로부터 외부와의 문물 교류에 혁혁한 공로를 인정받은 사실에서 볼 때, 아랍 상인들과 한 무리를 지어 이동하며 보부상으로서의 역할을 톡톡히 담당했던 유대인 무리들이 그들과 함께 한반도에 섞여 들어왔을 것이다.

필자는 한때, 일제 강점기 때 대구에서 일본인들 틈에 섞여 섬유 산업에 종사하던 '외국인들'을 추적한 바 있다. 대구시 주변의 오래된 공동묘지를 방문해 아랍어 또는 히브리어 묘비를 찾아보기도 했고, 섬유 업계의 대부들이나 시사(市史)에 밝은 원로들을 만나 '외국인들'의 흔적을 캐물은 적도 있다. 비록 급속한 도시 개발로 실증적인 사료를 얻지는 못하였으나, 구술에 따르면 '그 외국인들'은 주로 상하이 등 중국을 거쳐 대구로 들어와 한국의 근대 섬유 기술과 섬유 산업 발전에 상당 부분 기여했다는 점에서 일치된 견해를 피력해 주었다. 이들 대부분은 대동아 전쟁이 끝나고 어디론가 홀연히 떠났다고 한다.

한국 근대사에 남긴 유대인의 발자취

한국 근대화의 여명은 서구 문명의 도래와 함께 시작되었다. 19세기 이전까지만 해도 조선왕조의 외교정책은 주로 쇄국정책을 기조로 삼고 있었다. 이웃 일본은 18세기에 이미 메이지유신을 통해 서구 문명을 받아들이면서 비교적 진보적인 의미의 근대 국가를 만들어 가고 있을 때, 한반도는 여전히 왕실의 법통과 민족의 전통을 중시 여기며 양이(洋夷)를 배척하고 있었다.

그러나 19세기 후반, 근대 한국의 개화기에 서구 문명과 더불어 들어온 기독교의 영향은 가히 엄청난 것이었다. 서구 문명이 곧 기독교 문명이라는 등식은 처음부터 성립된 명제였다. 여기서 서구 문명이라 함은 물론 정신문명과 물질문명을 모두 포함하는 것이었다. 그런데 흥미롭게도 서구 문명의 이름으로 한반도에 들어온 서양 사람들 속에는 우연히 끼어든 몇몇 유대인이 있었다. 비록 근대 한국 사회가 유대인들과 직접적으로 접촉할 기회가 거의 없었음에도 이들의 등장과 역할은 한국 근대사에 적지 않은 영향을 끼쳤다.

여기서 우리는 19세기 말부터 20세기 초·중반 사이에 근대 한국 사회에 등장하여 직·간접적으로 한국사에 적지 않은 영향을 끼친 몇몇 유대인의 활동과 역할을 제1차 사료를 중심으로 살펴보고자 한다. 개화기 한국 사회의 근대화 과정에서 보여주고 있는 이들의 활동은 당시의 역사적·정치적·문화적·종교적 상황과 결코 분리될 수 없는 것이다.

먼저, 19세기 말~20세기 초 한국 근대사에 등장하는 몇몇 유대인과 그들의 활동상을 소개하려 한다. 우선 유럽에 근대 한국의 모습과 한국인의 이미지를 소개한 최초의 유대인 상인 에른스트 야콥 오페르트의 행적과 흔적을 살펴볼 것이다. 그의 왜곡된 시선이 그 후 오랫동안 유럽인들에게 한국과 한국인의 이미지로 고착된다는 사실에 비추어 볼 때 한 유대인의 등장을 결코 소홀히 지나칠 수 없다.

이어서, 근대 한국에 불어 닥친 서구 정신문명의 이입이 성서의 번역으로부터 시작되었다 해도 과언이 아닐진대, 바로 그 일이 러시아계 유대인 알렉산더 피터스에 의해 이루어졌다. 한 유대인과의 인연 치고는 결코 소홀히 여길 수 없는 대단한 인연이다. 그의 한반도 상륙 배경과 그가 초기 한국 개신교에서 담당한 역할 및 영향 등을 중심으로 살펴볼 것이다.

　아울러 열강들의 식민지 다툼과 함께 물질문명이 본격적으로 한반도에 상륙한 것은 사실상 러·일 전쟁이 발발한 1904년 전후의 일이었다 할 수 있다. 전쟁 비용을 조달하기 위해 일본이 발행한 국채(國債)의 상당 부분을 미국의 한 부호(富豪)가 사들였고, 그 사람이 바로 러시아계 미국 유대인 야콥 쉬프였다. 이것이 계기가 되어 일본이 전쟁에서 승리하고 전후 그는 일본 황실의 초청으로 일본과 한국을 방문하는 등 근대 한반도 운명에 적지 않은 영향을 끼친다.

　그런 의미에서 이들 몇몇 유대인이 개인으로서 한국 근대사에 끼친 영향은 결코 간과할 수 없는 문제인 것이다.

지금까지 한 차례도 거의 주의 깊게 다루어진 바 없는 국내·외 제1차 사료를 중심으로 살펴보게 될 이번 장은 곧 '타자의 눈에 비친 우리'와 '우리의 눈에 비친 타자', 즉 '타자성'(他者性)과 '정체성'(正體性)에 대한 논의를 염두에 두고, 두 시선이 만나는 교차점은 과연 어디인가? 하는 물음에 관심을 두고 전개될 것이다. 근대성 논의에서 '타자성'은 곧 '자기 정체성'과 직결된 주제라는 것은 잘 알려진 사실이며, 따라서 이 연구를 통해서 우리는 어떻게 타자를 읽어 나갈 것인가 하는 '상관적 차이'의 문제의식—왜곡된 상대방(타자)에 대한 인식으로서의 '오리엔탈리즘'이나 '옥시덴탈리즘'을 모두 넘어서는—으로도 발전할 수 있기를 기대한다.

유럽에 한국을 소개한 독일계 유대인 – 에른스트 야콥 오페르트

에른스트 야콥 오페르트(Ernest Jacob Oppert, 1832~1903)는 독일 함부르크 태생의 가난한 유대인 보부상(褓負商)으로 1851년에 홍콩에 온 후 상하이[1]에서 상점을 열고 무역업을 시작했다. 중국에서 사업이 어느 정도 성공을 거둔 그는 1866년(고종 3년) 2월 조선과의 통상을 개척할 목적으로 영국인 모리슨과 함께 영국 상선 로나 호로 충청남도 해미의 조금진에 들어와 통상을 요구했다. 하지만 당시 쇄국 정책으로 접근이 어려웠다. 같은 해 6월에 엠퍼러 호로 다시 해미에 나타나 현감을 만나 통상을 요구했으나 거절당했으며, 조선에서 벌어지고 있던 천주교 박해의 실상을 조사했다.

1868년(고종 5년) 4월 오페르트는 상하이 미국 영사관에 근무한 미국인 모험가 젠킨스의 재정적 지원과 "11년 이상을 줄곧 조선에

---

1 "19세기 후반부터 제1차 세계대전까지 지속된 유대인의 제1차 상하이 이주는 인도와 바그다드를 거쳐 시작되었으며, 1842년 상하이 개항과 함께 유대인들은 중요한 역할을 했다. 1895년부터 10년 동안 러시아 출신 유대인들이 볼셰비키 혁명을 피해 일제 치하의 만주를 거쳐 상하이에 도착했다. 1930년대 말 상하이의 러시아 유대인은 4천 명이 넘었고, 이 당시 상하이에만 7개의 유대교 회당이 세워졌다. 제2차 이주는 나치의 유대인 박해를 피해 약 2만 명의 유대인들이 당시 비자나 여권이 필요치 않았던 상하이에 한꺼번에 몰려오면서 전개되었다. 무역, 은행, 부동산 분야에서 활발한 활동을 벌였던 유대인들은 1948년 이스라엘이 건국되고 중국에 공산정권이 세워진 이후 대부분 미국이나 호주 등지로 떠났다. 그러나 최근 상하이 유대인 커뮤니티가 1,500명까지 커지면서 상하이 러시가 50년 만에 다시 시작되었다"(「연합뉴스」, 2006년 6월 5일 자 보도).

머물며 선교 활동에 몰두했"으나 대원군의 천주교 박해 때 몸을 피하여 조선을 떠났던 조선 지리를 잘 아는 프랑스 신부 페롱[2]의 제안으로 안내와 통역을 도움받으며 차이나 호 등 2대의 배—이 배에는 유럽인 항해사 10~12명, 마닐라인 25명, 한국 천도교인 약간 명, 청국인 호위대 100여 명을 태우고 있었다—를 이끌고 상하이를 출항, 구만포에 상륙하여 덕산 군청을 습격했다. 또한 가동에 있는 흥선대원군의 생부 남연군(南延君)의 묘를 도굴하려 했다.

한국에 도착한 그들은 북독일 연방의 국기를 게양하고 충청도 홍주군 행담도(行擔島)에 와서 성박했다가, 구만포에 상륙하여 러시아 군병이라 자칭하면서 함부로 총칼을 휘둘러 지방 관헌조차도 접근하지 못하게 한 다음, 몇몇 이 지방 출신 조선인의 안내를 받아 어둠을 타서 덕산 가동에 있는 남연군의 무덤을 파헤치기 시작했다. 덕산 군수 이종신(李鍾信)과 묘지기 및 몇몇 주민이 이를 제지하려 하였으나 무장한 서양인을 당할 수가 없었다. 그러나 날이 밝아 주민들이 몰려오며 내하(內河)의 퇴조(退潮) 시간이 임박해지자 이들은 관곽(棺槨)까지 파낸 것을 그대로 버려두고 구만포로 퇴각하였다.

이틀간에 걸친 이 사건이 관찰사 민치상(閔致庠)에게 알려지자

---

2 페롱 신부(1827~1903)는 파리 외방선교회 소속 신부로 23세인 1850년에 사제 서품을 받고 1856년에 조선에 입국하여 14년 동안 포교 활동을 하다가 인도로 전보되어 그곳에서 죽었다.

그는 즉시 군관 100여 명을 출동시켜 추적하였으나 찾지 못했다. 오페르트는 도굴한 시체와 부장품을 담보로 조선 정부와 협상하려 했으나 무덤이 단단하고 만조 시간이 임박하여 도굴에 실패하자 배로 돌아갔다.[3] 뜻을 이루지 못한 그는 인천의 영종진(永宗鎭)에 상륙하여 재차 통상을 요구하는 서한을 조선 정부에 보냈다.[4] 하지만 도굴 행위에 대한 조선 내의 여론이 매우 악화되어 조선 정부와의 협상이 불가능해지자, 영종도에 상륙해 약탈 행위를 자행하다가 영종 검사 신효철(申孝哲)이 이끄는 조선 수비대의 저항을 받고 중국으로 돌아갔다.

오페르트의 도굴 사건은 국제적으로도 지탄을 받았으나, 당시

---

[3] 『고종실록』 5년(1868년) 4월 21일자와 5월 23일자에도 당시의 상황이 기록되어 있다.
[4] 오페르트는 자신의 서신에서 "조선의 개방에 합의함으로써 조선 사람들과 외국 국가들의 호의를 즉시 얻을 수 있는 기회가 두 번 다시 오지 않을 것이라는 점을 그에게 솔직하고 명백하게 경고했다. 아울러 프랑스 원정대의 방문은 이미 나의 예측이 정확함을 입증해 주었으며 프랑스 군이 단시일 내에 퇴각한 것은 로즈 제독의 적절한 판단에 따른 것이었기 때문에 그는 마치 프랑스 군을 격퇴한 것처럼 상상하는 자가당착에 빠지지 말아야 한다는 점도 지적했다"라고 썼다고 밝히고 있다.
이런 상황에 대해서 『고종실록』 5년(1868년) 5월 23일자에는 오페르트의 편지에 "만약 나라를 위하는 마음이 있거든 높은 관리 한 사람을 파견하여 좋은 대책을 강구하는 것이 어떻겠습니까? 만일 결단을 내리지 못하고 계속 우유부단하다가 나흘이 지난다면 먼 데 사람들은 돌아갈 것이니 지체하지 말 것입니다. 몇 달이 되지 않아서 반드시 나라를 위태롭게 하는 우환을 당할 것이니 후회하는 일이 없도록 했으면 천만다행이겠습니다"라고 기록되어 있으며, 영종 첨사 명의로 보낸 회답 편지에는 "귀국과 우리나라의 사이에는 원리 서로 연계도 없었고 또 서로 은혜를 입었거나 원수진 일도 없다. … 이제부터 표류해 오는 서양 각국의 배에 대해서는 먼 곳의 사람을 포섭하는 도리로 대우하지 않을 것이니 다른 말을 말 것이니 그리 알 것이다"라고 되어 있다.

중국에 있던 미국과 프랑스의 영사들은 도리어 이를 비호하여 사건은 유야무야로 끝나고 말았다. 상해에서 열린 이 사건의 재판 당시 배석 판사였던 헤이스 2세는「The Nation」지에 기고한 "조선에 대한 오페르트의 비인도적 행위"라는 글에서 "조선에 관한 오페르트의 글을 읽은 저로서는 몇 가지 기이한 사건이 생각나는군요. 남의 왕릉을 파헤친다는 것은 역사상 가장 삼갈 사건 중 하나입니다"라는 입장을 밝힌 바 있다.

이들의 항해 목적은 뒷날 젠킨스가 이 사건에 대한 법정 진술에서 밝힌 바, ① 조선 왕국과 통상 조약 체결을 교섭하자는 것, ② 조선의 사신 한 명을 배에 태워 세계 일주 여행을 시키자는 것, ③ 그렇게 함으로써 은둔국 조선을 세계에 소개하자는 것 등이었다고 한다.[5] 하지만 이것은 하나의 구실에 불과한 것으로써 도굴에 대한 명확한 이유는 밝혀지지 않았으며, 이들은 조선인이 시신을 소중히 여긴다는 사실을 알고 탈취한 유골을 볼모로 조정을 압박하여 조약을 체결하려 했던 것 같다.

병인양요(1866)[6]와 신미양요(1871)[7] 사이에 발생한 이 사건은

---

[5] 이선근,『대한제국사』제6권(서울: 신태양사, 1973), 97-98쪽.

[6] 1866년(고종 3년) 프랑스가 대원군의 천주교 탄압을 구실로 조선의 문호를 개방시키고자 강화도를 침범함으로써 일어난 사건. 1866년 1월초 대원군은 쇄국양이(鎖國洋夷) 정책의 하나로 천주교 금압령을 내리고, 프랑스 신부 9명과 조선인 천주교도 수천 명을 처형했다. 이때 탄압을 피하여 탈출했던 프랑스 신부 3명 가운데 리델이 7월 청나라의 톈진(天津)으로 탈출해 프랑스의 극동 함대 사령관 로즈에게 천주교 탄압 사실을 알리고 이에 대한 보복을 요구하면서 발단이 되었다.

비록 미수에 그치기는 하였으나 국민에게 악감정을 일으키고, 흥선대원군의 쇄국정책을 더욱 강화하게 하는 계기가 되었다. 소식을 접한 대원군은 양이(洋夷)의 추적을 명하는 동시에, 이러한 괴변은 필시 천주교도의 사주와 지시에 의해 발생하는 것으로 결론을 내리고 국내에 남아 있는 천주교도를 더욱 엄중히 단속하도록 명령을 내렸다.

한편 1880년 오페르트는 독일어로『금단의 나라: 한국으로의 여행』(1880)을 펴냈는데, 이는 1668년 헨드릭 하멜이 네덜란드어로 펴낸『하멜 표류기』(1668)와 더불어 서구 유럽에 '미지의 땅', '고요한 아침의 나라' 한국을 방대하고 포괄적으로 소개한—조선의 정치제도, 역사, 풍습, 언어와 문자, 산업, 지리, 지하자원, 종족 등에 관한 내용이 상세하게 기록되어 있으며, 부록에는 한국 정부에서 제안한 조약문 초안, 한글 자모표 등이 수록되어 있다—드문 책으로 평가받는다. 그는 책 말미에 "오늘날까지 수줍음으로 고개를 들지 못하는 그 땅은 모든 서구인에게 여전히 '금단의 땅'으로 남아 있다"고 적어 놓았다.

　독일의 한 유대인 상인이 유럽에 소개한 한국과 한국인의 이미지는 그 후에도 오랫동안 서구인들에게 같은 이미지로 기억되었다

---

7 1871년(고종 8년) 미국 함대가 조선에게 통상조약 체결을 강요하기 위해 강화도를 침략한 사건.

는 점에서 한 유대인인 그가 남긴 기록의 영향력은—그가 한국의 개화사에 끼친 부도덕한 처사에도 불구하고 한국의 개항의 행위자로서, 당시 조선의 내정과 문물의 목격자로서—결코 작지 않다. 유대인 상인답게 그는 한국이 개방될 경우 유럽인들 혹은 독일인들이 얻게 될 경제적인 실익에 대한 기대감을 은근히 부추기며 한국을 이렇게 소개한다.

한국은 국명 이외에는 알려진 것이 없다. 그러나 한국은 아시아 대륙의 다른 어느 나라 못지않게 우리가 관심을 가져야 하는 유리한 지리적 조건, 온화한 기후, 의심할 바 없을 정도로 풍부한 광물 자원, 생산 능력을 보유하고 있다. 문호를 개방한다면 한국의 풍부한 새 자원들이 개발되는 것은 물론 과학 세계에도 지금까지 알려지지 않은 분야에서 풍부한 수확을 제공할 것이다.

한국에는 금과 은이 풍부하지만 유통되는 경우는 흔치 않다. 정부는 금과 은을 보관하는 보물 창고를 여러 곳에 갖고 있다. 금과 은을 채굴하는 것은 엄격하게 금지되어 있고 이를 위반할 경우 사형에 처한다. … 나는 아시아 대륙의 어느 나라도 광물의 풍부함에 있어 한국만큼 많은 나라는 없다는 것을 확신을 가지고 강조하고 싶다. … 한국이 척박한 나라라는 잘못된 소문은 두 가지에서 연유한다. 첫째는 사람들이 한국에 대하여 무지한 탓이며, 둘째는 한국 스스로가 외국의 접근을

막기 위해 의도적으로 퍼뜨린 것이라고 본다.

오페르트가 한국을 소개하는 목적은, 책 서문에서 밝히고 있듯이 그의 1차적인 관심사인 한국을 식민지화하는 것이었다. 『금단의 나라: 한국으로의 여행』에서 그는 식민지화를 위한 정당성을 강조하면서 쇄국정책을 펴고 있는 한국의 지정학적 중요성, 강압적인 개방 이후 한국의 발전 가능성, 지배국의 이익 등에 관하여 소상하게 자신의 주장을 펼친다.

이러한 주장은 한국이 일본의 식민 지배를 받기 30년 전의 것으로써 서구 세력의 식민주의 전략과 관련된 최초의 글이라는 점에서 매우 충격적이기까지 할 뿐만 아니라, 심지어 오페르트가 한국 정부와 조약을 체결할 경우에 대비하여 미리 작성된 조약문 초안까지 싣고 있다는 점에서 가히 그 의도의 치밀함을 엿볼 수 있다. 그가 작성한 〈조선해도〉(朝鮮海圖) 한 장은 병인양요(1866) 때 프랑스 함대의 안내서가 되기도 했다.

아시아에 관심을 가지는 열강들은 '기이하고 대단히 흥미로운' 나라인 '한국의 문제'를 진지하게 고려하게 될 것이다(우리는 그것이 너무 늦지 않기를 희망한다). 지정학적인 관점에서 매우 중요한 한반도를 점령하고 지배하는 데 필요한 것은 단지 소규모 군대와 전함 몇 척뿐이다. 만약 러시아가 원한다면 러시아는 언제든지 동해까지 진출하여 아시아

동해(Sea of Japan) 전체의 지배자가 될 수 있다. 이런 지배를 통하여 중요한 반도가 개방될 수 있다면 나는 그것을 다행으로 생각할 것이다. … 이로 인해 온갖 노력과 조롱에도 불구하고 완전히 고립되어 있던 환상의 나라가 세계에 개방될 것이기 때문이다.

한국인에 대한 그의 정보는 때로는 사실 자체가 잘못된 것들이 많으며,[8] 또 한국인의 이미지는 심각하게 왜곡되어 있어 유럽인 중심의 지배욕과 더불어 이국성에 대한 욕망이 반영되어 '타자화'(他者化)되어 있음을 알 수 있다.[9] 특히 그의 한국인에 대한 인종주의적인 담론은 인종주의적 우월성을 바탕으로 한 타 인종에 대한 생물학적 지배를 정당화하려는 권력 의지의 반영으로 보이며, 이는 당시 유럽에서 활발하게 논의되기 시작한 인종주의에 관한 사회진화론적 견해를 반영하고 있는 것으로 여겨진다. 그가 펼친 주장을 한 토막 살펴보자.

---

[8] 예컨대 "한국에서 일부다처제는 지배적인 제도이며 여성의 운명은 중국 여인들의 그것과 별반 차이가 없다"라는 언급은 유럽인들이 문명과 미개를 구별하는 중요한 인식소 중의 하나로 일부다처제 여부를 꼽고 있다는 사실에서 볼 때, 단순히 타 문화에 대한 이해 부족이나 단순한 오해로 보기 어렵다.

[9] '타자화'는 인식의 주체가 인식의 대상에게 자의적으로 행사하는 하나의 폭력으로서, 타자를 욕망이나 억압 아니면 지배 대상으로 삼는 이른바 제국주의 놀이로 정의할 수 있다. 차별화를 통해 대상을 타자화할 때 인식의 주체가 남성이면 여성이 주로 주체의 욕망이나 억압의 대상이 되며, 인식의 주체가 강자면 약자가 억압이나 지배의 대상이 된다. 여기서 '시각'(*visus*)과 '힘'(*vis*)을 의미하는 단어의 어원이 '나는 본다'(*video*)는 동사와 관계한다.

한국 사람들의 기원과 종족의 계통에 대하여 특정한 유래를 밝히기는 어렵다. 이에 대한 중국이나 한국의 문헌에서 출처를 찾기 어렵기 때문이다. ⋯ 현지인에게 질문을 해도 자신들도 전혀 아는 바가 없거나 그 유래를 잊어버렸다고 말한다. ⋯ 한국이 중국인이나 일본인과는 다른 종족에서 유래되었을 것이라는 가정은 한국인의 얼굴에서부터 드러난다. ⋯ 나는 한국을 여행하는 동안에 만난 수많은 사람 중에서 고매하고 개성이 뚜렷해 보이는 인상의 사람들을 꽤 많이 보았다. 만일 그들이 유럽식 복장을 하고 있었더라면 그들을 유럽인으로 착각했을 정도다. ⋯ 한국 사람들이 유럽 인종에서 유래했다는 생각을 바꾸게 되었다.[10]

---

[10] 한편 흥미로운 사실 가운데 하나는 그가 생각했던 한국인의 기원에 관한 이야기다. 1901년 6월 서울에 3일밖에 머무르지 않았던 프랑스의 피에르 로티(Pierre Loti, 1853~1923)가 남긴 일기에 따르면, 그가 주교구(主敎區)에서 만난 뮈텔 신부와 '한국인과 유대인의 종족적 연속성과 유사성'에 관해 나눈 대화는 다음과 같다.
"— 사계절 구분 없이 한국 사람들이 입고 다니는 흰색 옷의 기원이 헤브라이인들이 솔로몬의 신전이 파괴된 후 이집트를 탈출할 때로 올라간다는 사실을 알고 있었나요?
— 그럴 리가요?
— 그렇답니다. 놀라울 것 없어요. 헤브라이인들은 농경생활을 하는 동시에 유목민이었죠. 한국인도 마찬가지예요. 그러나 한국인들은 중앙아시아의 고원과 초원을 넘어 민족 대이동을 한 후, 어딘가에 정착하게 되는데, 바로 한국인들의 가나안이 한국이 된 것이지요. 이것이 일부 인류학자와 동양학자가 주장하는 학설입니다. 논리적이고도 있을 법한 가설이지요. 그렇지 않다면 추운 나라인 한국에서 흰색 옷을 입고, 유대인들이 입던 장옷을 여자들이 쓰고 다니는 것을 어떻게 설명할 수 있겠습니까?"

최초의 구약성서 국역가(國譯家) — 알렉산더 앨버트 피터스

1871년 남부 러시아의 에카테리노스라프(지금의 우크라이나 지역)에서 유대인 상인의 아들로 태어난 알렉산더 A. 피터스(Alexander A. Pieters, 1872~1958)는 김나지움을 졸업하고 독일 철학을 공부하였으며, 독일어, 라틴어, 그리스어, 히브리어, 러시아어, 이디시어, 프랑스어, 영어를 말할 줄 아는 청년이었다. 1895년 4월 7일, 당시 23세의 이 청년은 일본 나가사키의 한 일본인 교회에서 한 서양 선교사를 만났다.

피터스는 러시아의 열악한 생활환경과 미래에 대한 좌절감 속에서 고향을 떠나 호주로 가려고 이집트의 항구도시 포트사이드로 갔다. 하지만 호주에서 되돌아오는 사람들에게 호주의 악조건에 대해 이야기를 듣고 호주 행을 포기한다. 이번에는 미국으로 가려고 마음먹고 홍콩까지 가게 되는데, 그곳에서도 역시 탐탁지 않은 소문을 듣는다. 그는 동부 시베리아로 가서 철도 건설 노동자로 취직을 하려고 일본 나가사키에 도착하여 블라디보스토크로 가는 배를 타기 위해 며칠을 기다리던 중 한 일본인 교회에서 서양 선교사를 만난 것이다.

그해 4월 19일, 불과 12일 만에 그곳에서 기독교 교리를 공부하며 기독교 신앙에 심취한 이 청년에게 엄숙한 세례식이 거행되었다. 평범한 철도 건설 노동자가 될 뻔한 그에게 미국성서공회(ABS)

성서 매서인 혹은 권서(勸書) 자격으로 한국에 가서 일할 생각이 없느냐고 제안한 사람은 일본 주재 미국성서공회 총무인 헨리 루미스 목사였다. 그리고 "이 제안은 기쁨으로 수락되었다."

1895년 5월 16일, 23세의 피터스가 한국에 도착하여 이름을 피득(彼得)으로 개명하기까지[11] 구약성서는 한국어로는 아직 단 한 줄도 번역된 바 없었다.[12] 그는 자신이 처음으로 히브리어 구약성서를 번역하기로 한 배경을 다음과 같이 기록했다.

한국에서 처음으로 복음서가 번역되어 나온 지 15년 만에 구약 번역을 시도하게 되었다. 그 동기는 필자가 정통 유대교 집안에서 자랐으며, 매일 히브리어로 된 기도서를 읽었기 때문에 시편의 아름다움과 그 영적인 영감이 강하게 인상으로 남게 되었고, 많은 시편을 암송하게 되었다. 그 후 하나님의 섭리로 일본에 와서 예수를 믿게 되었고, 미국 성서공회의 권서(勸書)로 한국에 보냄을 받았다. 그것이 1895년이었다.

---

[11] 「동아일보」 1929년 1월 1일자 보도에 따르면 "在住外國人士 最近十年 朝鮮観 傍観者明의 感想과 觀察 : 敎會獨立(現長老會宣敎師 猶太人 彼得氏)"라 적고 있다. 러시아 유대인의 관습에 따르면, 누구든지 종교를 바꾸게 되면 그의 이름도 새로 바꾸어야 했다고 한다. 불행하게도 우리는 그의 유대인 본명을 알지 못한다. 한편, 1941년 은퇴할 때까지 피터스의 활동 근거지는 주로 서울, 재령, 선천 등이었다.

[12] 한국어 최초의 성서 번역은 1882년 스코틀랜드 장로회 선교사 로스가 만주 심양(瀋陽=奉天)에서 번역·출간한 신약성서 누가복음서이며, 로스역 성서가 당시 한국인들에게 끼친 영향은 마치 마틴 루터의 독일어 성서가 독일인에게 끼친 영향과 같았다. 한국인에 의한 최초의 성서 번역은 1884년 이수정의 4개의 복음서와 사도행전이다.

당시 한국성경위원회의 신약 재번역 사업이 느린 속도로 진행되는 것을 보았고, 구약성서가 앞으로 번역되려면 상당한 시일이 걸릴 것을 알고서 필자는 한국 사람들에게 최소한 시편 중에서 얼마라도 번역해 주고 싶은 열망으로 가득 차 있었다. 한편, 영어를 배우면서 한국어도 습득하는 데 시간이 오래 걸리기도 하였지만, (도착한 지) 2년째 되는 해 말에 가서 필자의 히브리어 성서 지식에 힘입어 시편 중에서 '저주 시편들'만 빼고 나머지를 골라서 감히 번역을 시도했다. 시편의 절반 정도 분량으로 번역은 1년 내에 끝났다. 이 번역 본문이 사용 가능한지 여부를 확인하기 위해 그 원고를 한국어를 잘 하시는 네 분 선교사에게 보내어 심사를 요청했다. 그분들이 이 번역을 인정했을 뿐 아니라, 그 중 세 분은 이 시편 역을 인쇄하는 비용도 대겠다고 나섰다. 『시편촬요』 라고 제목을 붙인 이 책은 1898년에 출판되었고, 이후 8년 동안 유일한 한국어 구약 역으로 기독교인들이 사용하게 된 것이다.

최초의 한국어 구약성서인 『시편촬요』는 시편의 총 150편 중에서 62편을 순전히 한글로 옮겨 놓았는데, 한식 제본으로 책 좌우 양면을 한 쪽씩으로 사용하여 63쪽의 본문과 책 마지막에 어려운 한자 용어를 설명한 '문즛쵸집' 2쪽으로 구성되어 있다. 이렇듯 한국에서 최초로 히브리어 구약성서 중 시편을 한국어로 번역하여 남긴 자는 목사도 선교사도 아닌 당시 27세의 미혼 청년[13] 평신도이자 개종한 유대인이었다. 소설의 주인공 같은 유대인 피터스는 그렇게 구약성서 국역사의 선구자로 역사에 등장하게 되었다.

그의 시편 번역에 대하여 루미스 총무는 1902년 10월 미국성서
공회 본부 헤이븐에게 보낸 보고서에 "피터스는 4년 전에 여름휴가
를 당시 가장 절실하게 필요했던 시편을 번역하는 데 보냈다. 그는
히브리어 본문으로 번역하였으며 예약에 의해 1,500부가 인쇄되었
고, 수요를 다 감당하지 못할 정도"라고 썼다.

그 후 1900년 피터스는 매서인(권서)을 그만두고 미국으로 건너
가 맥코믹신학교에서 수학하고 1902년 목사 안수를 받아 1904년
9월 미북장로교 소속 선교사를 지망하여 생의 대부분을 한국에서
선교사로 활동했으며 명예롭게 은퇴했다. 구약성서 번역위원(1906
년)과 성서개역위원회 임원(1911년) 등으로 활동하다가 1913년 황
해도 재령으로 옮겼다가 1921년 평북 선천으로 이동하여 활동했
다. 1927년 서울로 돌아와 성서 개역에 참여하고, 1937년 구약성
서 완역에 공헌했다.

그로부터 트이게 된 국역 성서의 역사적 물꼬는 점차 큰 강을 이
루어, 성서 사업(번역, 관리, 출판 등)으로 이어져 활발하게 진행되었

---

13 사실 피터스에게는 우크라이나에서 정혼한 여성이 있었는데, 그녀는 우크라이나에서
   한국 땅까지 찾아와 제중원 의사 빈튼의 집에 머물면서 피터스가 전라도에서 올라오기
   만을 기다리고 있었다고 전해진다. 당시 유대인들은 부모들이 혼처를 정해 주었는데,
   이 처녀도 부모의 결정에 따라 남편인 피터스를 불원천리하고 한국까지 찾아 나선 셈
   이다. 피터스는 평생에 걸쳐 모두 네 명의 아내를 두었다. 부모가 짝지어 준 여인 이외
   에 엘리자베스 캠벨이 폐결핵으로 죽기까지 3년 동안, 의사였던 에바 필드와 그녀가
   암으로 죽던 1932년까지 부부의 연을 이어 갔다.

다. 그 결과 1925년 3월, 처음으로 개역위원회[14]의 〈창세기〉가 출판되었으며, 이듬해 구약성서 원전에 능숙한 번역자를 찾던 중 피터스 선교사가 적임자로 교섭되었다. 당시 영국성서공회 총무 밀러는 영국성서공회 본부에 보낸 보고서에서 피터스가 "히브리어 학자로서 한국에 있는 어느 다른 사람보다 앞서 있고, 그의 한국어 지식도 아주 훌륭하다"라고 소개했다. 피터스의 공헌은 1926년 3월 개역위원회 '평생회원'이 되어 김인준, 남궁혁, 김관식, 이원모 등과 함께 성서 번역가로서 주역(主役)을 담당하였으며, 마침내 1938년 9월 3일 신구약 개역 본문이 『개역 성경전서』로 완간됨으로써 그 꽃을 피웠다.

한국 근대사에서 유대인인 피터스가 남긴 업적은 개화기 한국의 기독교 전파는 물론 구약성서를 통해 고대 이스라엘과 유대인에 대한 다양한 지식을 전달해 주는 데 크게 기여한 것이다. 게다가 그의 번역은 최초의 한국어 구약성서 번역이 원어인 히브리어로부터 직역(直譯)되었다는 점에서 세계 성서 번역사에서 그 유례를 찾기

---

14 본래 '개역위원회'는 1887년에 성서 사업(번역, 관리, 출판 등)을 목적으로 개신교 선교사들이 처음으로 조직한 '상임성서위원회'가 1893년에 각 선교부 대표 2인으로 구성된 '상임성서실행위원회'로 발전·재조직되었는데, 이 위원회가 선임한 번역자들의 모임인 '공인번역자회'가 이름을 바꾸어 1911년에 그 일을 시작한 기구이다. 여기에 참여한 사람들로 외국인 선교사로는 언더우드, 게일, 레이놀즈 등이, 한국인 조역자로는 이창직, 김명준, 김정삼, 이승두 등이 있다. 『시편촬요』를 번역한 피터스도 1906년 10월 3일부터 공인번역자회에 선임되었으나, 당시 선교사로서의 전도 활동 때문에 번역에 전력할 수 없었다.

조차 어려운 사례로 평가된다. 1911년부터 1938년까지 약 27년에 걸친 노작 『개역 성경전서』는 1953년 새로운 한글맞춤법에 따라 개정 출판되었고, 그것을 다시 수정하여 결정판을 내놓은 것이 1956 년판 『한글 개역 성경전서』이다. 오늘날까지 한국 개신교회의 유일한 공인 성서 역본으로 남아 있다.

한편 1897년 미국인 선교사 에바 필드[15]와 결혼한 그는 성구(聖句)와 시편(詩篇)을 우리말로 운문화하여 창작하였는데, 그가 작사한 우리말 찬송은 무려 17편이나 된다.[16] 또, 『신증 복음가』(1919년)

---

15 피터스는 제중원(濟衆院) 간호사로 일하던 엘리자베스 캠벨(Elizabeth Campbell, 1872~1906)과 결혼하였으나 그녀가 1906년 결핵으로 세상을 떠난 후(엘리자베스 부인은 양화진 묘역[양화진 제1묘역 마-6]에 잠들어 있다) 1897년 10월 14일 독신으로 한국에 도착하여 의료 선교사로서 제중원에서 일하던 에바 필드 피터스(Mrs. Eva Field Pieters, 1868~1932)와 결혼한다. 그 후 이들은 10년간 황해도 재령에서 기독교 교육과 의료 선교활동을 계속했다. 에바 선교사는 수학 교과서를 편찬한 공적이 있다. 둘 사이에는 리처드와 루벤 두 아들이 있고, 에바 부인은 1932년 7월 20일 64세를 일기로 별세하여, 오늘날까지 양화진 선교사 묘지에 묻혀 있다(양화진 제1묘역 라-14).

16 피터스가 한국 찬송가 발전에도 지대한 영향을 끼친 사실은 우리나라 찬송가 연구사에서 권위자인 오소운 목사의 도움을 받았음을 밝혀두는 바이며, 국내에서는 이 찬송가들이 피득 선교사가 작사한 것임이 밝혀진 것은 처음이다.
그가 작사한 우리말 찬송 17편은 다음과 같다: 61장 〈우리 죄를 인하여서〉(이사야 53장 5절), 62장 〈하ᄂᆞ님이 령혼을〉(사무엘상 2장 6절), 69장 〈올지어다 우리들이〉(시편 95편), 70장 〈우리 전도ᄒᆞ던 말을〉(시편 53편), 71장 〈쥬여 나의 원슈가〉(시편 3편), 72장 〈쥬의 일홈 온 셰상에〉(시편 8편), 73장 〈하ᄂᆞ님의 큰 영광을〉(시편 19편), 74장 〈너의 환난 맛날 ᄯᅢ에〉(시편 20편), 75장 〈하ᄂᆞ님 내 목쟈시니〉(시편 23편), 76장 〈쥬여 우리 무리를〉(시편 67편·통일찬송가 47장), 77장 〈셰상이어 깃븜으로〉(시편 100편), 78장 〈이스라엘이 애급셔 속량홈을 엇을 ᄯᅢ〉(시편 114편), 79장 〈눈을 들어 산 보리니〉(시편 121편·통일찬송가 433장), 80장 〈하ᄂᆞ님이 우리와 함ᄭᅴ 아니

제192장에 보면 왼편에는 곡명을 'NETTLETON'이라 기록하고, 오른편 영문 가사 첫줄에는 "The One Hundred Twenty first Psalms"이라고 기록해 놓았는데, 이 찬송은 피득(彼得) 목사가 작사한 시편가 중의 하나로, 『찬셩시』(1898년) 제79장에 〈The One Hundred Twenty first Psalms〉란 제목으로 처음 발표된 우리말 시편 찬송이다. "작사자 피득 목사는 그리스도교로 개종한 유대인 선교사로, 약관 23세인 1895년에 한국에 와서 40여 년 평생 동안 활동한 분으로서 여러 편의 시편 찬송을 우리말로 써 남겼는데, 통일찬송가에는 그의 걸작 5편이 실려 있다."[17]

그때까지만 해도 한국교회에서 부르던 찬송은 모두 무곡조(無曲調) 찬송이었는데, 교회가 늘어나면서 무곡 찬송가의 보급은 한계에 다다랐다. 최초의 곡조 『찬송가』(1909년)가 출판된 것도 피터스의 역할에 힘입은 바 크다. 서양 음악을 배운 사람들이 곡조 찬송가

헷더면〉(시편 124편), 81장 〈사로잡힌 씨온 사람〉(시편 126편), 82장 〈내가 깁흔 곳 에셔〉(시편 130편·통일찬송가 479장), 83장 〈내가 일심으로〉(시편 138편·통일찬송가 17장).

[17] 17장 〈내가 한 맘으로 주를 기리고〉, 47장 〈주여 우리 무리를〉, 428장 〈내가 환난 당할 때에〉, 433장 〈눈을 들어 산을 보니〉, 479장 〈내가 깊은 곳에서〉.
47장 〈주여 우리 무리를〉의 경우 피득 선교사가 시편 67편을 한국어로 운율화한 시편 운율찬송가로, 그의 시편 찬송 14편이 초기 장로교 찬송가 『찬셩시』(1898년)에 수록되어 있는데, 그중 하나이다. 현행 곡조를 사용한 것은 1935년에 발간된 장로교 찬송가 『신편찬송가』이다. 미국의 유명한 찬송가 작곡가로 브래드베리(William B. Bradbury, 1816~1868)는 주일학교 노래와 많은 복음찬송곡을 작곡하였는데, 이 곡조는 1858년에 출간된 그의 성가집 『The Jubilee』에 처음 수록되었다.

를 가지고 스스로 배워 찬송을 불러야 한다는 생각이 지배적이었지만 출판 자금이 없었다. 그런데 피득 목사 내외가 사재를 털어 전액 부담하여 곡조 찬송가를 내게 되었다. 일본 요코하마에서 인쇄해 왔고, 예수교서회에서 출판했다. 초판은 90,000권을 인쇄했다.

나중에 이 곡조『찬숑가』는 휴대하기 간편한 회중용도 내었고 신약성경과 합본으로도 출판하였음을『신정 찬송가』영문 서문을 통해 알 수가 있다. 1916년 재판을 낼 때에, 피득 목사 부인은 음(音)이 높아 부르기가 어려운 곡을 한두 음 낮게 이조(移調)하여 출판하였는데, 이 책도 4개월 만에 다 팔렸다.『신정 찬송가』의 서문을 보면『찬숑가』가 얼마나 많이 팔렸는지를 알 수가 있다.

이때까지 이 책 발행을 연합공의회의 찬미위원이 맡아보았으나, 1918년에 죠선예수교서회에 맡기고, 판권만 위원회에서 가지고 있게 하니라. … 22년간 찬송가의 발행 부수는 중본(中本) 찬미 부수가 695,000이요, 회중용 부수가 111,000이요, 곡조책 부수가 68,500이니, 총 발행 (회)수가 43회요, 총 부수가 874,500이더라.

또한 1897년 게일은 자신이 펴낸『한영자전』의 제2판 개정을 준비하던 중 1927년 은퇴하고 귀국했는데 피터스가 개정 작업을 이어받아 완성하여 출판했다. 이렇게 완성된 개정판은 약 82,000 표제어를 담고 있는 당시 최대 영한사전이었으며, 그 이름 또한『한

영대사전』(韓英大字典)이라 붙여 출간했다.[18]

피터스는 한국 초기 기독교사에 큰 족적을 남긴 채 1941년 은퇴하고 미국으로 돌아가 1958년 6월 29일 캘리포니아에서 별세했다.

러·일 전쟁의 재정 후원자 ― 야콥 쉬프

독일 프랑크푸르트 명문가 태생의 야콥 쉬프(Jacob H. Schiff, 1847～1920)[19]는 1865년 미국으로 이민하여 뉴욕에서 살았다. 1872년 독일로 간 그는 부친의 사망과 함께 다시 뉴욕으로 돌아와 유력한 유대인 금융 자본가 로스차일드 가(家)의 자본으로 창업한 미국 투자 금융회사인 〈Kuhn, Loeb and Company〉의 수석 파트너인 아브라함 쿤의 초청으로 입사했다. 1875년 5월, 이 회사의 최고 책임자인 솔로몬 로엡의 딸과 결혼하였으며, 1885년에는 장인의 사망과 함께 이 회사의 경영을 맡았다. 그는 미국 동부의 철도, 특히 펜실베

---

18 우리나라 최초의 『한영자전』과 『영한자전』은 1890년 언더우드가 요코하마에서 인쇄하여 펴냈는데, 그의 『영한자전』 개정판은 그가 죽기 전인 1916년 착수되어 그의 아들 언더우드가 1925년에 펴냈다. 『한국어 문법』은 1893년 게일에 의해 출판되었으며, 그 개정판이 1916년에 나왔다.

19 쉬프 일가는 뉴욕 월 가(街)를 중심으로 한 유대 금융계의 큰 손이었다. 특히 야콥 쉬프의 손녀이자 미국에서 가장 오래된 신문인 「New York Post」의 사주(社主)인 도로시 쉬프(Dorothy Schiff, 1904～1989)는 제2차 세계대전 당시 버나드 바룩과 함께 미국의 정계 및 재계를 움직이는 손꼽히는 유대인 여성이었다.

이니아 철도와 루이빌 및 내슈빌 노선에 대한 투자에 큰 관심을 두고 사업을 확장해 나갔다.

1897년 에드워드 해리먼이 부도난 〈Union Pacific Railroad〉를 인수할 때, 자금을 지원하면서 금융계에서 명성을 얻게 되었다. 이어 그는 〈American Smelting and Refining Company〉, 〈The Westinghouse Electric Company〉, 〈The Western Union Telegraphy Company〉, 그리고 〈The Equitable Life Assurance Society〉 등에 투자를 확장하며 많은 돈을 벌었다.

쉬프는 러·일 전쟁(1904~1905년) 기간 일본 국채(國債)를 미국 시장에 판매하는 데 중추적인 역할을 했다. 나아가 영국과 독일 금융계에도 막강한 영향력을 행사하며 일본 전쟁자금 지원에 앞장섰다. 자선 사업가로도 잘 알려진 그는 몽트피오르 병원의 회장, 미국 적십자사 국제구제이사회 회원 등으로 활동했다. 1906년에 결성된 미국 유대인 위원회(AJC)의 창설을 주도하며 활동하다가 1920년 9월 25일 뉴욕에서 사망했다.

일본은 청·일 전쟁(1894~1895년)의 승리로 극동의 새로운 맹주로 부상하면서, 군비 증강 10개년 계획을 수립하고 제국주의의 꿈을 펼쳐 나갔다. 일본이 1903년 한국과 만주에 대한 통치권을 놓고 벌어진 러시아와 외교적 노력이 실패로 돌아가자 러·일 전쟁을 일으키고, 막대한 전쟁 비용을 조달하기 위해 국채를 발행하여 서구의 자본을 유치하고자 동분서주할 때, 러시아의 차르 정권의 반유대주의 정책에 반대하여 반러시아 감정을 지니고 있던 독일 출신의 유대인 야콥 쉬프는 일본에 상당한 자본을 투자했다. 그가 지원한 자금은 전쟁 기간 중 4회, 종전 후 1회를 포함하여 총 5회에 걸쳐 약 1억 9,600만 달러나 되었다. 그의 지원금이 일본으로 하여금 러시아를 물리치게 하는 데 크게 기여한 것은 두말할 필요가 없다.

쉬프는 종전 후 1906년 2월 22일 미국 펜실베이니아를 출발하여 부인과 조카 에른스트 쉬프, 그리고 부부동반한 친구 3명(알프레드 하이델바흐 부부, 헨리 버지 부부, 지그문트 누스타트 부부)과 함께 승전국 일본을 방문하여 5월 14일까지 머무는 동안 일본의 총리대신을 포함한 정부 인사들을 공식 예방했으며, 일본 천황의 초청으로 황궁에서 천황과 독대(獨對)한 자리에서 훈장을 받고 오찬에 초대되는 등 귀빈 대접을 받았다.

5월 3일 인천 제물포를 통해 한국을 방문한 그는 다음 날 주한 미국 총영사 고든 패독의 안내로 시내 관광을 하고 그의 관저에 초대되어 오찬을 함께 하기도 했다. 이어 4일에는 "(중국) 심양의 악명 높은" 일본군 총사령과 오타니의 초청으로 군 참모장 나비쉬마, 재무 고문 메가다, 영국 총영사, 프랑스 총영사 및 독일, 벨기에, 중국 총영사 등과 회동을 했다. 그가 남긴 일기를 몇 가지 살펴보자.

5월 2일, 수요일 ─ 밤사이 바다는 더욱 고요해졌다. 그리고 해가 뜨자, 우리는 한국과 중국을 나누는 황해, 한국의 서쪽 해안을 볼 수 있었다.

… 우리는 제물포항으로 흘러들었다. 아침에 도착할 것으로 기대한 바 대로 그리고 26마일 떨어진 서울로 가는 기차를 탈 곳으로 육지에 상륙했다.

5월 3일, 목요일 — 한국은 종종 '조용한 아침의 나라'로 불린다. 오늘 아침 갑판에 올랐을 때 바다는 기름처럼 부드러웠다. 안개 낀 대기가 해안과 바다를 증기기관이 내뿜는 수증기 사이로 섬처럼 덮었다. 오전 이 빠르게 지나고 곧 우리는 러·일 전쟁 초기 사(史)에서 매우 중요한 것으로 알려진 제물포항 가까이에 왔다. … 곧 우리는 서울에 도착하여, 역에 나와 있는 미국 총영사 고든 패독과 일본 외교부의 미국 고문 스티븐과 한국 정부의 일본 재무부 고문 메가타—하버드 출신임—와 숙소 책임자 마르키스 이토의 영접을 받았다. …

5월 4일, 금요일 — 아침 식사 직후 미국 총영사 고든 패독과 스티븐이 전화를 걸어 시내 구경을 시켜주겠다고 했다. 패독이 특별한 손수레 차를 준비해 시내 주요 거리들을 달렸다. 우리는 얼마간의 거리—10마 일—를 손수레 차를 타고 달리며 이전에 본 것보다 훨씬 동양적인 마을 과 주변의 대단히 멋진 풍경을 돌아보았다. … 1시에 우리는 총영사 패독과 함께 오찬을 하러 갔다. 스탠더드 정유사의 대표인 타운센드를 제외한 유력한 사업가들과 명망 높은 몇몇의 미국인이 우리를 만나러 초대되었다.

이어 5일에는 한국의 창덕궁에서 한국의 여러 대신과 함께 오찬을 했다. 보안상의 이유로 고종황제가 직접 참석하지는 않았지만, 오찬에는 황실 의전실장과 총리, 재무장관 및 영어와 독일어를 구사할 수 있는 여러 명의 한국인 지식인이 참석했다. 아울러 그날 오후에는 1895년 명성황후가 시해된 후 황후가 된 엄 부인이 쉬프 일행 중 여성들을 궁에 초청하기도 했다. 이에 관한 쉬프의 일기와 쉬프 일행의 방한과 관련한 「황성신문」 광무 10년(1906년) 5월 4일자 제2면의 예정 보도 기사, 5월 7일자 제2면의 결과 보도 기사를 인용하면 다음과 같다.

5월 5일, 토요일 — … 1시에 우리는 동궁(東宮)으로 나갔다. 큰 누각에서 황제의 의전대장 지군상 씨, 총리대신, 재무대신, 그리고 영어와 독일어를 구사할 줄 아는 훌륭한 여러 한국인 귀족들의 영접을 받았다. 가장 지적인 구 씨도 나와 있었는데, 그는 전날 우리를 기다리고 있었던 사람이다. 오찬은 인접한 누각에서 가장 서양식에 가깝게 곧바로 베풀었다. 식사 중 잘 배치된 군악대의 연주는 최고 수준이었다. 실레시아 출신의 독일인 케틀러 씨가 악대를 이끌었다. 5시가 다 되어서 호텔에 돌아왔으며, 부인들은 다른 궁을 방문하기 위해 황후 엄 부인에게 갈 준비를 했다. …

미호연찬(美豪連餐). 『미국부호(美國富豪) 시후 씨(氏)가 본월(本月)

3일(三日)에 도인(到仁)ᄒ야 즉일(卽日) 입경(入京)ᄒ야 4일(四日)
야(夜)에는 총감관저(摠監官邸)의 학원장관(鶴原長官) 만찬회(晚餐
會)에 출석(出席)ᄒ고 5일(五日)에는 아국(我國) 황실(皇室)의 창덕
궁(昌德宮) 만찬회(晚餐會)에 출석(出席)ᄒ고 동야(同夜)에는 목하
전(目賀田) 원문저(問邸)의 오찬회(午餐會)에 출석(出席)ᄒ고 6일
(六日)에는 미국(美國) 총영사(總領事)의 오찬회(午餐會)에 출석(出
席)ᄒᆫ 후(後) 7일경(七日頃)에 여순(旅順)으로 발주(發注)ᄒᆫ다더라』
(「황성신문」[皇城新聞], 광무 10년[1906] 5월 4일자 제2면 잡보[雜報]).

미사연대(美士宴待).『재작일(再昨日) 하년(下午) 1시(一時)에 참정
(參政) 박제준(朴齊純) 도지대신(度支大臣) 민영(閔泳)기 양씨(兩氏)
가 주석(主席)되야 미인국(美國人) 시부 씨(施富氏)의 일행(一行)을
창덕궁내(昌德宮內)에 성연(盛宴)을 배설(排設)ᄒ고 청격연대(請激
宴待)ᄒ얏는데, 각대신급(各大臣及) 속 봉임관(奉任官)도 일제내참
(一齊來參)ᄒ야 성회(盛會)를 거행(擧行)ᄒ얏다더라』(「황성신문」[皇
城新聞] 광무 10년[1906] 5월 7일자 제2면 잡보[雜報]).

1906년 쉬프는 일본 방문기『우리들의 일본기행』(1906)을 출판
하였는데 여기에 짧은 방한기를 남겼다. 그 글에서 한 유대인의 한
국 체험에 관한 정보를 얻을 수 있다. 위에 인용한 그의 일기 형식의
글들은 이 책에서 나온 것들이다(이 책은 쪽수가 없이 발행되었다). 비

록 방문 과정에 관한 사실적인 기록 이상의 정보를 얻을 수 없다 하더라도, 만주와 한국에 대한 배타적 지배권을 둘러싼 러시아와 일본 간의 전쟁 결과가 한반도에 끼친 영향을 고려할 때, 한국 근대사에 불쑥 끼어든 한 유대인의 기록은 소홀이 다룰 수 없을 것이다.

1905년 9월 5일 러·일 전쟁을 끝내기 위해 미국 뉴햄프셔 주에 있는 군항도시 포츠머스에서 러시아와 일본 간에 맺은 강화 조약인 포츠머스 조약은 "한국에 대한 일본의 지도·보호·감리권을 승인"함으로써 일제의 한국 지배가 국제적으로 확인되었으며, 이후 한국은 일제 식민지의 길로 들어서게 되었던 것이다. 만약 한 유대인 금융 재벌의 일본에 대한 전쟁 지원금이 없었더라면 동북아시아의 상황은 어떻게 변했을까? 21세기에 서서 자문(自問)해 보게 된다.

한국 근현대사에 적지 않은 영향을 끼친 유대인들

이 글은 한국 근대사에 등장하는 몇몇 유대인을 소개하는 초보적인 연구에 불과하다. 그럼에도 지금까지 거의 감추어져 있었던 제1차 사료(史料)를 기초로 한 이 글은 변화의 시대에 한 집단에 대한 타자(他者)의 시선과 정체성을 엿보려 하고 있다는 데 그 의미가 있다. 다시 말해서 개화기 '몇몇 유대인(개인/타자)에 의한 한국·한국인(집단)의 정체성/이미지'는 그것이 얼마나 객관적인 관찰에 근거한 것이었느냐의 여부를 떠나서 그 자체만으로도 흥미로운 주제일 뿐만 아니라, 한쪽이 다른 한쪽—개인과 집단 간, '보는 이'와 '보여지는 이' 사이에서—을 어떻게 규정하고 인식하고 있었는가 하는 점에서 중요한 사안이다. 타자를 어떻게 읽고 있느냐 하는 '타자화'는 곧 내가 누구인가 하는 '정체성' 문제와 직결된 것이기 때문이다.

이 작업을 시작으로 하여 아직까지 숨어 있는 더욱 많은 사료를 발굴하여 한국의 근·현대사에 등장하는 유대인들의 역할과 영향, 그들의 한국·한국인에 대한 시선을 좀 더 체계적으로 밝혀 나가야 할 것이며, 동시에 한국인의 눈에 비친 유대인의 이미지 연구 또한 그 연구의 두께를 더해 나가야 할 것이다. 이 글은 이와 같은 주제에 관심을 갖는 이들로 하여금 향후 연구를 돕기 위한 작은 밑거름이 되고자 한다.

또한 지금까지 유대인·유대인 이미지 연구가 주로 유럽이나 미국을 무대로 진행되어 왔다면, 이제 그 연구의 방향을 아시아로 이끄는 데 이 연구가 선도적인 역할을 하게 될 것으로 기대해 본다. 동시에 한국·한국인에 대한 유대인의 관심을 점차 키워 나가기 위해서라도 유대인의 한국·한국인 이미지 연구는 필요하다. 이스라엘과 외교·경제·문화 교류가 점차 확대되고 있는 마당에 유대인들이 바라보는 한국·한국인 또는 기업 이미지에 대한 의식 조사는 물론, 중동지역에서 이스라엘-팔레스타인 간의 분쟁이 계속되고 있는 가운데 최근 한국인들의 유대인에 대한 이미지 변화에도 큰

관심을 갖고 객관적인 시각에서 좀 더 체계적인 연구가 이루어져야
할 것이다.

하지만 이 글은 어디까지나 반쪽일 수밖에 없다. 따라서 '한국인
(개인)의 눈에 비친 유대인 · 유대인(집단)의 자기규정'에 관한 연구
로 이어질 때 남은 반쪽이 채워질 수 있을 것이다.

다음 장에서 일제 식민지 시대를 살아가던 개화기 한국의 지식
인들이 언급하고 있는 유대인에 관한 언술들을 발굴하여, 1차 사료
를 바탕으로 완성하여 완결 지으려 한다.

유대인과 마주한 한국의 근대지식인들

한국 근대사회에서 유대인과 직접적인 접촉 기회는 거의 없었거나
아주 드물었다. 그럼에도 1920~1940년대 몇몇 한국 근대지식인
의 글에서 유대인에 관한 해박한 언술들이 발견된다는 것은 놀랄
만한 일이다.

　윤치호의 『윤치호 일기』(1883~1943), 한결 김윤경의 "위대(偉
大)한 유대인(猶大人)"(1928), 김우현의 "시온주의(主義)와 시온운
동(運動)"(1935), 목영만의 "유태인의 세계사 등장"(1944), 육당 최
남선의 "유태인 배척의 유래"(1958) 등이 그것이다.

　이 장에서는 이들이 남긴 제1차 문헌에 나타난 유대인 이해를
고찰함으로써 개화기 한국 사회의 근대화 과정에서 이들이 보여주

고 있는 유대인에 대한 이해와 시선이 어떠했는지 알아볼 것이다.
이들의 언술은 당시의 역사적 · 정치적 · 문화적 · 종교적 상황과 결
코 분리될 수 없을 것이다.

『윤치호 일기』의 유대인 이미지

좌옹(佐翁) 윤치호(尹致昊, 1865~1945)[1]가 남긴 『윤치호 일기』는

---

1 윤치호는 1880~1891년을 일본의 도진샤(同人社)와 중국의 중서서원(中西書院,
The Anglo-Chinese College), 그리고 미국의 밴더빌트 대학과 에모리 대학에서 근
대 학문을 수학한 개화기의 대표적인 지식인이다. 그는 대한제국 초기 「독립신문」 주필,
독립협회(獨立協會) 회장, 만민공동회(萬民共同會) 회장, YMCA 회장으로 국권 · 민
권 · 개혁 운동을 지도하였고, 대한제국 말기에는 대한자강회(大韓自强會) 회장으로
애국 계몽운동을 지도한 민중 · 민족 운동의 지도자였다. 아울러 그는 남감리회와
YMCA를 중심으로 한 기독교 운동에 헌신하고, 일제 점령기에는 교육운동을 일으켰으
며, 선친으로부터 물려받은 유산을 기초로 한 사회사업에 많은 노력을 기울였다. 1911
년 105인 사건으로 3년간의 옥고를 치른 뒤 1915년 봄 출감한 윤치호는 "가까운 장래
에 한국의 광복은 불가능한 것으로 인식"하고, 직접적인 정치적 투쟁인 광복 · 독립 운
동보다는 간접적인 문화적 · 경제적 자강(自强)을 통하여 일본인과 동등권을 누릴 수
있다고 생각했다. 그는 양육강식의 사회진화론―"결국 힘이 정의다"―에 경도되어 일
제의 식민통치를 '불가피한 현실' 또는 '당연한 이치'로 인식하고, 교육과 종교 활동에
남다른 관심을 기울였다. 아마도 '사회진화론을 신봉했던 애국주의자'로서 그는 1919
년 3 · 1운동이 시작하자마자 총독부 기관지 「경성일보」와의 인터뷰에서 독립운동 무
용론(無用論)을 피력해 물의를 빚었다. 중 · 일 전쟁 발발 이후에는 기독교계의 친일을
주도하고, 국민정신총동원조선연맹과 조선임전보국단, 조선언론보국회 등 대표적인
친일 단체의 고위 간부를 지냈으며, 조선총독부의 중추원 고문직을 수락하고 일본 귀
족원 칙선의원(勅選議員)에 임명되어 친일파의 '대부' 역할을 담당하기도 했다.

1883년부터 1943년까지 꼬박 60년간[2] 기록한 것으로, 그의 수필 원본(手筆原本)—그의 일기는 한문, 국한문, 또는 영문으로 기록되어 있으며, 혼용한 경우도 적지 않다. 인명·지명 및 특수 언어는 한자로 표기된 부분도 많다—을 정리하여 국사편찬위원회가 1973년부터 1989년에 걸쳐 총 11권으로 펴냈다. 그는 일기에 자신의 일상생활은 물론 공인으로서의 활동 상황, 국내·국제정세, 견해와 전망 등을 꼼꼼히 기록해 놓았으며, 그의 일기는 사료(史料)로서 객관적 가치를 학계에서 널리 인정받고 있다.

개인적 경험과 관심을 바탕으로 한 유대인에 대한 윤치호의 언급은 그의 일기에서 드물게 그리고 단편적으로 나타난다. 주로 미국 유학시절(1888년 11월~1893년 10월) 윤치호는 대학과 교회 생활을 중심으로 종종 유대 회당에 들르거나 유대인과의 교분을 통해 유대인에 대한 인식을 키워 나갔다.

··· 저녁식사 후 유대인 회당에 갔었다. 예배는 개신교처럼 간단했다. 처음 지도자가 기도한 다음 히브리말이거나 아랍말로 무엇—아마도

---

2 윤치호의 일기 중 1907~1915년 사이의 일기는 없다. 후손들의 전언에 따르면 총독부 경찰당국이 105인 사건과 관련해서 그를 체포했을 당시 일기를 압수했는데, 나중에 일부를 빼고 돌려주었다고 한다. 분명한 것은 1912년 초부터 1915년 초까지 그가 3년간 투옥되어 있을 당시 필기도구조차 제대로 지급받지 못하였기 때문에 일기를 쓰지 않은 것이 거의 확실하다. 감옥에서 남긴 기록은 친지들에게 보낸 편지 몇 통밖에 없다. 참고. 김상태 편역, 『윤치호 일기 1916~1943: 한 지식인의 내면세계를 통해 본 식민지 시기』(역사비평사, 2001), 33쪽.

구약성서였을 것이다—을 읽었다. 찬송들은 성가대가 규칙적으로 간격을 두면서 불러 주었다. 기도는 거의 기독교적이었고 설교는 교훈적이었다. … 이러한 구절들은 복음 정신을 내게 풍기는 듯했다. … 교독문은 설교자와 몇몇 간부들이 히브리말이나 아랍말로 해나갔고 노래는 모두 성가대가 담당했다. 달빛이 아름답게 드리운 밤이다(1889년 12월 27일).

… 호스 부인이 친절하게도 오락관에서 열리는 어떤 유대인 강연회 입장권을 주었다. 그 유대인은 유대의 입장에서 십자가에 못 박힌 예수에 대해 강의했다. 십자가 사건이란 유대 사람들이 아니라 로마 사람들이 예수를 십자가에 처형한 역사적 사실이라고 말했다. 그러고 나서, 유대인들은 도구로서 하나님의 영원한 뜻을 수행했기 때문에 예수를 처형했다고 해서 기독교인들이 유대인들을 미워하거나 비난할 아무런 이유가 없다고 주장했다(1890년 10월 7일).

그리고 윤치호는 유학 말기 유대인과 관련된 여러 책을 읽으면서, 혹은 아마도 유대인 관련 과목을 수강하고 그에 관련한 숙제를 하면서 유대인에 관한 역사와 실상, 특히 유럽 기독교의 유대인 박해에 관한 사실들을 알게 된 듯하며, 여기에 자신의 견해와 입장을 일기에 밝히기도 했다. 그는 「드라마에 나타난 유대인」이라는 제목의 에세이를 쓸 정도로 유대인에 대한 관심과 탐구가 있었던 것으로 보인다. (현재 그가 쓴 에세이는 남아 있지 않으며, 따라서 유대인에 대한 자신의 이해가 어떠하였는지는 남긴 일기를 통해 희미한 흔적만을 볼 수 있을 뿐이다.) 그는 유대인에 대한 박해는 기독교 우월주의의 산물로 다른 사람에게 신앙을 강요하는 것과 마찬가지로 부당하다고 보았다.

오후 3시 죠단과 함께 호스 박사를 방문했다. 유대인에 대한 책을 빌렸다. 유럽의 여러 나라에서 유대인들이 기독교인들에게 당한 잔악한 박해가 나의 의분을 자아내 다음과 같은 생각을 불러 일으켰다.

1. 박해는 자만심과 이기심의 산물이다. 모두가 우리가 믿는 것처럼 믿어야 한다고 주장하는 것은 형편없는 자만심이 아닌가? 우리의 신조를 통한 구원 외에는 구원이 없다고 주장하는 것은 아무런 자격 없는 이기심이 아닌가? 우리가 진리라고 믿는 것을 가르치고 또 가르친 대로 사는 것은 좋다. 그러나 다른 사람을 강제로 우리의 신앙으로 들어오게 하는 것은 명백한 포악이다.

2. 박해는 어느 한 종파, 어느 한 파당, 어느 한 나라 또는 어느 한 인종의 악덕행위가 아니고, 모든 종파, 모든 파당, 모든 나라 또는 모든 인종의 악덕행위이다. 박해는 어느 한 종교에 부수되는 악이 아니고 모든 종교에 부수되는 악이다. 그러므로 단순히 박해하므로 어느 종파나 어느 파당이 다른 종파나 파당보다 낫다고 생각하는 것은 현명치 못하다. 박해 당하는 쪽이 힘 있는 자리에 있다면 박해하는 쪽을 박해했을 것이기 때문이다(1890년 12월 29일).

드라마에 나타난 유대 사람들에 대한 에세이를 쓰면서 거의 하루를 보냈다(1890년 12월 30일).

유대 사람에 대한 에세이를 쓰면서 거의 하루를 보냈다(1890년 12월 31일).

한편, 1919년 3·1운동 이후, 윤치호의 유대인에 대한 견해는 일본인의 조선인에 대한 차별과 편견에 맞서 자신의 주장을 펼치는 데서 주로 나타난다(4월 9일자 일기). 다시 말해서(19세기 말 시온주의 운동을 통해 팔레스타인에 유대 국가를 세우고자 하는) 유대인의 독립 의지가 결코 독립 국가를 세우는 데까지는 이르지 못할 것이라는 주장이 근거 없음을 강조함으로써 조선인의 독립 의지를 결코 꺾지 못할 것임을 은연중에 드러내고 있다. 이는 3·1운동 이후 지금까지 알려진 윤치호의 독립에 대한 입장과는 다소 태도가 다른 것처럼 보인다.

그러나 같은 해 11월 16일 일기에서 그는 러시아에서 박해 받던 유대인이 볼셰비키 혁명을 통해 러시아인에게 보복하는 유대인의 모습을 통해 은근히 일본인에 대한 조선인의 보복의 위험을 경고하기도 했다. 다시 말해서 러시아 유대인의 이중적인 행태를 지적함으로써 3·1운동에 대한 자신의 생각을 은근히 드러내 보이고 있으며, 그러한 생각에는 그의 정의(正義)와 인간 이해와 연결된다. 이는 3·1운동 이후 독립에 대한 윤치호의 생각—독립을 지지하면서도 '보복'의 위협을 경고하는—을 잘 엿볼 수 있는 대목이라 할 수 있다.

일본인들은 조선인들의 독립 열망을 꺾고자 할 때 조선이 역사상 한 번도 독립국이었던 적이 없었다고 주장해서 조선인들을 극도로 격분케 만들곤 한다. … 유대인들은 지난 2,600년 동안 독립 국가를 갖지 못했다. 그렇다고 유대인들은 결코 독립 국가를 수립하지 못할 거라는 주장에 설득력이 있는가? … 일본인들은 지난 2천 년 동안 게다를 신어 왔다. 그렇다면 일본인들은 절대로 구두를 신을 수 없다는 말이 된다(1919년 4월 9일).

현재 러시아의 볼셰비키 지도자인 트로츠키는 본래 유대인이라고 한다. 이런 생각을 해보자. 수백 년 동안 러시아인들은 유대인들을 무자비하게 학대하고 학살했다. 그런데 로마노프 왕조를 타도한 사람은 바로 이 유대인이다. 다시 말해서 최근 3년 동안 직접적으로든 간접적으로든 수백 명, 아니 수백만 명에 달하는 러시아인들을 학살한 사람은 유대인이다. 이 얼마나 기묘한 보복인가! 이를 가리켜 신의 정의라 생각하는 이들도 있다. 정의가 아예 없는 것보다야 낫겠지만, 난 이렇게 묻고 싶다. '정의로운 주님은 왜 인간의 본성을 지금보다 좀 더 정의롭고 자비롭게 만들지 않으셨나요?'(1919년 11월 16일).

유대인에 대한 좀 더 구체적인 견해는 인종차별에 대한 윤치호 자신의 견해와 일맥상통하는데, 일본인의 조선인 차별을 민족 차별의 하나로 규정하고 일본인의 부당한 처사를 유대인을 인종 차별하는 유럽의 상황과 맞교환하고 있다. 윤치호의 인종 차별에 대한 비판적 인식은 미국 유학 기간 동안 그가 직접 목격한 미국 사회 내의 인종 차별적 흑백·유색 인종 문제에서 비롯된 것일 뿐만 아니라 인종 차별 철폐를 주장하는 학자들의 강연 및 다양한 독서의 영향에서 비롯된 것임을 알 수 있다.[3]

특히 1930년대 유럽에서 벌어지고 있던 반유대주의의 진상에 관해서 소식을 들은 윤치호는 이를 한탄하면서, 일본인의 조선인 탄압을 우회적으로 비판하기도 했다. 그러나 자신의 일기 곳곳에서 제2차 세계대전에 관한 전황을 자주 언급하면서도, 히틀러의 유대인 대학살(홀로코스트)에 관한 언급은 찾아볼 수 없다. 그럼에도 윤치호에게 유대인은 '강인한 민족성을 지닌 박해 받는 자들'로, 조국을 잃은 한 조선인으로서 어느 정도 동병상련(同病相憐)의 심정을 감추지 못하고 있다.

---

[3] 인종 문제에 관한 윤치호의 생각은 1889년 12월 23일, 1890년 2월 14일, 4월 22일, 1891년 5월 12일, 11월 27일, 1892년 3월 12일, 10월 4일, 14일, 20일, 11월 20일 등 주로 미국 유학시절(1888년 11월~1893년 10월)에 남긴 그의 일기 곳곳에서 발견된다. 그중 한 곳을 인용하면 다음과 같다. "오후 2시 30분에 '흑인 데모스테네스'(Black Demosthenes)라고 불리는 프라이스(J. C. Price) 박사가 '흑인의 미래'(The Future of the Negro)라는 제목으로 강연하는 것을 듣기 위해 흑인침례교회(Negro Baptist Church)에 갔었다. 그가 주장한 내용을 다음과 같이 요약한다…"(1891년 1월 15일).

… 일본은 미국의 인종 차별에 혼신의 힘을 다해서 반대한다. 하지만 조선인들에게는 매사에 민족 차별을 실행하고 있다. 결국 힘이 정의다 (1919년 3월 29일).

오전 9시에 중추원에서 회의가 속개되었다. 오전에는 야마가타 이소오 씨가 '오늘날의 세계정세'라는 제목으로 강연했다. 그는 조선 병합을 가리켜, 힘을 앞세워 정복한 게 아니라 두 민족이 대등한 위치에서 통합한 거라고 말했다. 그는 미국에서 벌어지고 있는 극심한 인종 차별에 대해 언급한 후, 일본인들이 지금껏 이런 식으로 조선인들을 대우했느냐고 대표들에게 반문했다. 대표들은 야마가타 이소오 씨가 이렇게 비교한 데 대해 굉장히 화를 냈다. (일설에 의하면 회원들이 모두 탁자를 치며 반발해서 야마가타 이소오가 말을 끝맺지도 못하고 단상에서 내려왔다고 한다.) …(1919년 9월 22일).

서울 집. 신문 보도에 의하면, 베를린 대광장에서 외국 서적들이 일거에 소각되었다고 한다. 저 유명한 아인슈타인도 단지 유대인이라는 이유 하나만으로 시민권을 박탈당하고, 재산도 몰수당했다고 한다.[4] 정

---

4 1933년 11월 23일자 「동아일보」는 "物理學界의 巨頭 아인슈타인 博士는 나치스 政權 下의 猶太人壓迫을 참다 못하야 自由의 나라 米國에 亡命하야 프린스톤大學에 數學 講座를 擔當하기로 되엿는데 舊魯西亞州政府는 同氏와 夫人의 全財産을 沒收하는 暴擧를 敢行하엿다"고 보도하고 있다.

말 무지막지한 일이다! … 히틀러 일당 역시 서적을 모두 불태운다 해도, 유대인들이나 독일인들의 마음속에서 반독(反獨) 사상을 뿌리 뽑지는 못할 것이다. 정말이지 인간의 본성은 비열하기 짝이 없다!(1933년 5월 16일).

그러나 다른 한편으로 유럽으로부터 새로 이입된 유대인의 팔레스타인 점령과 원주민들에 대한 억압의 현실을 이 땅의 주인인 조선에게 부당한 차별을 가하는 일본인에 비유한 1931년 1월 26일자 일기는 유대인에 대한 윤치호의 분노에 가까운 생각을 잘 드러내고 있다. 윤치호가 유럽인들에게 박해 받는 유대인들에게는 동정심을, 그러나 팔레스타인의 생존권을 빼앗는 유대인들에게는 가혹한 비판을 보내고 있는 것은 '힘을 위주로 움직이는 진화론적 세계와 인간의 본성'에 대한 깊은 깨달음에서 비롯된 현실 인식 때문이리라.

서울 집. 느헤미야의 고백에서 이런 글을 발견했다: "보라, 우리가 오늘날 종이 되었삽는데 곧 주께서 우리 열조에게 주사 그 실과를 먹고 그 아름다운 소산을 누리게 하신 땅에서 종이 되었나이다. 우리의 죄로 인하여 주께서 우리 위에 세우신 이방 열왕이 이 땅의 많은 소산을 얻고 저희가 우리의 몸과 육축을 임의로 관할하오니 우리의 곤난이 심하오며."[5] 한국인의 정치적·경제적 상황을 완벽하게 보여준다. 한 미국인이 "팔레스타인은 누구의 고향인가"라는 삽화 밑에 시온주의자들에 관해 이렇게 써 놓았다: "그들(팔레스타인 원주민 혹은 아랍인들)은 견딜 수 없는 가난 속에서 폴란드와 러시아, 루마니아에서 온 이민자들에게 휘둘리고 있으며, 시온주의자 십자군들은 자신들에게 약속된 땅을 점령하여 차지하고, 신의 명령에 따라 그 땅에 대한 소유권이 자신들에게 있음을 강력하게 주장했다. 보다 강력한 정치적·경제적 지배에 대한 시온주의자의 과도한 욕망은 원주민들을 더 이상 나아질 수 없는 형국으로 빠뜨렸다. 이러한 새로운 이입자들이 이 나라의 경제적 기회를 선점—순전한 유대인 독점—하고자 할 뿐만 아니라, 완벽하게 지배·통제함으로써 수 세기 동안 원주민들의 삶과 정신을 지배해 온 아랍 문화를 유대 문화로 대체하려 한다." 이것이야말로 일본인이 한국에서 행하고 있는 짓이 아니고 무엇이겠는가? 지난 2,500년간 바빌로니아의 점령으로 부당한 차별대우의 대상이 된 유대인들이 힘을 갖자마자 다른 민족을 부당하게 차별대우하고 있다니. 아, 이런 인간의 본성이! (1931년 1월 26일).

한마디로 윤치호에게 유대인은 '박해받는' 자의 이미지와 '박해하는' 자의 이미지를 모두 갖고 있는데, 이는 조선에 대한 일본의 박해와 더불어 이에 힘으로 맞서는 조선인의 태도(보복)를 모두 비

---

5 구약성서 느헤미야서 9장 36-37절을 일컫는다.

판적으로 드러내고자 한다는 점에서 윤치호의 유대인에 대한 양가성(ambivalence)이 자리한다 하겠다.

한결 김윤경(金允經)의 '위대(偉大)한 유대인(猶大人)'

국어학자이자 교육자인 김윤경(1894~1969)[6]은 일본 유학 시절 '재동경 김윤경'(在東京 金允經)의 이름으로 1928년 5월(제8권 제4호)부터 그해 12월(제8권 제9호)까지 총 6회에 걸쳐『청년』(靑年) 지에 발표한 "위대(偉大)한 유대인(猶大人)"에서 유대인의 역사와 세계

---

6 김윤경은 14세 때까지 고향에서 한학을 수학하다가 신학문을 닦기 위해 상경하여 우산학교(牛山學校)에 입학하였으나, 그 뒤 의법학교(懿法學校)로 전학하여 1910년 고등과를 수료하고 다시 청년학원(靑年學院)으로 옮겨 1913년에 졸업했다. 청년학원에서 주시경(周時經)의 한글(국어학)을 교육받고 크게 감화를 받았다. 1913년부터 마산 창신학교(昌信學校) 고등과 교사로 있으면서 국어·역사·수학을 가르치다가, 1917년 연희전문학교(延禧專門學校) 문과에 들어갔다. 이때 연희전문학교 학생 청년회가 주동이 되어 서울 시내 고등보통학교·전문학교 학생 1천여 명이 조선 학생의 친목과 단결을 위해 조직한 조선학생대회(朝鮮學生大會)의 회장을 맡는 등 학생운동에 앞장섰다. 1921년 조선어연구회(朝鮮語研究會)와 1922년 수양동맹회(修養同盟會)의 창립회원이 되었다. 1922년부터는 배화여학교(培花女學校) 교사로 있으면서 국어·역사를 가르쳤다. 이때 학교에서 일본 유학비를 받아 동경(東京)의 릿쿄대학(立教大學) 문학부 사학과(동양사)를 1929년 졸업했다. 귀국하여 다시 배화여학교에서 근무하며, 1931년 1월부터『동광』지에 대학졸업논문을 연재하던 중 18회로 휴간, 중단되었으나 거기에 4년여에 걸쳐 국어학 연구의 각종 자료를 더하여『조선문자급어학사』(朝鮮文字及語學史) 원고를 완성했다. 참고.『한결金允經全集』전7권(연세대학교출판부, 1985).

적으로 저명한 인물들을 소개한다. 이 글에서 식민지하 조선 학생으로서 그가 '위대한 유대인'을 얼마나 동경하고 칭송하고 있는지 잘 엿볼 수 있다. 머리말 서두(序頭)에서 그는 이렇게 썼다.

입족(立足)의 촌사(寸士)도 업시 세계(世界)에 표랑(漂浪)하면서 그러하나 가진 학대(虐待)를 다 밧는 망국민(亡國民)으로서 정신적(精神的)·물질적(物質的)으로 쏘는 종교적(宗敎的)·과학적(科學的)으로 쏘는 정치적(政治的)·재력적(財力的)으로 세계(世界)를 지배(支配)한다 하면 이는 논리(論理)부터 서지 못할 모순(矛盾)이라 하여 부인(否認)하실 것이올시다 마는 이는 넘우도 소소(昭昭)하게 만인(萬人)의 목전(目前)에 입증(立證)하는 기적적(奇蹟的) 사실(事實)임을 엇지하겟슴니까. 이는 누구냐 하면 곳 이제 소개(紹介)하려는 유대민족(猶大民族)이외다.

이어 "독서중(讀書中) 인상(印象)된 바를 간단(簡單)히 독자(讀者) 여러분께 소개(紹介)할가 합니다"라고 밝힌 그는 이(二) 멸망전(滅亡前) 유대족(猶大族)의 변천(變遷), 삼(三) 산분이래(散分以來) 지처(到處)에 학대(虐待)되던 상태(狀況), 사(四) 「시온이슴」운동(運動), 오(五) 세계(世界)를 지배(支配)하는 위인(偉人)들, 육(六) 싯말로 맺고 있다. 한마디로 그에게 유대인이란 곧 강인한 정신(신앙)을 통해 고난의 방랑사를 딛고 일어선 본받을 만한 민족이다.

2장 "멸망전(滅亡前) 유대족(猶大族)의 변천(變遷)"에서 김윤경은 "유대족(猶大族)의 역사적(歷史的)·종교적(宗敎的) 기록(記錄)은 구약전서(舊約全書)가 있"다고 언급하면서도 "간단(簡單)하고 명료(明瞭)한 앤톤 씨(氏)의 기록(記錄)을 소개(紹介)"하고 있다. "혜부류인(人)은 순수(純粹)한 쎔(Semitic)종족(種族)입니다. 딸아서 예니시아인(人)·아라비아인(人)·아씨리아인(人)과는 혈족관계(血族關係)가 잇는 자(者)외다"라고 밝히면서 출애굽 사건부터 로마제국에게 합병(合倂)되기까지의 역사를 제4기―제1기(第一期) 애급탈출(埃及脫出)로 사울왕(王)의 건국(建國)까지(기원전 1320~1095-975년[紀元前 一三二〇~一〇九五-九七五年]), 제2기(第二期) 왕국건설(王國建設)부터 왕국분열(王國分裂)로 쌔빌론이아 포로(捕虜)되기까지(기원전 1095~975년[紀元前 一〇九五~九七五年]), 제4기(第四期) 쌔빌론이아 포로(捕虜)로 로마 병합(倂合)되기까지(기원전 586~63년[紀元前五八六~六三年])―로 나누어 설명한다.

3장의 「산분이래 도처에 학대되던 상황」(散分以來 到處에 虐待되던 狀況)에서는 "멸망(滅亡)되어 분산(分散)한 유대인(猶大人)은 각국(各國)에서 여러 가지 학대(虐待), 박해(迫害)를 당(當)하지 아니함이 업습니다"라면서 시민권(市民權)을 주지 아니한 일, 주거(居住)·영업(營業)·공연예배(公然禮拜)를 제한 받은 일, 참정권(參政權)을 불허(不許)한 일, 인두세(人頭稅) 징수 등을 비롯하여, 간간히

충격(衝擊)의 사형(私刑)을 당하여 학살(虐殺)됨에 관해 언급하면서 "이를 일일(一一)히 구체적(具體的) 사실(事實)을 소개(紹介)하기는 어렵습니다마는 중요(重要)한 몃 나라에 대(對)한 실례(實例)를 간단(簡單)히 소개(紹介)하여볼까합니다"라며, 노국(露國, 러시아), 루마니아, 서반아(西班牙, 스페인), 포도아(葡萄牙, 포르투갈), 불란서(佛蘭西), 독일(獨逸)에서 당한 유대인의 박해를 소상하게 언급하면서 끝 마름에 세계 각국에 분포된 유대인의 인구통계를 싣고 있다.

4장의 「시온이슴 운동(運動)」에서는 "「시온이슴」이란 것은 「시온」의 주의(主義)라 함이며… 팔레스타인 고지(故地)에 독립자유(獨立自由)인 유대국(猶大國)을 회복(回復)하겠다는 유대민족주의(猶大民族主義)를 이름이외다"라고 정의하면서, "망국민(亡國民) 가장 천대(賤待), 학대(虐待)를 당(當)하는 망국민(亡國民)으로서 고국(故國)을 회복(回復)하려는 생각이 불일 듯 할 것은 인지상정(人之常情)으로 당연(當然)의 일일 것입니다"라는 자신의 견해를 밝히고 있다. 아울러 김윤경은 유대인의 위대함은 바로 많은 역경 속에서도 자신들의 정체성을 잃어버리지 않고 고국 회복 운동을 벌이는 것이라면서 어쩌면 그러한 박해가 오히려 부흥운동을 일으키게 된 제1 원인이라는 점을 강조한다. 다시 말해서 그는 "반유대주의가 시온주의를 낳았다"는 사실을 잘 알고 있었다.

이천년(二千年)이나 산산(散散)히 헤어지어 개종(改宗)이라는 명의 (名義)로 민족성(民族性) 파괴(破壞)의 박해(迫害)를 끈힘업시 곳곳 에서 당(當)하면서도 그 역경(逆境)에서도 순수(純粹)한 유대민족성 (猶大民族性)을 일치아니하고 고국(故國)을 회복(回復)하려는 그 운 동(運動)이야말로 유대인(猶大人)의 위대(偉大)함을 보인다고 아니 할수 업습니다. 그러하나 일변으로 생각하면 사람은 감정(感情)이 잇 는 동물(動物)이라 그러한 역경(逆境)이야말로 그들로 하여금 이 운 동(運動)을 일으키게 한 1대원인(一大原因)이라고 아니할수 업습니 다. 만일 절대(絶對)의 자유(自由)와 평등(平等)과 박애(博愛)로 지 처(到處)에 환영(歡迎)되엇다 하면 사실(事實) 부흥운동(復興運動) 이 일어날 리(理)도 업고 또 필요(必要)도 업슬 것입니다.

5장 「세계를 지배하는 위인들」(世界를 支配하는 偉人들)에서는 유대인으로서 인류 역사에 공헌한 인물들을 소개하고 있는데, 고대 인물(古代人物), 철학자(哲學者), 문학자(文學者), 신문사업가(新聞 事業家), 탐험가(探險家), 극계(劇界), 음악계(音樂界), 미술계(美術 界), 학계(學界), 의계(醫界), 국제적 사업가(國際的事業家), 정치가 (政治家) 등 각 분야에서 두각을 나타내고 있는 인물들의 면면을 일 일이 열거함으로써 '위대한 유대인들'을 총집합해 놓고 있다. 2천 년 동안 망국(亡國)의 유랑 속에서도 이같이 위대한 인물들을 배출 한 데에는 다음과 같은 이유가 있음을 밝히고 있다.

그 민족(民族)은 망(亡)하지 아니하고 쇠(衰)하지 아니하고 화(化)하지 아니하면 쌧쌧이 곳곳이 그 특성(特性)을 지처(到處)에 발휘(發揮)하고 잇스며 세계(世界)를 지배(支配)하고 잇스며 공헌(貢獻)하고 잇습니다. 그들이 이갓치 됨에는 민족적(民族的) 자부심(自負心, 신의 선민이란 우월감의〔神의 選民이란 優越感의〕)으로 생긴 부동화성(不同化性, 즉 민족적 순수성〔卽 民族的 純粹性〕)과 유일신(唯一神) 여호와를 최상(最上)의 지도자(指導者)로 굿게 미더 간곳마다 종교적(宗敎的, 동시에 민족적인〔同時에 民族的인〕) 단결력(團結力)과 고통(苦痛)을 극복(克服)하는 용기(勇氣)와 인내(忍耐)와 근면(勤勉)과 재지(才智)와 활동성(活動性)들이 그 근저(根柢)에 원인(原因)이라 보겟습니다. 여러가지 방면(方面)으로 세계(世界)를 지배(支配)할만한 위력(偉力)을 가진 것을 극(極)히 중요(重要)한 자(者)만 들어보려 합니다.

일평생 교육가와 한글운동가로서 왕성한 활동을 벌여온 김윤경[7]이 이처럼 유대인에 대한 칭송을 아끼지 않고 있는 것은 민족의

---

7 김윤경은 1937년 6월 수양동우회사건으로 종로경찰서에 검거되어, 치안유지법 위반이라는 죄명으로 교사직을 사임하고, 졸업생대표 연희전문이사직도 해임되고, 그해 6월에 투옥되어 이듬해 7월에 보석으로 출옥하였으며, 1938년 1월에 『조선문자급어학사』를 출판했다. 수양동우회사건으로 5년간 실직했다가 1942년 성신가정여학교(誠信家政女學校) 교사가 되었으나, 같은 해 10월에 조선어학회사건으로 또다시 홍원경찰서(洪原警察署)에 검거되었다. 광복 후 조선어학회 상무간사와 국어부활강사로 활약하는 한편, 연희전문학교 접수위원, 연희전문학교 이사의 일을 맡았고, 그해 10월 연희전문학교 교수로 취임한 이래 문학부장과 총장(대리)을 역임했다. 1948년

자주권을 상실한 시대에 살면서 종종 접하게 되는 유대인들의 독립
활동에 크게 고무된 때문으로 보인다. 오랜 기간 동안 세계에 흩어
져 박해받는 약소민족으로 살아가면서도 자신들의 정체성을 상실
하지 않고 오히려 그러한 고난을 뚫고 위대한 인물들을 많이 배출
한 유대인들을 통해 당시 조선인들이 처한 상황과 처지를 동병상련
의 심정으로 비교하고자 한 것은 아닌지 모를 일이다. 이러한 경향
은 당시 조선의 여러 지식인, 특히 기독교계의 사상가들의 말과 글
을 통해 백성들에게 전해지곤 했다.[8]

에는 『나라말본』, 『중등말본』을 펴냈고, 1949년에는 『조선문자급어학사』가 4대 명저
의 하나로 표창 받았다. 1952년부터는 문교부 사상지도원 전문위원·국사편찬위원,
6·25사변으로 인한 교사복구추진위원, 대한교육심의위원, 교수요목개정심의회 국어
위원, 문교부 교과용 도서활자 개량위원, 연희대학교 대학원장, 국어심의회 위원, 교육
용도서편찬심의위원회 위원 등을 지냈다. 1955년에는 학문의 업적과 교육가 및 한글
운동가로서의 공로를 인정받아 연희대학교에서 명예문학박사학위를 받았고, 학술원
회원이 되었다. 1957년에는 『고등 나라말본』·『중등 나라말본』을 펴냈고, 기독교공로
상·국어공로상을 받았다. 1962년에는 교육임시특례법에 따라 연세대학교를 퇴임하
였으나, 국어심의회 위원, 숙명여자대학교대학원과 한양대학교 강사를 역임했고, 학
술문화발전공헌공로상과 한글공로상을 받았다. 1963년에는 한양대학교 문리과대학
교수로 취임하고, 『새로 지은 국어학사』를 펴냈으며, 문화훈장 대한민국장을 받았다.
1964년에는 전국 국어국문학교수단 이사장의 일을 맡았고, 고희기념으로 『한결국어
학논집』을 펴냈다. 1969년에 사망, 사회장을 지냈으며, 1977년 12월 3일 건국포장을
추서 받았다.

8 윤병구,「유티 인종의게 비흘 것」, 『大道』 2-10(미국상항한인감리교회당 발행, 1910
   년 10월), 5-8쪽; 崔相鉉,「猶太人의 世界的貢獻」, 『神學世界』 11-2(1926년 4월),
   69-70쪽; 李明植,「猶太人의 世界的 位置 一〜三」, 『活泉』 7-1(1929년 1월)〜
   7-3(1929년 3월), 37-40쪽, 28-30쪽, 31-34쪽; 「最近의 聖地及 猶太人의 情勢」,
   『活泉』 9-2(1931년 2월), 28쪽; 都有浩,「獨逸生活斷片, 猶太人論과 負傷日誌」,
   『동광』 23(1931년 7월), 74-79쪽; 「復國中의 猶太人」, 『活泉』 10-7(1932년 7월),

김우현(金禹鉉)의 '시온주의와 시온운동'

1920년대 기독청년운동을 일으키던 김우현[9]은 기독청년회가 발행
한 월간 잡지『진생』(眞生) 6호(1935)에 기고한 "시온주의(主義)와
시온운동(運動)"이라는 제목의 글에서 유대인의 시온주의 운동[10]을

38쪽;「猶太人의 慘狀」,『活泉』10-12(1932년 12월), 28쪽; 兪鎭午,「猶太人의 길」,
『藝術』1-3(1935년 7월), 110-115쪽.

9 김우현은 1920년대 조선기독청년면려회(朝鮮基督靑年勉勵會)를 조직하였으며, 특
히 정주에 청년회를 조직하고 활동했다. 참조. 원호처,『독립운동사』, 964쪽. 또한「동
아일보」1928년 1월 22일자 보도에 따르면, 그는 기독교 목사로서 조선기독교청년회
가 주최한 강연회에서 "그리스도교회의 사회적 지위"라는 제목의 강연을 했다. 그러나
해방 후 '반민족행위특별조사위원회'가 기독교회의 양주삼 목사를 반민피의자로 수감
하자 이에 항의하는 탄원서를 조선기독청년연합회(朝鮮基督敎靑年聯合會) 이름으
로 작성, 제출하였는데, 거기에 부회장 자격으로 맨 앞에 서명하였음이 확인된다. 참
조.「반민특위조사기록」, 탄원서, 단기 4282년(1949년) 4월. 아울러 그는 부민관에서
황국신민 십자군 결성에 참여 친일 기독교인으로 활동한 것으로 밝혀진 바 있다.

10 당시 한국 사회에서는 유대인의 시온주의 독립 운동에 관해 관심이 컸던 것으로 보이
며, 유대인들의 움직임, 특히 극동 유대국 건설 운동에 대한 보도가 종종 눈에 띈다.
1923년 12월 26일자「독립신문」에는 '猶太人復國運動'이라는 제목의 글에서 "猶太
人은 上下二天年餘年間 世界各地에 散在하면서도 其祖國에 對한 思想은 조금도
變치 아니하더니 年前歐洲戰亂이 終結되는 際에 그들의 故土 팔네스틘이 土耳其에
서 버서나 英國의 管轄을 밧게 된 以來 同猶太人은 故國의 再建을 目的하고 여러
가지로 活動하는바 그들은 猶太國建設聯盟會를 秘密히 組織하고 各地에 聯盟支部
를 設하야 서로 氣脈을 通하야 策動하여 잇는대 比等의 支部가 上海, 哈爾濱 等地에
도 無論잇고 지금 勞農露國의 首腦가 되여 잇는 레닌도 本是 猶太人이라더라" 하고
있다(哈爾濱은 하얼빈의 한자어 표기임).
또, 1929년 9월 22일자「동아일보」는 '世界에 散在한 猶太人의 大勢'라는 제목의 보
도에서 취리히에서 열린 제16회 시온주의 총회에 관해 상세하게 보도하고 있다. "시온
니스트團이 組織되는 當時에는 팔레스타인 王國建設을 夢想하는 理想派의 集合가
티 評價되든것이지만 발포아 씨의 宣言布告에 依하야 그 夢想도 實際問題로 取扱하

소개하면서 팔레스타인 땅과 유대인의 불가분의 관계를 메시아 사상을 기초로 한 논조로 언급하고 있다. 특히 디아스포라의 박해받던 삶 속에서도 하나님이 약속하신 팔레스타인 땅에 대한 열망을 포기하지 않았던 선민(選民)으로서 유대인들의 귀향에 대한 꿈을 찬양하고 있다.

> 유대사람과 불가리(不可離)할 관계(關係)를 가진 파레스튄은 3천년 이래(三千年以來)로 메시야사상(思想)의 중심지(中心地)이다.
>
> 이스라엘의 구제(救濟)는 외교(外交)에 잇지아니하고 예언(豫言)을 기대린다(The Salvation of Israel will be achieved by prophets not by diplomats. ─Achad Hama.)함은 파레스튄을 배경(背景)으로 하나님의 선민사상(先民思想)의 응결(凝結)을 의미(意味)한 것이다.
>
> 일월(日月)이 흑암(黑暗)하며 별들이 빗츨 발(發)하지안코 천지(天地)가 요동(搖動)하야도 하나님은 자기백성(自己百姓, 유대민〔民〕)을

게 되어 多年猶太民族의 建國理想은 新時代를 劃하게되엇다"고 했다.

아울러, 1934년 12월 1일 발행된 『개벽』 제2호에는 「上海시온會의 猶太人建國運動」이라는 제목의 글이 실려 있다. "일즉붙어 하누님의 택한 민족으로, 자기 나라를 떠나 세계로 유랑에 길을 떠나 돌아 다니는 유태민족은 각각 산재한 그대로 위인과 환자와 부호와 **** 생겨 세계의 이목을 *** 하엿으나 가는 곳마다 異民族이라 하야 구박을 받어 오든 중 더욱이 獨逸이 나치스의 천하가 된 후로 그곳에 잇는 유대인들은 모다 쫓기여나며 학대하기 시작해서 세계적 학자인 아인스타인 같은 사람도 유랑의 참담한 지에 이르럿든 것이다. 그러므로 그들의 근국운동(建國運動)은 맹열하여것다. 극동 유태인의 총본부인 상해 시온회는 극동유대국 건설운동의 주력이 되어 적극적 운동을 개시하고 있다." (**** 부분은 「동아일보」에서도 해독이 안 되어 의문형으로 표기함).

바리지아으시리라(From a book of Jewish thoughts) 이러한 시(詩)로 표시(表示)된 유대인(人)의 확고부동(確固不動)의 신념(信念)은 파레스틘을 중심(中心)으로 한 것으로써 비로소 확립(確立)된 것이다. 이 파레스틘이 유대인(人)의게 엇떠케 밀접(密接)한 관계(關係)와 심각(深刻)한 의의(意義)를 가젓느냐함은 더희가 국토(國土)로부터 이산(離散)된 이래(以來) 금일(今日)에 지(至)하기 2500년(二千五百年)동안 기다(幾多)의 참학(慘虐)과 위압(威壓)에 감기지 아니하고 도리혀 압박(壓迫)과 잔해(殘害)가 격렬(激烈)할사록 하나님의 선민(選民)으로서 파레스틘으로 귀(歸)하는 날과 유대에 1신구국건설(一神救國建設)의 일(日)을 열망(熱望)하고 쉬지 아니하야 자자영영(孜孜營營)으로「됴흔날」을 바라고 부단(不斷)의 보조(步調)을 계속(繼續)하여 왓다.

파레스틘이업스면 유대인(人)이업스며 파레스틘이안이면 유대인(人)의 역사(歷史)는 젠타일(異邦人, 이방인)의 역사(歷史)로 환원(還元)하고 말 것이다.

(중략)

파레스틘은 유대인(人)의 〈알파〉도 되고 〈오메가〉도 된다. 국토(國土)를 상실(喪失)하든 2500년(二千五百年)의 넷날부터 유대인(人)이 하늘을 우러러와 싸에굽히여서 절망(切望)하는 이상향(理想鄉)이라는 것과 지상(地上)의 천국(天國)이라는 것은 실(實)로 이 파레스틘을 중심(中心)으로 한다는 것이엿다.

이러한 언급에 이어 "유토피아인 파레스틘을 지리적으로 설명 (說明)"하고, 나아가 "유대인(人)의 생명(生命)이라고 하는 파레스 틘의 자연(自然)과 사회적 사정(社會的 事情)"을 언급하면서 "젓과 쏠이 흘으는 쌍이라고 찬미(讚美)하며 동경(憧憬)하"는 "이 토지(土 地)가 거주지(居住地)로이든지 농경지(農耕地)로든지 적당(適當)할 이치(理致)가 업"는 이 척박한 황무지(荒蕪地)가 영국(英國)의 위임 통치(委任統治)로 "매우 개량(改良)되엿으나" 여전히 시온주의 운동 이 전개하는 "팔레스틘에 식민(植民)은 한 이상(理想)의 운동(運動) 이다." "그럼에도 불구(不拘)하고 려희 유대인(人)의 피가 쏠코 가슴 이 쒸이만치 동경(憧憬)의 지(地)는 이 성지(聖地) 팔레스틘이다."

김우현은 이 글에서 시온주의를 창시한 '떼어를 헬쓰'(테오도르 헤르츨)의 정신과 사상을 소개하고, 윌슨의 민족자결주의와 예루살 렘의 히브리 대학 건설 등 시온주의 운동의 역사를 간략하게나마 정리하면서 "그 운동(運動)의 목표(目標)와 목적(目的)도 파레스틘 에 축복(祝福)밧은 귀환(歸還)과 유대인의 파라다이스를 맨들고 유 대의 황금시대(黃金時代) 재현(再現)을 요망(要望)한 것에 잇다"고 쓰고 있다. 그리고 김우현은 글 말미에 "이제 시온주의(主義)의 시 조(始祖)이라고할 제2(第二)이사야의 이상(理想)을 좀 아러 보자" 면서 구약성서 이사야서의 역사적 배경을 설명하고 본문(이사야 42:7, 16, 22; 49:14-15; 51:3, 16; 51:17-21; 52:7 등)을 인용하고 있다. 적어도 그가 이해하고 있는 유대인의 시온주의 운동은 구약성서의 예언자들이 언급하고 있는 이스라엘의 귀향 및 메시아 사상과 맞닿아 있음을 주장하고 있는 것이다.

이러한 생각에는 당시 이스라엘-팔레스타인의 미래에 대한 기독교인들의 사상적 뿌리가 성서의 메시아 운동에서 바라봄으로써 친(親)이스라엘주의에 얼마나 가깝게 서 있는가 하는 점을 분명하게 엿볼 수 있으며, 특히 "파레스틴이업스면 유대인(人)이업스며 파레스틴이안이면 유대인(人)의 역사(歷史)는 젠타일(異邦人, 이방인)의 역사(歷史)로 환원(還元)하고 말 것이다"라는 선언적인 언급에서 팔레스타인 땅에서 쫓겨날 위기에 처한 약소민족으로서의 팔레스타인들의 처지는 전혀 고려의 대상이 아니었다.[11]

이러한 가르침을 통해 구체적으로 형상화된 '위대한 신앙의 표상'으로서 유대인 이미지는 훗날까지 오랫동안 한국 기독교인들의 의식 속에 깊이 자리 잡아 지속된다.

---

11 이에 비해 中華民國 上海 韓民社가 발행한 「韓民」 1937년 2월 1일자 기사는 '一九三六年의 世界 弱小 民族의 鬪爭'이라는 제목의 기사에서 중국의 대일 항쟁, 대만의 배일운동, 필리핀 혁명당의 대미 투쟁, 인도의 반영운동과 함께 여섯 번째로 팔레스틴(팔레스타인)의 대영 독립투쟁에 대해 소개하고 있다. 팔레스틴 부분의 보도 내용을 인용하면 다음과 같다: "유태인을 리용하야 아랍인을 억압하려는 영인(영국인)의 간계에 반대하야 일어난 아랍인의 독립 운동은 매우 결렬하엿스니 사월로붙어 시월까지에 다수한 사상자를 내이고 만여 명의 영국 륙해군이 출동했다. 그러나 이것을 철저히 진압할 수 없는 영국은 아랍인이 정부를 건설할 것을 원측으로 승인하야 그 반항을 다소 완화식히는 동시에 거액의 배상금을 그들에게 부담식히였다." 이 기사에서는 이들 외에도 씨리아(시리아), 土耳其(터키), 埃及(이집트), 阿比西尾亞(에티오피아), 南非聯邦國, 알제리아, 中南美洲諸國 등을 소개하고 있다.

목영만(睦榮萬)의 '유태인(猶太人)의 세계사 등장(世界史 登場)'

1917년 경기도 고양 출신의 교육가로서 일본 동경구택대학 사범과 (東京駒澤大學 師範科)를 졸업하고, 강원도 춘천중학교를 거쳐 고양중학교(高揚中學校) 교감과 교장을 역임한 사람으로 알려진 목영만은 1944년『춘추』(春秋) 지 제5권 제3호(1944년 3월, 38-51쪽)에 기고한 "유태인의 세계사 등장 — 유태인과, 유태적 세계의 전개"(猶太人의 世界史登場 — 猶太人과, 猶太的 世界의 展開)라는 제목의 글에서 지금까지 언급한 근대지식인들과는 크게 다른 견해에서 유대인을 조명하고 있다.[12]

글의 서두에서부터 그는 "크라인즈 氏(씨) 저(著)『유태인의 아미리가 발견』(猶太人의 亞米利加發見) 발문 중(跋文中)에서"를 인용 —"금일(今日) 우리들은 적(敵)의 주괴(主魁) 미국(米國)과 싸오고 있다. 그리고 이 성전(聖戰)의 최후목적(最後目的)을 달성(達成)하기 위(爲)하야 끝까지 싸울 굳은 결의(決意)를 가지고 있다. 그러나 당면(當面)의 적(敵)은 오즉 유태제국(猶太帝國)인 것이다. … 우리는 대동아식민족(大東亞諸民族)과 손을 모아 유태인(猶太人)이 포회(抱懷)한 세계제패(世界制覇)의 야망(野望)을 철저적(徹底的)으로 격(擊)파할 책무(責務)를 통감(痛感)한다"—하면서 자신의 글의

---

[12] 목영만은 이 글의 말미에 一九·二·五·了라고 적어 이 글이 소화 19년 2월 5일, 즉 1944년에 쓴 글임을 밝히고 있다.

성격과 입장을 분명히 밝히고 있다.

① 유태인(猶太人) 문제(問題)에서 그는 "종래(從來), 유태인(猶太人) 문제(問題)에 대한 동아인(東亞人)의 관심(關心)이란 극(極)히 냉정(冷情)했다"면서 "우리도 이 유태인(猶太人) 문제(問題)를 방관(傍觀)치만 못하게 되었"는데, "후일(後日) 유태인(猶太人)의 손으로 기안(起案)된「파리불전조약(巴里不戰條約)」이라는 것이 직접(直接) 아제국(我帝國)의 발전(發展)을 저지시키려 했을 때, 우리는 더욱이 가증(可憎)할「유태화」(猶太禍)의 동아권침입(東亞圈侵入)을 직감(直感)케 되었든 것이다"라며 우려하고 있다. 한 마디로 목영만은 유대인의 세계 정복 음모를 경계하며 다음과 같이 비판적 주장을 전개해 나가고 있다.

피의 순결(純潔)과 신(神)의 율법(律法)을 버린 그들은 용이(容易)케「유태(猶太)의 세계제패(世界制覇)」를 꿈꿀 수 있었다. 여기서 유태문제(猶太問題)도 가일층(加一層) 다원성(多元性)을 갖게 된 것이다. 종래(從來)의 민족적 국한(民族的局限)은 이미 그 경계(境界)를 버서나,「유태적 감정」(猶太的感情),「유태적 세계관」(猶太的世界觀)이「유태(猶太)의 세계 파괴(世界破壞)」,「유태(猶太)의 세계정치(世界統治)」라는 가공(可恐)할 현실(現實)로서 세계성(世界性)을 띠우고 우리 안전(眼前)에 노시(露示)된 것이다. … 더욱 현대(現代)에 와서 유태인(猶太人) 맑스 사상(思想)은 한때 세계(世界)를 풍미(風靡)했고, 아인슈타인의 원리(原理)는 세계적 진리(世紀的眞理)가 되었다. … 1933년(一九三三年) 맹방독일(盟邦獨逸)에서 유태인(猶太人)의 국외추방(國外追放)을 감행(敢行)했을지음 전세계(全世界)가 손을 모아 박수(拍手)를 보낸 것은 실(實)로 국토(國土)없는「유태제국(猶太帝國)」이 이미 전세계(全世界)를 상대(相對)할 강대(强大)한 병폐(病廢)이었음을 말함이 아니랴! 우리는 현금(現今) 이 인류적병발(人類的病廢), 유태인(猶太人)의 허수애비가 된 적미영(敵米英)보다도 그 자신(自身)이「유태제국(猶太帝國)」이며 유태인(猶太人)인 주괴(主魁) 루-스벨트와 싸오고 있다.

이 같은 반유대주의적인 목영만의 견해가 어디에서 그리고 무엇에서부터 비롯된 것인지는 불명확하다. 하지만 글의 맥락에서 볼 때 황국신민(皇國臣民)으로서 일본 제국주의에 충실한 태도를 보이고 있는 그의 생각의 기저(基底)에는 분명코 제2차 세계대전 당시 독일과 동맹을 맺고 있는 일본 내에서 불기 시작한 반유대주의의 영향을 직접적으로 깊이 받은 것으로 보인다. 1940년대 일본에서 반유대주의—"유대인은 인류의 저주다", "히틀러와 나치는 유대인과 싸우는 인류의 구세주다"—는 일본 우익 민족주의자의 단결과 통합의 수사(修辭)가 되었다.[13] 세계를 제패하려는 일본의 야욕을

---

13 일본인의 눈에 비친 유대인 혹은 일본 내의 반유대주의에 관한 연구로 David Good-man and Masanori Miyazawa, *Jews in the Japanese Mind* (Free Press, 1995,

위협하는 가장 위험한 상대로 유대인―영국과 미국과 동일시되는
―을 이해했기 때문이다.

목영만은 "적(敵)을 알기 위(爲)하야, 유태인(猶太人)을 알기 위
(爲)하야 유태사(猶太史)의 편편(片片)을 다음에 소개(紹介)하겠다"
며 ② 표랑기(漂浪期)의 「신의 선민(神의 選民)」, ③ 「소로몬의 영화
(榮華)」와 양왕조(兩王朝), ④ 「모-제의 율법(律法)」과 바비론성
(城)의 비가(悲歌), ⑤ 유태인(猶太人)의 사적 등장(史的登場), ⑥ 유
태인(猶太人)의 해방(解放)에서 유태 민족의 시조 아브라함으로부
터 19세기 유럽에서의 유대인 해방 운동에 이르기까지의 역사를 두
루 살피면서, 특히 유태인의 세계 정복의 야망과 세계관이 그들의
'순수한 혈통주의'와 '에호바 신(神)의 선민(選民) 사상'과 '구세주
(救世主) 사상'에 기초한 우월주의에 바탕을 두고 있음을 강조하고
있다.

목영만은 ⑦ 유태(猶太)의 인재(人材)와 유태제고(猶太帝固)에
서 "해방이전(解放以前)의 그들은 오즉 외부적(外部的) 금권(金權)
으로 서구(西歐)를 좌우(左右)했다. 그러나 해방(解放)된 후(後)의

Expanded Edition 2005)가 있다. 특히 이 책의 "V. Jews as the Enemy : The Fun
ction of Antisemitism in Wartime Japan"(pp. 106-134)을 참조할 것. 또한, 웹사이
트 자료로는 "Antisemitism in Japan," http://en.wikipedia.org/wiki/Antisemitism
_in_Japan이 있다. 또, Ben-Ami Shillony, *The Jews and the Japanese: The Succe-
ssful Outsiders* (Rutland, Vt: Tuttle, 1991)와 Herman Dicker, *Wanderers and
Settlers in the Far East : A Century of Jewish Life in China and Japan* (New York:
Twayne, 1962)을 참조할 것.

그들이란 보다 무서운 내면적(內面的), 즉(卽), 구미인(歐米人)의 뇌(腦)와 심장(心臟)까지 침범(侵犯)케 되었다. 죽순(竹筍)같이 두각(頭角)을 드는 수(數)많은 유태인(猶太人)의 인재(人材), 그들은 세계사(世界史)의 대상(對象)으로 대두(擡頭)되었든 것이다"라며 '대철(大哲) 스피노자'를 비롯한 각 분야에서 두각을 나타내는 가상(如上)의 유대인 인재들의 이름들을 열거하고 있다. 아울러 "1901년(一九○一年)으로부터 1930년(一九三○年)까지, 30년간(三○年間)에 「노-벨상(賞)」 수여총수(授與總數) 150명중(百五十名中) 유태인(猶太人)이 14명(十四名)이라는 엄청난 지수(指數)는 세계각민족단위(世界各民族單位)의 인구비례(人口比例)로 보아 실(實)로 그 예(例)를 볼 수 없는 바다"라고 쓰고 있다. 이는 같은 방식으로 서술한 김윤경의 '위대(偉大)한 유대인(猶大人)' 이론과는 분명히 다른 '위험(危險)한 유태인(猶太人)'이라는 목영만의 시각이 자리하고 있다.

목영만은 ⑧ 유태(猶太)의 해방(解放)에서 "근대(近代)에 와 「유태문제」(猶太問題)가 소연(騷然)케 된 것은 그들의 해방(解放)을 전후(前後)하야 노서아(露西亞)로부터 시작(始作)되었다"고 말하면서 "유사이래(有史以來) 인류(人類)가 아즉 가저보지 못한 혁명(革命)이 유태인(猶太人)의 손으로 되였을 때, 구미인(歐米人)의 실색(失色)과 공포(恐怖)는 더욱 컸다"고 강조했다. 결국 이러한 결과는 러시아 사람들은 물론 서구인들에게 '새로운 유태관(猶太觀)'을 갖게 해주었는데 그것은 다름 아닌 "유태인(猶太人)은 공산주의(共産

主義)로서 세계질서(世界秩序)를 파괴(破壞)하려는 원흉(元兇)인 일방(一方) 대자본적(大資本的) 금권주의(金權主義)로써 전세계(全世界)의 금재(金財)를 흡수(吸收)하려는 악마(惡魔)라는 결론을 얻"게 한 것이라고 주장한다.

마지막으로 그는 나치 독일의 히틀러 총통의 유태인 추방의 정당성을 강조하면서, 시온주의 운동 전개로 시작된 유대인들의 팔레스타인 귀향이 영국과 미국의 절대적인 지원하에서 이루어진 '공작'(工作)이라며, 유대인은 식민주의자들의 앞잡이라는 시각을 분명히 드러내고 있을 뿐만 아니라 팔레스타인 원주민들의 저항에 부딪혀 이민이 중단된 사실을 고무적으로 여기고 있다.

또한「신의 선민」(神의 選民)으로서의 그들이 1896년(一八九六年) 이래(以來) 시작(始作)한 소위(所謂)「씨온운동(運動)」, 즉 신(神)이 약속(約束)한 성지(聖地) 파레스치나로 돌아가 유태인(猶太人)의 국가(國家)를 건설(建設)하자는 운동(運動)은, 대전사영미(大戰史英米)의 절대(絶大)한 지원하(支援下)에 공작(工作)을 개시(開始)했으나 원주민(原住民)들의 맹렬(猛烈)한 반대(反對)를 받았음은 물론(勿論), 1928년(一九二八年) 8월(八月), 유명(有名)한 유태인학살(猶太人虐殺)로서 중단(中斷)되였다는 것은 아즉도 귀에 새롭다.

유대인에 대한 목영만의 인식은 1937년 이후 전시동원체제와 대동아공영권을 제창한 일본의 식민지 정책과 함께 '근대의 초극'으로 일컬어지는 반(反)소비에트 반공주의 운동과 직결된 것으로 보인다. 근대 한국에서도 대부분의 전쟁 협력자들은 반유대주의적 성향이 매우 강하게 드러나고 있을 뿐만 아니라 미국과 영국의 유해한 자본주의 극복을 위해 유대인을 타도하는 것을 근대 지식인으로서 마땅한 책무로 받아들였던 것이다. 1937년 이후 우울한 식민지 시대를 살아가던 목영만의 유대인에 대한 인식은 당시 일본의 지배를 당연시 여기던 다수의 근대 지식인들의 생각을 반영한 것이라고 해도 크게 틀리지 않을 것이다.

육당(六堂) 최남선(崔南善)의
'유태인 배척의 유래'(猶太人 排斥의 由來)

『자유공론』(自由公論)(제1권 제1호, 1958년 12월, 130-146쪽)에 실린 육당 최남선(1890~1957)[14]의 글 「유태인(猶太人) 배척(排斥)의 유

---

14 육당은 사학자이자 문인으로 한국 최초로 신체시(新體詩)를 발표하는 등 한국 근대문학의 지도자로서 신문화 수입기에 언문일치의 신문학 운동을 주도했던 국학 관계의 개척자이다. 1919년 3·1운동 당시 민족 대표들과 함께 독립선언문을 기초한 독립 운동가였으나, 그 후 '기나긴 매국(賣國)'을 시작으로 근대사의 대표적인 친일파 인물로 꼽히고 있다. 육당 최남선은 1904년 황실 유학생으로 도쿄 부립중학(府立中學)에 입학했으나 3개월 만에 귀국했다가 1906년 다시 도일하여 와세다 대학 고등사범부 지리역사학과에 입학, 새로운 형식의 시와 시조를 발표하였으나, 1907년 모의국회 사건으

래(由來)」는 그의 '미발표유고'(未發表遺稿)로서 그가 언제 쓴 글인
지는 알려진 바 없다.[15] 육당의 친필 필적(筆跡)을 제호로 삼고 있는
이 글의 편집자는 "이 원고(原稿)는 고(故) 육당선생(六堂先生)의 유
고함(遺稿函) 속에서 나온 귀중(貴重)한 논문(論文)이다"라고 밝히
고 있다. 아울러 "일제시(日帝時) 우리의 뼈아픈 비운(悲運)을 개탄
(慨歎)하는 나머지, 온 세계(世界)를 유랑(流浪)하면서도 착실(着

로 한국인 학생 총동맹 휴학으로 중퇴하고 이듬해 귀국했다. 귀국 후 그는 잡지『少年』
을 창간하여 자유시 "海에게서 少年에게"를 발표하고, 춘원 이광수의 계몽소설을 실어
한국 근대문학의 선구자로 발돋움을 시작했다. 1909년에는 도산 안창호와 함께 청년
학우회(靑年學友會)를 설립하고, 1913년에는『靑春』을 발간하여 문학 발전에 기여
했다. 1919년 3·1 독립운동 당시 독립선언문을 기초하는 한편 민족 대표 48인의 한
사람으로 일경(日警)에 체포되어 2년 6개월 형을 선고받고 1921년 10월 가출옥된다.
같은 해「京城日報」사장에 취임한 그는 조선통감 사이토 마코토의 조언자로 꼽힐 만
큼 영향력 있는 인물로 부상하였으며, 그의 지원으로 주간지『東明』을 창간하여 친일
행각에 나서기 시작한다. 최남선은 국사 연구에 전념하여『朝鮮歷史通俗講話』를 연
재했으며, 1924년에는「시대일보」를 창간하고 사장에 취임하였으나 곧 사임했다가 이
듬해「동아일보」의 객원이 되어 사설을 쓰기 시작했다. 1920년대 그는 '일조동근론'(日
朝同根論)과 '불함문화론'(不咸文化論)을 주장하고 내선일체 사상과 식민사관을 앞
장서서 설파하였으며, 1938년에는 조선총독부 중추원참의원을 지냈고, 1939년에는
일본 관동군이 세운 건국대학 교수로, 1943년에는 동경 메이지 대학 대강당에서 열린
학도궐기 대강연회에 참가하여 재일 조선인 유학생의 학병 지원을 독려하는 강연을
하기도 했다. 1945년 3월 7일자「매일신보」에 기고한 '전력증강(戰力增强) 총후(寵
厚) 수호(守護)의 진로(進路)'라는 논설을 통해 "그러나 나는 믿는다. 이 전쟁이 이기
리라는 것을 굳게 믿는다. … 우리는 이겨야 한다"라고 주장했다. 해방 후 육당은 친일
반민족행위자로 기소되어 1949년 수감되었으나 병보석으로 풀려났고, 한국전쟁 때에
는 해군 전사(戰史) 및 서울 시사(市史) 편찬위원 고문으로 추대, 국사 관계 저술에
몰두하다가 1957년 뇌일혈로 사망했다.
15 글에서 이스라엘의 독립(1948년)에 관해 언급이 없는 것으로 볼 때, 최소한 해방 이전
에 쓴 글로 보인다.

實)히 속셈을 차리고 뻗어 나가는 유태민족(猶太民族)의 강인(強靭)한 생활욕(生活慾)을 예(例)로 들어 우리도 굽힘없이 끈기 있게 살아가기를 염원(念願)하는 의도(意圖)를 여기에서 발견(發見)할 수 있다. 그랬기 때문에 그 당시(當時) 햇빛을 보지 못하고 궤속에 묵어 있었으리라고 짐작된다"라고 덧붙여 적고 있다.

최남선은 "유태인(猶太人)은 분명히 세계역사상(世界歷史上)의 큰 수수께끼입니다"라고 밝히고 있는데, 그 까닭은 "제 나라는 벌써 없어졌건마는… 정신(精神)으로는 찰떡 같이 엉키어 있고, 오랜 동안 사회적(社會的)으로 몹쓸 구박(驅迫)을 받았건마는 시방 와서는 세계(世界)의 지배력(支配力)을 가졌다고 생각"하니 "유태인(猶太人)은 무서운 자(者)라는 말이… 과연 사실(事實)입니다"라고 했다.

따라서 그의 이 글은 "박해(迫害)로서 박해(迫害)로울 마다인 그 인민(人民)이 어떻게 이러한 잠세력(潛勢力)을 길러 가지게 되었는가, 그러나 세계경제(世界經濟)의 지배력(支配力)을 가지고 인류문화(人類文化)의 추진(推進)에 중대(重大)한 역할(役割)을 하면서도 의연(依然)히 국제적(國際的) 미움바지로서 설은 운명(運命)에 울지 아니함은 무슨 까닭인가 모르고 보면 매우 궁금한 이 유래(由來)를 역사(歷史)의 사실(事實)에 의거(依據)하여서 약간 설명(說明)해 보려 합니다"라며 그 목적과 의도를 밝히고 있다.

최남선은 서양 고대사의 원류라 일컬어지는 바빌로니아, 앗시리아, 페니키아, 헤브라이 등 최고의 문명이 탄생한 중동 및 지중해

지역을 소개하면서 '이스라엘' 혹은 '희브루,' '유데야'라 불리는 유태종족(猶太種族)이 어떻게 하여 팔레스틔나 지방에 거주하게 되었는가를 설명한 후, 유대인 배척의 원인으로 그들의 독특한 종교적 신앙 때문이라고 설명한다.

아브라함을 조상(祖上)으로 하야 팔레시틔나 지방(地方)에 거주(居住)하면서 농업(農業)과 목축(牧畜)을 겸업(兼業)하였었는데「여호와」라고 부르는 유일지상신(唯一 至上神)을 독신(篤信)하야 당초부터 이웃에 사는 다른 인민(人民)으로부터 사이가 좋지 못하였었읍니다. 종교심(宗敎心)이 가장 강(强)하고 또 절대(絶對)한 권위(權威)를 가진 무서운 유일신(唯一神)을 숭봉(崇奉)하는 것이 이 종족 문화(種族 文化)의 두드러진 특색(特色)이며「이스라엘」인(人), 곧 유태민족(猶太民族)의 후일(後日)의 모든 운명(運命)은 많이 이 독특(獨特)한 신앙(信仰)에서 유래(由來)한 것입니다.

"유태민족(猶太民族)이 어떻게 세계적(世界的) 표랑자(漂浪者)로 이리 저리 몰려"다니게 되었는가를 역사적으로 설명하면서, 최남선은 "기막히는 박해(迫害)도 많이 받았지마는 그 중(中)에서도 능히 유태민족(猶太民族)이라는 결합(結合)이 부서지지 않고 모든 것을 견디고 이기면서 새로 새로 좋은 경우(境遇)를 만들게 한 힘은 진실로 그네의 독특(獨特)한 종교(宗敎)에서 나온 것입니다"라고 재차 강조하면서도, "뒤집어서는 유태민족(猶太民族)이 어데 가서든지 참가(參加)되지 못하고 끝끝내 배척(排斥)을 받는 소이(所以)도 많이 그 고유(固有)한 신앙(信仰)을 굳이 지켜서 본주인(本土人)으로 더부러 동화(同化)가 잘 되지 아니함에 말미암았습니다"라 지적하고 있다.

이러한 까닭에 유랑의 과정에서 「셱스피어」의 『베니스의 장사치』에서 보든 탐욕무도(貪慾無道)한 빚 노리꾼처럼 보이게 되"어 차별을 받게 된 "유태인(猶太人)이 그렇게 된 것도 당연(當然)하지마는 유태인(猶太人)을 그렇게 생각하기도 까닭이 없다 할수도 없습니다"라며, 유대인에 대한 억압이 거세질수록 그들의 저항은 커지고, 그들의 저항이 커질수록 다시 훨씬 강력한 억압이 가해지는 "압박과 반항의 어쩔 수 없는 이중구조"를 설명한다.

"유태민족(猶太民族)의 본질(本質)이 우수(優秀)한 것은 새삼스래 말 할것도 없는 일"이라며 '모세, 솔로몬, 마카비스, 예수, 바울, 스피노자, 깔리래오' 등의 이름을 열거하면서 "역사상(歷史上)에 있는 유태민족(猶太民族)의 위대(偉大)한 공적(功績)"이 이에 그치지 않음을 칭송하면서도 "이것은 역사상(歷史家)으로나 알아둘 일이지 일반(一般)으로 유태인(猶太人)을 접촉(接觸)하는 실감(實感)은 지극히 불쾌(不快)한 것뿐일세. 마침내 유태인(猶太人)이라 하면 천인(賤人), 열등인(劣等人)이라는 의미(意味)를 가지게 되었읍니다"라 구별했다. 유대인에 대한 이중적인 인식이 잘 드러난다 하겠다.

그러면서 육당은 반유대주의의 긴 역사를 시대별로 그 성격의 변화 과정을 설명한다. "그 이유(理由)를 분석(分析)하여 보면 인종적(人種的) 편견(偏見)도 있고 종교적(宗敎的) 반감(反感)도 있지오마는 유태인(猶太人) 배척사상(排斥思想) 곧 Anti-Semitism으로 말하면 멀리 나마시대(羅馬時代)로부터 싹이 있어 중세기(中世紀)를 지나 근세(近世)에까지 이르렀는데 남에 밉게 보인 까닭에 가끔 기막히는 억울한 일도 많이 당하고 지냈습니다"라며 중세기 흑사병(黑死病)이 유행할 때 유태인(猶太人)이 우물에 독을 풀어서 퍼진 것이라 하여 턱없는 박해를 받은 사실을 든다.

"반유태사상(反猶太思想)이 정치적(政治的) 색채(色彩)를 띠우기는 비교적(比較的) 근대(近代)의 일"이라는 최남선은 "18세기 계몽주의와 불란서혁명(佛蘭西革命)"과 함께 "특수부락(特殊部落)(Ghetto)에 웅쿠리고 있던 유태인(猶太人)"이 차차 정치적 사회적으로 해방을 얻게 되고, "이어 산업혁명(産業革命) 이후(以後) 사업계(事業界)가 자본(資本)을 요구(要求)하게 되는 데로 진작부터 이 방면(方面)에 실력(實力)을 부식(扶植)해 가진 유태인(猶太人)의 지위(地位)를 갈수록 중요(重要)하게 만들어서 다만 금융계(金融界)에서 뿐 아니라… 정치(政治) 경제(經濟) 내지(乃至) 일반학술(一般學術)의 연구(硏究)와 및 실제(實際)에 마음껏 발휘(發揮)되어 어느 방면(方面)에서고 그 진출(進出)의 힘이 무시무시하였습니다"라 설명한다. 바로 유대인의 약진이 "종래(從來)의 인종적(人種的) 종교적(宗教的) 이유(理由)의 외(外)에 정치적(政治的) 경제적(經濟的) 학술적(學術的)의 모든 반감(反感)이 덧짐을 쳐서 새로운 의미(意味)와 형태(形態)로 근세(近世)의 반유태사상(反猶太思想), 유태인 배척운동(猶太人排斥運動)이 성립(成立)해 나갔습니다"라고 덧붙인다.

이어 최남선은 전 세계에 흩어진 유태인의 현황을 낱낱이 소개하면서 유대인 세력의 위협과 위험을 지적하고 있다. "이 말한 수효(數爻)와 능력(能力)을 가진 큰 민족(民族)이 세계(世界)에 분포(分布)하야 초국가적(超國家的) 국민의식(國民意識)을 가지고 각국(各國)의 정치(政治), 경제(經濟), 문화(文化)의 각 방면(各方面)에 깊이 뿌리를 박고 있다 하면 그는 무론 무서운 일대세력(一大勢力)이 아니랄 수 없습니다"라며 유대인 문제가 국제적 문제임을 부각한다.

또한 그는 이러한 유대인 세력의 위협을 세계 각국에서 활동하는 각계각층의 "시대(時代)를 지도(指導)하는 큰 인물(人物)"들을 소개하면서 그 증거로 삼고자 한다. "자기(自己)네의 독립(獨立)한 국가(國家)만을 가지지 못할 뿐" 정치계, 경제계, 언론계를 좌지우지하는 유대인 세력은 물론 "오랜동안 무리(無理)한 압박(壓迫)과 부당(不當)한 차별(差別)을 받는 중(中)에서 생긴 분심(憤心)과 반항정신(反抗精神)으로부터 현상(現狀)의 타파(打破), 곧 사회구조(社會構造)의 혁명(革命)을 생각하고 또 실현(實現)한 자치를 보면 그네의 파괴력(破壞力)이 어떻게 강대(强大)함에 다시 한 번 일경

(一驚)을 끽(喫)할밖에 없음니다"라며 각종 혁명을 주도한 자들이 모두 유대인임을 지적한다.

육당은 이러한 유대인 배척운동이 결국 고토회복 운동(古土恢復 運動)인「시오니슴」을 일으켜 영국의 협조를 얻어 독립을 향한 유태인의 팔레스티나 이주가 성행하고 있으나, "「팔레스티나」가 유태인 (猶太人)의 고향(故鄕) 않임은 아니지마는 거리는 결(決)코 나갔던 자식을 반가히 맞아주는 따뜻한 품이 아니었습니다. 우선「팔레스티나」는 빈땅이 아니라" 7세기부터 그 땅을 점령하여 살고 있는 아라비아인이 위협을 느껴 가만히 있지 않을 것을 지적한다. 더구나 「마호메트」교를 신봉하는 이들과 자주 종교적으로도 이해(利害)와 감정(感情)으로 갈등과 충돌이 일어난 곳이기 때문에 근본적 해결이 쉽지 않을 것임을 지적한다.

더구나 "영국(英國)에는 당초(當初)부터 유태(猶太), 아라비아민족(民族)의 대립(對立)을 이용(利用)하여 이 요충지대(要衝地帶)에 자기(自己)의 세력(勢力)을 부식(扶植)하려는 은밀(隱密)한 목적(目的)이 있"기 때문에 '양민족(兩民族)의 갈등(葛藤)은 갈수록 풀리기커녕 더 심해질' 것으로 내다보면서 "유태인(猶太人)의 고국부흥(故國復興)은 아직도 아니 영원(永遠)히 아름다운 꿈으로 있을뿐입니다"라며 "세계(世界)에서 미움을 받고 고향(故鄕)에도 용납되지 못하는 이 수천만(數千萬)에 가까운 큰 민중(民衆)은 장차 무슨 길을 밟을지 유태인문제(猶太人問題)는 현대(現代)에 있어서 만인(萬

人)의 관심(關心)을 살 이유(理由)가 있습니다"라고 글을 맺는다.

1945년 3월 7일자「매일신보」에 기고한 육당 최남선은 '전력증강 총후 수호의 진로'(戰力增强 寵厚 守護의 進路)라는 논설을 통해 "나는 믿는다. 이 전쟁(戰爭)이 이기리라는 것을 굳게 믿는다. 그것은 일본(日本) 국민(國民)의 영혼(靈魂)의 힘이 세계(世界)에 절대(絶對)하기 때문이다. 미(美)·영(英)의 물량(物量)이 아무리 크다 할지라도 그것에는 한도(限度)가 있다. 그러나 영혼(靈魂)의 힘에는 한계(限界)가 없다. 만일 이 전쟁(戰爭)에 우리들의 운명(運命)이 참패(慘敗)를 당한다고 하면, 그것은 인류(人類)의 영원(永遠)한 비극(悲劇)이요, 벗어날 수 없는 암흑(暗黑)의 운명(運命)을 뜻하는 것에 지나기 않을 것이다. 우리는 이겨야 한다"고 강변하면서 힘이 있는 집단을 찬양하던 '일본형 파시스트'로서 그가 바라본 '유대인 문제'는 철저하게 제2차 세계대전 말기 식민지 지배의 정당성을 주장하며 "서양에 대한 전쟁은 유대인 금융 자본 세력이 세운 '유해한 물질주의 문명'에 대항한 전쟁이었다"고 외치던 일본의 우파 지식인들[16]의 주장과 너무나 많이 닮아 있다.

---

16 제2차 세계대전 이후 유대인에 대한 일본인의 시각은 '후회(연민)', '변형', '대중적 재처방' 등으로 나타난다. 전후 일본인의 유대인에 대한 시각에 관해서는 David Goodman and Masanori Miyazawa, *Jews in the Japanese Mind* (Free Press, 1995, Expanded Edition 2005)의 "Ⅵ. Identification and Denial: The Uses of the Jews in the Postwar Period"(pp. 135-182)를 참조할 것.

유대인과 마주한 근대 지식인들

이 글은 한국 근대사에 등장하는 소수의 유대인과 유대인에 관한 몇몇 한국 지식인의 언술(言術)을 소개하는 초보적인 연구에 불과하다. 그럼에도 지금까지 거의 감추어져 있었던 제1차 사료(史料)를 기초로 한 이 연구는 변화의 시대에 한 집단에 대한 타자(他者)의 시선과 정체성을 엿보려 하고 있다는 데 그 의미가 있다.

다시 말해서 개화기 '몇몇 유대인(개인/타자)에 의한 한국·한국인(집단)의 정체성/이미지'와 '몇몇 한국인(개인)의 눈에 비친 유대·유대인(집단)의 자기규정'은 그것이 얼마나 객관적인 관찰에 근거한 것이었느냐의 여부를 떠나서 그 자체만으로도 흥미로운 주제일 뿐만 아니라, 서로가 서로—개인과 집단 간, '보는 이'와 '보여지는 이' 간—를 어떻게 규정하고 인식하고 있었는가 하는 점에서 중요한 사안인 것이다. 타자를 어떻게 읽고 있느냐 하는 '타자화'는 곧 내가 누구인가 하는 '정체성' 문제와 직결된 것이기 때문이다.

근대 한국 사회에서 유대인의 이미지는 각자 자기가 속한 사회 집단의 이념적·정치적·종교적 성격과 목적에 따라 각각 다르게 이해되고 있다. 특히 일제 식민지 시대를 살아가던 개화기 한국의 지식인들이 새로운 문물을 직접적으로 경험하면서, 오랜 동안 압제와 박해를 받아 오던 유대인에 대한 이해를 통해 보여주는 그들의 시각은 각자의 경험에 따라 다르게 비춰진 것이다. 어떤 이는 민족적 대동단결을 바탕으로 수난을 이겨낸 '위대한 유대인'으로, 다른 이는 혁명을 통해 세계를 정복하려는 '위험한 유태인'으로 규정하기에 이른 것이다. 이러한 '타자'를 바라보는 상이한 견해는 곧 한 개인의 시각을 넘어서 당시 한국 사회가 어떠했는가를 보여주는 단면이기도 하다.

이 작업을 시작으로 하여 아직까지 숨어 있는 더욱 많은 사료(史料)들을 발굴하여 한국의 근·현대사에 등장하는 유대인들의 역할과 영향, 그들의 한국·한국인에 대한 시선을 좀 더 체계적으로 밝혀 나가야 할 것이며, 동시에 한국인들의 눈에 비친 유대인의 이미지 연구 또한 더욱 과학적인 연구방법(세대별 설문조사 등)을 통해 그 연구의 두께를 더해 나가야 할 것이다. 이 작은 연구가 향후 이와 같은 주제에 관심을 갖는 이들로 하여금 진일보한 연구를 돕기 위한 작은 밑거름이 되기를 바란다.

한국 사회의 유대인 이미지 변천사

유대인에 대한 한국인의 인식은, 아직까지 공식적인 조사연구 결과가 발표된 바 없으나, 대체로 이중적이다. 한편에서는 '유대인은 천재다'라는 긍정적인 인식에서 신화적인 존경심을 갖고 있는 반면, 다른 한편에서는 '유대인은 돈과 권력의 노예다', '너무 잘난 척한다'라는 맥락에서 시작된 반유대주의적 정서가 강하다. 전자의 이미지가 비교적 일부 집단에서 시작해 좀 더 일찍 형성되었다면, 후자는 비교적 최근에 젊은 층을 중심으로 대중적으로 퍼지기 시작했다.

유대인에 대한 서로 상이한 두 입장 사이에서 발견되는 공통점은 한국 사회가 유대인을 직접적으로 마주하거나 경험할 기회가 거의 없이도 이러한 의식이 자리 잡게 되었다는 점에서 특이하다. 물론 유대인이 없는 사회에서도 그들에 대한 우호적인 태도나 반감이 생겨날 수 있다. 그런 현상은 역사적으로 몇몇 나라에서도 발견된다.

하지만 한국 사회에서 일어나고 있는 유대인에 대한 긍정적이면서 동시에 부정적인 양면적·이중적인 이미지는 그러한 인식이 자리 잡게 된 역사적 과정과 환경이 특이할 뿐만 아니라, 그 인식이 뿌리를 내리거나 변화해 나가는 시간 간격이 매우 짧고 빠르다는 점에서 그 유례를 찾아보기 어렵다. 한마디로 말해서 엊그제까지만 해도 스스로 '한국인은 제2의 유대인이다'라고 서슴없이 말하던 한국인들이 이제는 더 이상 '세계를 움직이는 사람은 유대인이다'라는 말을 유대인에 대한 칭찬으로 이해하지 않는 형국이 되었다.

이 글은 한국인의 유대인에 대한 이중적인 인식과 태도가 자리하게 된 역사적 과정을 살펴보는 데 일차적인 목적이 있다. 한국인은 유대인을 누구로 인식하고 있는가? 어제의 인식과 오늘의 태도는 어떻게 다른가? 언제, 왜 그러한 변화는 시작되었나? 근대화 과정에서 직접적으로 차용하기 시작한 유대인 이미지의 '정치화', 교육 열풍을 발판으로 한 유대인 자녀 교육의 '상업화', 민주화 과정에서 일기 시작한 반미주의와 결합된 반유대주의적 태도, 그리고 최근 이원복 교수의 만화『먼 나라 이웃나라』(미국인 편)로 불거져 발생한 반유대주의 사태에 이르기까지 유대인에 관한 한국인의 인식 변화 과정을 개괄적으로 살펴보고자 한다.

유대인 이미지의 '정치화'(政治化)

19세기 말~20세기 초, 근대 한국사에서 등장한 유대인들—에른
스트 야콥 오페르트, 알렉산더 피터스, 야콥 쉬프 등—이 전혀 없었
던 것은 아니다. 하지만 그들의 개별적인 활동이나 역할이 당시 한
국 사회에 중대한 영향을 끼쳤음에도 유대인에 대한 이미지를 한국
사회에 형성할 만큼은 아니었다. 또한, 한국 근대사의 여명기에 유
대인에 대해 논술한 한국 지식인들—윤치호, 김윤경, 김우현, 육영
만, 최남선 등—의 다양한 목소리와 서로 다른 시각은 개화기 한국
사회의 근대화 과정에서 자신들이 처한 역사적 · 정치적 · 문화적 ·
종교적 상황과 결코 분리될 수 없는 것이었다. 또, 한국전쟁(1950~
1953)[1] 기간 동안 참전한 미군부대 내의 유대인 병사를 위해 하임
포톡(Haim Potok, 1929~2002) 같은 유명한 유대인 군목(랍비)이자
작가가 활동하였으나, 한국인과 한국 사회에 유대인을 알릴 수 있

---

[1] 최근 공개된 미 국무부 문서에 따르면, 이스라엘 주재 미국 대사 모네트 데이비스가
유엔의 (한국전쟁) 추가 파병 요구에 대한 미국 정부의 입장을 이스라엘 외무장관 대
리 벤구리온에게 전달한 문서가 공개되었는데, 여기에 "미국 정부는 중동에 현존하는
정치적 긴장과 경제적 지원의 필요성이 이 지역 국가들이 한국에 파병하는 것을 어렵
게 만들고 있다는 것을 알고 있습니다. 그러나 (중략) 미국 정부는 이스라엘 정부가
한국에서의 유엔의 목표를 더 밀고 나가기 위하여 현 시점에서 군대를 파병하는 것을
우호적으로 고려할 수 있을 것이라고 기대하고 있습니다. 연합사령부가 적어도 여단
규모(즉 미국의 연대 전투단에 상응하는)의 병력을 파병하는 것이 군사적으로 바람직
하다고 생각하는 한 이스라엘 정부가 한국에서의 유엔의 목표를 위해 일개 여단을 파
병할 수 있다면 매우 만족스러워 할 것입니다"라는 내용을 담고 있다.

는 충분한 기회로 활용된 바는 없다(현재까지 한국에 주둔한 미군부대 내에 유대인 군목(랍비)이 활동 중이다).

우리나라에서 유대인에 대한 긍정적인 이미지[2]가 본격적으로 뿌리를 내린 것은, 개화 초기부터 해방 전까지 히브리 성서를 통해 유대 민족의 해방을 가르치던 기독교 교회의 영향이 적지 않았음에도, 1960년대 초 군부 독재 시절 유대인의 특정한 이미지, 즉 이스라엘 국민의 민족애, 애국심 및 공동체 의식 등을 한민족의 자긍심을 계몽하고 고취할 목적으로 지나치게 '정치화'(政治化)한 데서 일차적인 원인을 찾을 수 있다.

특히 1960~70년대 개발 독재 시절 "일하면서 싸우고, 싸우면서 일하자"는 구호를 내세워 부국강병 정책을 이끌던 박정희 정권이 애국심을 고양해 국민을 하나로 통합하기 위한 명목으로 이스라엘 국민의 장점들을 일방적으로 찬양하는 글을 초·중등학교 교과서에 실어 사실상 한국이 따라갈 모범으로 제시했으며, 실천적인 민족 번영의 시책의 하나로 일으킨 새마을 운동의 모델로 차입한

---

2 흥미로운 사실은 1960년 1월 19일자 「동아일보」 제3면에 "烏山서도 發見 ― 反猶太人 標識"이라는 제목의 기사가 났다. 기사 전문은 다음과 같다. "〔서울18日AP〕 오산의 미군기지 밖의 한국인 주택의 벽에 푸른 卐(나치 문양)표 낙서가 발견됨으로써 한국에서도 반유태인 운동이 들어왔다고 「세계일보」가 보도했다. 동지(同紙)는 나치스의 표식인 卐가 지난 9일에 오산에서 처음으로 발견되었다고 보도했다고 보도하면서 서울 남방 30마일 지점에 있는 평택군의 마을에서 발견된 卐의 정확한 수효는 밝히지 않았다. 또, 한국경찰과 미군공군당국자들이 동 사건을 조사한 결과 오산기지의 미군비행사가 卐를 그렸다는 것이 판명되었다. 그 동기는 아직 알려지지 않았다고 보도했다."

이스라엘의 키부츠 운동 등을 소개한 것에서 받은 영향이 크다 하겠다.

공교롭게도 대표적인 반유대주의 시각에서 유대인 음모론[3]을 펼치고 있는『시온의 장로 의정서』가 한국어로 번역·출판된 시기역시 1960년대 초반이었는데, 한국 사회에서는 이 책조차 반유대주의적인 감정을 고취하기보다는 오히려 유대인이야말로 '세계 정복의 꿈'을 가진 우수한 민족으로 평가하는 계기로 작용할 정도였다. 그것은 앞서 언급한 대로 당시 정부의 유대인에 대한 긍정적 이미지의 '정치화' 전략이 한국 사회 구성원들에게 훨씬 더 설득력이 있었기 때문으로 판단된다.

아울러 히틀러의『나의 투쟁』초역이 청년 시절의 박정희에게도 애독되고, 한국에서는 이 책이 '반유대주의적 문서'라기보다는 극우 세력이 적극 권장하는 '자수성가(自手成家), 초지일관(初志一貫), 멸사봉공(滅私奉公)의 반공투쟁(反共鬪爭)'의 교과서처럼 읽혔다. 이를 '인생의 교훈'으로 삼는 보수 인사들 중에서 일부가 '유대인의

---

3 한국에서 번역·출판된 유대인 음모론과 관련된 서적들로는 일본의 우노 마사미의『유태인의 세계전략』(원음사, 1993)과『유태인을 알면 세계가 보인다 ― 유태인의 세계전략』(서인석 옮김, 황금두뇌, 2001), 오타 류의『네오콘의 음모』(민혜홍 옮김, 아이필드, 2004)가 있으며, 또한 캐나다 거주 한국인 이리유카바 최의『그림자 정부 ― 숨겨진 절대 권력자들의 세계 지배 음모』(해냄, 1999) 등이 있어 '암적 존재로서의 유대인' 이미지를 그려 나갔으나 이들 모두 한국 사회에 그다지 큰 영향을 끼친 것으로는 보이지 않다. 그럼에도 이러한 서적들은 한국인들이 특히 미국 내에서 유대인의 돈과 미디어의 힘이 얼마나 크게 작용하고 있는지를 믿게 만드는 데 크게 일조한 것으로 보인다.

세계 제패, 언론 장악' 같은 히틀러의 이야기를 사실로 받아들인 것 같으며, 그들에게 '같은 약소민족인 유대인의 성공'이 또 한편으로 '우리 성공의 청사진'으로 보이기도 했다. 즉, 히틀러와 한국 우파의 차이는 히틀러가 '유대인 권력'을 경쟁자로 인식한 반면 한국 우파의 지배적인 경향은 이스라엘의 군사주의나 전국 요새화 분위기, 미국 시온주의 단체의 '민족적 대동단결'을 반대로 일종의 '모델'로 인식하고 있는 것이다.

당시 이스라엘과의 실질적인 정치·외교적 관계는 1962년 4월 국교 수교로 이어졌으나, 개발에 필요한 석유 자원을 중동 아랍국에서 수입해 오던 한국 정부로서는 이스라엘과의 대사관 설치 등 민감한 사안에 관해서는 미온적이었다. 그러나 1964년 6월 박정희 대통령은 대통령 비밀 특사로 강기천 장군(당시 합참 전략정보국장)을 이스라엘에 파견하여, 국가관과 민족관이 투철한 지도자급 인물들을 두루 만나고, 키부츠 등 공동 방위촌락과 주요 군사시설, 녹화사업 현장을 돌아보게 했다. 국민 통일과 경제 발전과 국토 방위를 국가 목표로 삼고 있는 이스라엘로부터 큰 감동을 받고 돌아온 강기천 장군은 박정희 대통령에게 방문 결과를 소상히 보고할 정도로 이스라엘에 대한 관심은 수면 아래에서 커져만 가고 있었다.[4]

---

4 강기천 회고록, 『나의 人生 旅路』(계몽사, 1995), 231-242쪽. 강기천은 귀국 후 「이스라엘 軍事現況」이라는 보고서를 작성하여 정부 내 각 부처와 각 대학 도서관, 관공서 등에 배포하였는데, 이 보고서에는 이스라엘의 정치 제도와 군사 현황, 방위군 및 예비

여기에 군인 출신인 박정희 대통령 스스로 '6일 전쟁의 신화', 즉 1967년 6일 전쟁 당시 미국에 유학하던 유대인 학생들이 대거 귀국, 국방의 의무를 자발적으로 수행한 반면, 이집트 등 아랍권 유학생들은 연락처를 옮겨 가며 군 징집을 회피한 사례를 들어 거대한 아랍국에 맞서 전쟁에서 승리를 거둔 '작은 거인' 유대인들의 성공 신화를 자주 언급했다. 박정희 대통령의 직접적인 유대인 혹은 이스라엘 찬양 발언은 1976년 이스라엘의 엔테베 공항 습격 작전 성공을 기화로 절정에 달했다.

이처럼 애국 애족하는 유대인 이미지는 교과서에도 반영된다. 당시 우리나라 중학교 3학년 도덕 교과서에서 "Ⅳ. 민족의 통일과 한국의 미래"라는 대단원에서 논의하고 있는 통일교육 내용 중 민족 공동체의 번영과 통일 국가의 실현 등의 주제를 다루면서 통일 이후 우리가 기대하는 우리나라의 모습과 미래 사회에 바람직한 한국인상을 제시했다. 여기서 민족 공동체의 요소 중 혈연이 갖고 있는 중요성을 인식시키고 민족의식이라는 주관적 요소도 객관적 요소 못지않게 중요함을 설명하면서 화교나 유대인의 예를 들었다.

해방 이후 1970년대 제4차 교육과정까지 통일교육이 반공론에

군 제도 등 향후 한국 사회의 변화를 주도할 만한 내용들이 담겨 있다. 그 후 해병대 사령관을 역임한 강기천은 1972년 〈한국·이스라엘 친선협회〉를 만들고 민간 외교관 역할을 꾸준히 해오고 있다. 그러나 1978년 2월 이스라엘 정부는 주한 이스라엘 대사관 폐쇄를 결정하고 철수하게 된다. 한국과 이스라엘 간의 외교 관계는 1992년 1월 상주 대사관이 문을 열면서 재개되었다. 필자는 그와 여러 차례 인터뷰를 가진 바 있다.

근거했다면, 1980년대 후반에는 통일·안보 교육으로 변화하였고, 1990년대 통일 환경이 변화하는 상황에서 통일·안보 교육은 통일 교육으로 개칭되었다. 제6차 교육과정은 지금까지의 소극적인 분단 극복의 차원을 넘어 적극적으로 통일 방안을 모색하고 아울러 통일 이후 민족 공동체의 삶을 대비한다는 시각에 토대를 두고 있다. 이러한 일련의 교과 방향과 내용의 변화에도 불구하고, 유대인과 이스라엘과 유대인에 대한 언급은 지속적으로 한민족 공영체 형성을 위해 중요한 민족교육 학습 사례로 유지되어 왔다.

한편 1970년 4월 박정희 대통령에 의해 제창·출범한 새마을운동[5]은—처음부터 사상이나 이념이 정립된 후에 사업이 수행된 것이 아니라 농촌지역 사회 개발 사업을 추진, 실천해 나가는 과정에서 필요했기 때문에 나중에 그 이론이 정립된 것으로 보는 것이 일반적인 견해이다—이스라엘 키부츠 운동에서 그 이론과 실천을 학습해 왔다.

---

[5] 새마을운동은 '잘살기 운동'이었다. "새벽종이 울렸네, 새 아침이 밝았네…"로 시작하는 새마을 운동가(運動歌)는 전 국민에게 가난에서 벗어나려는 의지를 키워 나가게 했으며, 국제사회에서 그 유례를 찾아보기 어려울 만큼의 빠른 경제 성장을 한국에 가져다주었다. 오늘날에 이러한 한국의 경제 성장은 여러 개발 도상 국가들이 한국의 새마을운동을 벤치마킹하는 효과를 가져왔다.
또한 1972년 정부 건설부 건설공무원교육원이 발행한『새마을운동교본』에 따르면 1. 새마을운동(우리나라), 1.1 새마을운동의 의의와 목표, 1.2 새마을운동의 추진과정과 전개방향, 2. 외국의 새마을운동(이스라엘과 덴마크), 2.1 이스라엘의 부흥과 종교적 신념, 2.2 덴마크의 부흥과 국민운동 등의 목차를 볼 수 있다. 여기서 이스라엘 부분은 당시 이스라엘을 바라보는 당국자들의 시각을 잘 엿볼 수 있다.

새마을운동의 초석은 당시 청와대 대통령비서실 초대 새마을
담당관으로 발탁된 류태영이 주도적으로 전개하였는데, 그는 이스
라엘에서 농촌 사회학을 공부한 자로서 키부츠 생활을 몸소 체험한
젊은 농촌운동가였다. 또, 새마을운동의 이론적 기초를 놓았던 유
달영 박사는 이 운동의 원리를 사막을 옥토로 개간한 이스라엘의
키부츠 운동에서 원용한 것으로 알려져 있다. 이들에게서 이스라엘
의 농촌 운동을 학습한 박정희 대통령은 강력한 리더십을 바탕으로
'한강의 기적'을 이끌어 나갔다. '개발 독재자'로도 불리는 박정희는
자신의 권력 기반을 다져 나가면서 자신이 꿈꾸던 '잘사는 나라'를
만드는 데 강한 민족애와 단결력을 기초로 한 이스라엘의 키부츠
운동보다 더 적합한 모델을 찾을 수 없었던 것이다.

　　특히 그는 군 출신으로서 중동-아랍국가와의 몇 차례 전쟁을 승
리로 이끌면서 민족 재건과 부흥 운동을 성공적으로 일으켜 세워
나가고 있는 '작지만 강한' 이스라엘을 매우 이상적이며 역동적인
모델로 인식하게 된다. "한국인은 제2의 유대인이다"라는 말을 자
랑스럽게 여기던 때가 바로 이쯤이었다.

　　박정희 대통령은 독재 정권을 유지하기 위한 방편으로 반공주
의(反共主義)를 천명하고, 1969년 닉슨 독트린 발표와 1971년 주
한 미 7사단의 일방적 철수로 자주국방(自主國防)을 결심하게 되는
데, 급기야 남한 정부 스스로 핵개발 프로그램을 비밀리에 추진하
면서 이를 억제하려는 미국과의 외교적 마찰을 불러일으키게 된다.

이때 독일-스위스계 유대인 브로커 사울 아이젠버그(Saul Eisenberg, 1921~1997)[6]가 막후에서 박정희 대통령을 도와 긴밀히 역할을 수행한 것은 잘 알려져 있는 사실이다.

이처럼 공적·사적 관계 속에서 박정희가 맺은 유대인과의 인연은 한국 사회에 뿌리내린 긍정적인 유대인 이미지와 결코 무관하지 않다.

---

[6] 뮌헨 태생의 사울 아이젠버그는 1938년 나치의 박해를 피해 독일을 떠나 스위스, 상해를 떠돌다가 일본에 정착한다. 오스트리아인 아버지와 일본인 어머니 사이에서 태어난 여자와 결혼한 그는 제2차 세계대전 이후 패전으로 혼란에 빠진 일본에서 중공업 재건에 필요한 철강석 수입으로 돈을 벌고, 해운회사를 세워 세계적인 사업가로 부상한다. 그는 오스트리아 출신인 프란체스카 여사를 통해 이승만 박사와 접촉하였고, 비료공장, 제철공장 등의 설립에 관한 에이전트로 참여하면서 설비 수입과 차관 알선 등의 일을 통해 커미션 등 많은 수입을 올린다. 도쿄 유대인연합회의 지도자로서 도쿄에 유대인 회당을 건설하기도 했고, 1960년대 가족과 함께 이스라엘에 정착한 그는 이스라엘 정부 안팎에서 활발한 경제 활동을 펼쳐 나갔다.

박정희 대통령과 아이젠버그와의 인연은 1962년 2월 일본 기업인과 김종필의 면담을 주선하면서부터 시작된 것으로 알려져 있으며, 1964년 봄 아이젠버그는, 당시 미국으로부터 한국 개발 프로젝트에 대한 지원을 거절당한 박정희 대통령을 만나 5억 달러 규모의 외국 상업 차관을 알선했다. 1960년대 말, 그의 최대 사업은 월성 원자로 3호기 건설 공사였다. 아이젠버그는 캐나다의 캔두(CANDU)형 중수형 원자로를 한국에 수입하는 문제에 깊숙이 관여하였으나, 당시 핵개발을 독자적으로 추진하고 있던 한국 정부에 대한 미국 정부의 거센 압력과 함께 김종필 국무총리와 민충식 한전 사장이 뇌물을 공여 받은 사실이 밝혀지면서 사임하게 되고, 결국 이 사업이 실패로 돌아가자 한국 정부도 그와의 관계를 청산한 것으로 알려졌다. 미국의 정보 당국에 따르면 아이젠버그는 이스라엘의 정보기관 모사드와 관련된 자로 판단된다.

유대인 이미지의 '상업화'(商業化)

1960~70년대 개발 독재 시절에 만들어진 이스라엘과 유대인에 대한 이미지의 '정치화' 과정은 1980년대 고도 경제 성장과 더불어 불어 닥친 한국 사회의 뜨거운 교육 열풍과 한국교회의 부흥과 성장으로 이어지면서 유대인의 우수성이 그들의 교육과 신앙에서 비롯된 것이라는 주장이 설득력을 갖게 됨에 따라 유대인 이미지는 점차 '상업화'해 나갔다.

유대인은 왜 우수한가? 어떻게 노벨상 수상자 가운데 유대인이 그렇게 많은가? 어째서 전 세계 각 분야에서 두각을 나타내는 사람들 가운데 상당수가 유대인인가? 유대인 교육의 비결은 무엇인가? 하는 꼬리에 꼬리를 무는 질문과 이에 대한 답변은 한국 사회에서 유대인의 이미지를 '상업화'해 나가는 데 크게 기여했다.

먼저, '유대인의 교육'을 '성공 비결'로 선전해 유대인들을 '성공 모델'로 상정하는 서적들[7]이 봇물 터지듯이 쉴 없이 쏟아져 나오고

---

7 박미영, 『유태인 부모는 이렇게 가르친다』(생각하는 백성, 1995); 류태영, 『천재를 만드는 유태인 가정교육법』(국민일보사, 2001); 루스 실로, 『유태인의 천재교육』(권혁철 옮김, 나라원, 2001); 이혜진, 『유태인들은 왜 부자가 되었나』(문공사, 2002); 육동인, 『유대인처럼 성공하라』(아카넷, 2004); 후지다 덴, 『유태인식 돈벌이』(지방훈 옮김, 범우사, 2004); 마빈 토케이어, 『CEO를 위한 유태인의 70가지 지혜』(한국방송출판, 2005); 문미화·민병훈, 『세계를 주름잡는 유태인 경제 교육의 비밀』(달과소, 2005); 성준용·위정범, 『경제를 살리려면 유태인 같은 장사꾼이 돼라』(현문미디어, 2005); 이영희, 『유대인의 밥상머리 자녀교육 — 총명하고 현명한 아이로 키우는 유대

있으며, 방방곡곡에서 유대인의 교육과 부자 되는 법에 관련된 강좌가 활발하게 펼쳐지고 있다. 특히, 2001~2002년에 공영방송 EBS가 기획시리즈「류태영이 말하는 탈무드의 지혜」를 52회나 공중파를 통해 방영한 사실로써 한국 사회에서 유대인 이미지의 '상업화'가 얼마나 폭넓게 확산되고 체계적으로 작동하였는가를 단적으로 보여주었다.

곳곳의 방송, 출판, 강좌 등으로 이어진 각계각층의 유대인 열풍은 정부의 제도권 교육 정책에도 고스란히 반영되어 우리나라 교육의 미래와 복잡한 교육 현실 문제 해결법을 이스라엘 교육에서 찾으려는 시도와 노력으로 이어졌다. 2004년 안병영 교육인적자원부

엄마들의 교육 비밀』(규장문화사, 2006); 조미현,『유태인 엄마의 특별한 자녀교육법』(책이있는마을, 2006); 현용수,『유대인 아버지의 4차원 영재교육』(동아일보사, 2006); 유안진,『위인과 천재는 어머니가 만든다 — 유태인의 가정교육』(도서출판 다시, 2006); 지에다오,『유태인 부자들의 5천년의 지혜』(남혜선 옮김, 간디서원, 2006); 미야자키 마사히로,『세계의 경제를 움직이는 유태인 상술 화교 상술』(최은미 옮김, 시간과공간사, 2006); 김이랑 엮음,『탈무드 — 유태인의 지혜를 담은 인생 최고의 선물』(시간과공간사, 2006); 에란 카츠,『천재가 된 제롬 — 부와 성공을 얻는 유태인 지능의 비결』(박미영 옮김, 황금가지, 2007); 홍영재,『닛다 임신법 — 천재를 낳는 유태인의 계획임신』(넥스컴미디어, 2007); 고재학,『부모라면 유태인처럼』(예담, 2010); 문서영,『아이를 변화시키는 유태인 부모의 대화법』(책읽는달, 2011); 홍익희,『유대인 창의성의 비밀』(행성B잎새, 2013); 홍익희,『유대인 이야기』(행성B잎새, 2013); 전성수·양동일,『질문하는 공부법, 하브루타』(라이온스북, 2014); 윤종록,『후츠파로 일어서라』(하우, 2014); 이학승·박경란,『유대인의 진짜 공부법』(형설라이프, 2015); 심정섭,『질문이 있는 식탁, 유대인 교육의 비밀』(예담, 2016); 곽은경,『유대인 엄마는 장난감을 사지 않는다』(엘에이치코리아, 2017); 김정완,『질문 잘하는 유대인 질문 못하는 한국인』(한국경제신문사, 2018) 등 수십여 권에 이른다.

장관 시절 교육부가 과학 영재를 포함한 각 분야의 영재 교육을 위한 새로운 큰 틀을 마련하면서 한국의 영재 교육에 큰 이정표를 세웠는데, 이때 장관이 직접 이스라엘을 방문하여 영재 교육 시설들을 돌아보고, 한국교육개발원을 통해 영재학교 설립을 위한 모델로서 이스라엘 정책을 벤치마킹한 사실은 잘 알려져 있다.

여기에는 군복무 과정에서의 다양한 경력이나 훈련에 대해 국가나 대학이 공인해 주는 방안도 포함되어 있는데, 2004년 12월 안병영 부총리 겸 교육인적자원부 장관과 윤광웅 국방부 장관은 군(軍) 인적 자원 개발을 위한 민·관·군 협약식을 갖고 〈군인적자원개발추진기획단〉 구성 등에 관한 협약서에 서명했다. 추진기획단은 제대 군인이 교육·훈련 내용을 진학이나 구직을 위해 제출하면 대학·사회에서 공식 인정해 주는 미국의 '군 경력·교육인증서'(VMET) 제도나 군에서 핵심 IT 인력을 양성하는 이스라엘 사례 등을 벤치마킹할 예정이라고 밝힌 바 있다.

영재 교육을 담당하는 일선 중·고등학교 교사 수십 명이 정기적으로 이스라엘 연수를 통해 영재 교육 이론 학습과 현장 답사를 실시하고 있으며, 수시로 이스라엘 교육 전문가를 국내로 초청하여 영재 교육 국제 심포지엄을 열고, 이스라엘의 교육 현황, 영재 교육 발전 모형과 사례, 문제 해결을 위한 창의성과 지능의 통합, 영재 담당교사의 전문성 신장 방안 등을 연구·발표하고 있다. 나아가 과외 열풍과 함께 번영하기 시작한 사설 학원의 이름에서조차 이스

라엘 영재 교육 기관의 이름─예를 들어 와이즈만 영재교육원 등─
을 도용하면서까지 학생들을 모집하는 일까지 벌어지곤 했다.

이러한 이스라엘에 대한 열풍과 유대인에 대한 선호 사상은 기
독교인들의 '성지 순례'와 이스라엘 내에서 치러지는 각종 대규모의
종교 집회로 이어지면서 여행자들의 수가 급증한 것도 유대인 이미
지의 '상업화'와 무관하지 않다. 이스라엘을 찾는 한국인의 숫자는
1997년 이후 IMF 사태로 주춤한 것을 제외하고는 계속 증가한 것
으로 나타나며, 한때 절정기에는 한해 이스라엘 방문객이 거의 3만
명에 다다를 정도였다. 1988년 이래 성지 순례자의 통계 숫자 추이
는 다음의 〈표 1〉과 같다.

〈표 1〉 연도별 한국인 성지 순례자 분포

※2007년 8월 현재/이스라엘 관광성

연도	명	연도	명	연도	명	연도	명
1988	2,217	1989	3,285	1990	3,820	1991	4,407
1992	8,296	1993	9,004	1994	13,122	1995	19,663
1996	28,527	1997	22,970	1998	5,317	1999	12,162
2000	17,304	2001	11,671	2002	9,508	2003	10,123
2004	19,602	2005	25,888	2006	28,008	2007	26,771

한국 기독교인의 성지 순례가 단순한 방문 여행에 머물지 않고,
수천 명이 참가하는 대규모 집회로 이어져 '이스라엘 회복운동'[8]이
라 칭하는 '예루살렘 예수 대행진', '예루살렘 평화 대행진' 등 종교

· 정치적인 행사로 국민적인 우려를 낳기도 했다. 2004년 김선일 씨 납치 사망 사고와 2006년 용태영 기자의 납치 사건 직후, 이스라엘 (예루살렘)과 팔레스타인(베들레헴) 지역을 오가며 평화 행진 형식으로 진행하려는 '친이스라엘 성격의 집회'가 '이슬람 국가들이 이 행사에 큰 거부감을 보이고 있으며' 안전상의 이유를 들어 중단시키려는 정부 측의 입장과 대립하는 일까지 벌어진 바 있다.

반미감정과 반유대주의

유대인에 대한 부정적인 이미지의 경우, 1980년대 민주화 과정에서 불거진 반미감정이 9·11 테러(2001년) 이후 급속도로 퍼져 나간 이슬람에 대한 동정적인 이해, 친이슬람 서적들의 출판, 여중생 사망 사건, 노무현 정부의 대미(對美) 자주외교 선언 등으로 이어지는 일련의 변화 과정을 통해 심화되어 갔다. 결정적으로 미국의 이라크 침공(2003년)으로 펼쳐진 미국의 일방주의적인 패권주의와 관

---

8 한국교회의 친이스라엘적인 태도는 현대 이스라엘을 구약성서가 언급하고 있는 고대 이스라엘과 연속성 차원에 놓고, 신·구약 성서가 예언하고 있는바 이스라엘/유대인의 구원의 회복을 메시아 시대의 도래와 일치시키려는 신학적인 해석에 기초한 것이다. 이러한 일부 한국 기독교인들의 친이스라엘적인 견해와 태도는 종종 이스라엘-팔레스타인 갈등 문제를 팔레스타인 편에서 바라보는 일부 비(반)기독교 한국인들과 커다란 시각차를 보이고 있다.

련해서 젊은 층을 중심으로 새로운 형태의 반미주의로 확산되면서, 중동 문제에 대한 미국의 입장이 언제나 이스라엘 편향적이라는 이전의 인식이 수면 위로 떠오르면서 반유대주의적인 발언과 행동이 인터넷과 시민운동을 통해 확산되었다. 여기에 이스라엘의 레바논 침공(2006년)과 관련해서 이스라엘-팔레스타인 갈등 문제에 대한 한국인의 팔레스타인에 대한 동정적인 시각이 가세하면서 더욱 견고하게 대중적으로 뿌리를 내려 갔다.

1973년 제1차 '오일 쇼크'와 1979년 제2차 '오일 쇼크'로 중동의 아랍 산유국에 대한 중요성이 급속도로 커지면서 한국 정부의 대중동 외교 노선은 친아랍으로 급선회하기에 이른다. 아랍 국가들의 보이콧으로 급기야 이스라엘 정부는 1978년 한국 주재 이스라엘 대사관을 철수하고 외교 단절을 선언하기에 이른다. 이스라엘과의 냉랭한 관계는 1992년 양국의 외교 관계가 재개되기까지 지속되며, 그 기간 민간단체인 〈한·이 친선협회〉가 사실상 양국 간의 외교적 역할을 담당함으로써 그 명맥을 유지한다. 1991년 건국대학교에 히브리 학과가 신설되면서 양국 간의 학문적인 교류의 물꼬를 트게 된 것도 바로 이때였다.

사실상 '반미의 무풍지대'였던 한반도에 반미의 열풍이 불어 닥친 것은 마르크스주의가 학생 운동의 주류를 형성했던 1980년대 중후반 민족해방(NL) 주사파가 학생 운동의 주류를 확고히 하며 반미운동이 학생 운동의 근본 목표로 부상하면서부터 시작되었다. 미국은 19세기부터 한반도를 식민지로 만들려고 작정한 나라라는 역사 인식에서 한반도의 분단 책임이 미국에 있다는 시각이 주류를 이루었다.

이러한 이념적인 패러다임의 변화와 인식에는 1980년 5월 광주에서 일어난 광주 민주화 사태가 결정적으로 작용했다. 1970년대 유신 독재정부를 비호하던 미국이 1979년 10·26과 12·12 이후 등장한 신군부 세력의 광주 진압과 학살을 묵인하면서 '독재 정권의 조력자' 미국은 군부 독재 세력과 함께 청산의 대상으로 인식하게 된 것이다. 386세대—프랑스의 68세대처럼, 1960년대 출생한 이들로서 1980년대에 거리에서 반독재에 대항하여 투쟁한 30대 시민들을 통칭하는 말로 사용된다—가 주축을 이룬 반미주의는 1981년 2월 레이건 미국 대통령의 초청으로 이루어진 전두환 대통령의 미국 방문을 계기로 한국의 독재 정부를 지지하는 미국의 외교 정책에 대한 반발과 함께 불이 붙고, 급기야 1982년 3월 부산 미문화원 방화 사건이 발생하기에 이른다. 이 사건은 한국에서 발생한 최초의 반미 행동이자 '반미 운동의 상징'으로 자리매김한다.

2001년 9·11 사태는 국제사회는 물론 한국 사회에까지도 저변에 확산되어 있는 반미주의 감정을 바탕으로 이슬람에 대한 동정적인 이해에 물꼬를 트는 계기가 되었다. '왜 무슬림 극단주의자들은 미국을 혐오하는가?', '뉴욕의 공격 배후에는 누가 있는가?', '과연 문명 충돌이 시작된 것인가?' 하는 질문들이 꼬리에 꼬리를 물고 이

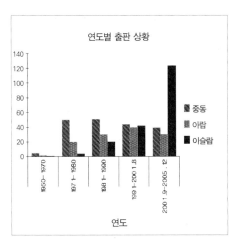

〈표 2〉 연도별 중동-이슬람 관련 책 출판 현황

어지면서 중동-이슬람을 소개하는 책, 논설, 강연 등이 봇물을 이루었다. 이러한 변화는 단적으로 그 동안 한국 사회에서 출판된 중동-이슬람 관련 서적의 증가폭에서 알 수 있다.

위 〈표 2〉에서 보는 대로, 2001년 9월 이후 출판된 이슬람 관련 서적(총 69권)이 1951년 이래 지난 50년간 출판된 것(총 67권)과 맞먹는 양에 이르렀으며, 이는 같은 기간 중동 관련 서적(2001년 이전 150권, 이후 17권)이나 아랍-아리비아 관련 서적(2001년 이전 92권, 이후 14권)의 비율에 비해서 월등히 높은 편이다. 특히 9·11 직전에 친이슬람 학자들이 묶어낸 『이슬람: 이슬람 문명 올바로 이해하기』(2001)는 현재까지 약 20만 부 이상 팔려 나갔다. 이러한 변화는 한국인들의 이슬람에 대한 부정적 인식이 동정적·우호적 태도로 바

꿰어 나가는 데 크게 기여한 것은 두말할 필요가 없다. 그것은 곧 자연스럽게 '미국의 영원한 우방'인 이스라엘 혹은 유대인에 대한 부정적 이미지의 증가로 이어졌다.

아랍-이슬람에 대한 우호적인 이해를 바탕으로, 끊임없이 계속되고 있는 이스라엘과 팔레스타인의 갈등과 대립, 그중 인티파다는 한국인에게 이스라엘/유대인의 이미지를 더욱 부정적으로 보게 만드는 이유로 작용한다. 특히 국내 언론기관의 중동 문제에 대한 보도 태도는 이러한 이미지 제고에 큰 몫을 차지한다. 중동 문제가 전 세계에 반유대주의를 확산하고 있다는 사실은 공통적인 현상이다.[9]

한편 2003년 12월 대통령 선거에서 보수당 후보를 꺾고 극적으로 역전하여 당선된 고 노무현 대통령은 소위 N세대라 일컬어지는 20~30대 젊은 개혁층 유권자들의 지지를 바탕으로 당선되었다. 그는 선거 캠페인 기간 중에 발생한 미선·효순 양의 미군 장갑차에 의한 사망 사건으로 반미주의 운동이 정점에 다다랐을 때, 미국과의 불평등 조약의 대명사로 여겨지던 SOFA 개정을 공약으로 내세우는 등 미국과의 공정하고 평등한 관계 개선을 위해 발 빠르게 앞

---

[9] 이러한 현상은 2003년 유럽연합(EU)이 실시한 설문 조사에서도 잘 드러나고 있는데, 응답자의 59%가 세계 평화를 가로막고 있는 가장 큰 위험 국가로 이스라엘을 지목했다. 이는 북한, 이라크-이란보다 앞선다. 또한 2007년 영국의 BBC가 27개국 2만 8천 명을 대상으로 12개국을 제시하고 세계에서 가장 '긍정적' 또는 '부정적' 영향을 미치는 나라를 선정케 한 결과, '부정적' 영향 순위에 1등으로 이스라엘(56%)이 꼽혔다. 역시 이란(54%), 미국(51%), 북한(48%)보다 높았다. 「조선일보」 2007년 3월 7일자.

장서 나갔다.

노 대통령의 선거 과정이나 당선 이후에 반유대적인 감정이 쟁점으로 언급된 바 없다. 하지만 한국인들의 미국에 대한 인식 변화는 2003년 미국의 이라크 침공, 이스라엘-팔레스타인 분쟁에 관한 미국의 정책, 2006년 이스라엘의 레바논 침공 등 일련의 중동 지역과 관련한 미국의 외교 정책에 대한 불신과 반대 운동으로 이어졌다.[10]

앨빈 로젠펠트는 자신의 책 *Anti-Americanism and Anti-Semitism : A New Frontier of Bigotry*(2003)에서 "반유대주의와 반미주의 사이에는 분명히 구조적 유사성이 있다"라고 언급한 바 있다. 이는 분명 최근의 국제사회에서 유럽연합(EU) 등 미국에 대한 비판적

---

[10] 한국에서의 반미주의는 부시 행정부의 한국 문화에 대한 몰이해에서 비롯된 것이라는 주장은 미 백악관 국가안보회의(NSC) 한국·일본 담당 보좌관을 지낸 캐트린 프레이저가 제기하였다. 2년간 한국에서 머물면서 전남 목포의 한 여자고등학교에서 영어 교사를 지낸 바 있는 그녀는 2002년 봄 코리아 소사이어티의 계간지에 쓴 글에서 "부시 행정부의 한국 문화에 대한 무감각이 2001년 이후 한국에서 반미 감정을 부추겼다"라고 지적하면서 "부시 대통령이 2002년 국정 연설을 통해 북한을 '악의 축'으로 규정한 게 한국에서 부정적인 반응을 얻었다"면서 "부시 대통령의 대북 포용정책 거부로 한국 내 반미 감정이 늘어났다"라고 밝혔다. 프레이저는 한국인들의 독특한 '기분' 문화 ─그녀는 기분을 "느낌 또는 분위기"라고 정의하면서 (한국에서는) 어떤 일을 실제 하느냐보다 어떻게 하느냐가 중요하다고 지적했다─를 들어 "북한을 악으로 규정한 발언이 한국인들이 관계 유지와 의사소통에서 중요시하는 체면 살리기와 기분을 훼손했다"면서 "만약 부시 대통령이 기분의 중요성에 대해 알고 있다는 사실을 보여줬다면 한국 사람들의 반응은 훨씬 더 조용했을 것"이라고 보았다. 참고, 「조선일보」 2007년 5월 18일자.

인식이 자리한 나라에서는 공통적으로 발견되는 현상이다. 통속적으로 상식으로 통하는 "세계를 움직이는 게 미국이라면, 미국을 움직이는 자는 유대인이다"라는 표현 속에서 미국과 유대인의 관계에 대한 인식이 잘 드러난다. 로젠펠트의 말 대로 "미국에 대한 증오심이 증대되는 것만큼 유대인에 대한 새로운 형태의 미움은 증대될 것이며, 그 반대 역시 가능하다."

이원복의 『먼 나라 이웃나라』(미국인 편)에 대한 반유대주의 논쟁

미국 혹은 미국인에 대한 한국인의 인식 속에서 유대인의 언급이 급기야 반유주의 논쟁으로까지 이어진 최초의 사례는 이원복 교수가 쓴 책 『먼 나라 이웃 나라』[11](미국인 편, 2004)로부터다. 발단은 시

---

11 이 책은 이원복 교수가 1987년 『먼 나라 이웃나라: 네덜란드 편』(고려원)을 처음으로 출간한 이후 지금까지 국내에서만 약 1천만 부 이상 팔린 인기 만화로써 2004년 『먼 나라 이웃나라: 미국 편』(김영사)을 마지막으로 12권으로 완간되었다. 저자가 독일 유학을 마치고 돌아와 유럽 각국의 문화, 역사, 경제, 철학 등을 만화로 풀어낸 초판을 출간한 이래, 이 책은 지난 18년간 세계의 역사와 문화를 전하는 지식 교양서로 자리 잡아 왔다(2018년 현재 20권 『오스만 제국과 터키』까지 출간되었다 - 편집자).
저자는 『미국인 편』과 『역사 편』 서문에 "우리는 미국에 대해 참으로 복잡한 감정을 가지고 있다"고 밝히면서 '찬미(讚美) 아니면 반미(反美)' 그 어느 쪽도 미국에 대한 정확한 지식을 갖고 있는 경우가 아니라는 점을 지적한다. 『미국인 편』에서는 '미국의 민주주의는 알고 보면 대중에게 권력을 주지 않으려는 것', '미국을 읽는 핵심 코드는 유

몬 비젠탈 센터[12]가 이 책 "8. 유대인을 알아야 미국이 보인다 - 미국을 움직이는 막강한 세력, 유대인"(219-249쪽)에 등장하는 유대인에 대한 묘사가 '반유대주의적'이라며 시정을 요구하면서 시작되었다.

책이 출간된 지 3년이 넘은 2007년 2월 8일, 미국의 시몬 비젠탈 센터의 부의장 랍비 아브라함 쿠퍼는 이원복 교수의 『먼 나라 이웃 나라』(미국인 편)이 "Der Stürmer와 『시온 장로의 의정서』에서 발견되는 것처럼 고전적인 나치 선전을 되풀이하고 있고 유대인이 언론과 돈을 지배하고 있으며, 유대인이 전쟁으로부터 이익을 얻고, 9·11 테러가 '돈과 언론을 무기로 미국을 자신의 뜻대로 움직이는 유대인 때문'이라는 등 다양한 유대인 음모 이론을 재순환시키고 있다"면서 시정을 요구하는 글을 자신들의 웹 사이트에 띄웠다.

대인' 등 미국의 선거 제도와 미국을 주무르는 유대인 힘을 다뤘으며, 『역사 편』에서는 독립 이전의 신대륙 시절부터 이라크 전쟁을 치르면서 '고독한 세계 유일의 초강대국' 이 된 오늘날까지를 아울렀다.

하지만 한국 내에서 논술용 학원 교재로까지 쓰인다는 이 시리즈의 영향력에 비해 본격적인 비평 작업은 거의 없다 해도 좋을 것이다. 단편적으로 문제 제기가 있었는데, 예컨대 서울대 주경철(서양사학과) 교수는 "저자의 사관(史觀)이 지나치게 유럽 주요 국가 중심"이라는 지적을 했다. 그 밖에도 '보수적'이고, '과도하게 단순화'하며, '서구문화를 동경하게 만든다'는 등의 지적이 종종 나왔다(「문화일보」 2004년 7월 22일(목)자 보도).

[12] The Simon Wiesenthal Center는 유대인의 인권 보호를 목적으로 설립된 국제 비정부 기구로서 세계에서 일어나고 있는 반유대주의에 대한 감시 활동을 주로 하고 있는 유대인 단체이다. LA에 본부를 두고 있고 회원 약 40만 명이 활동하는 것으로 알려져 있다.

이어, 쿠퍼 의장은 이 책을 출판한 김영사(박은주 사장)에 보낸 2월 7일자 서한에서 "당신의 매우 성공적인 책이 고전적 증오와 위험천만한 반유대주의적 풍자와 주제로 가득 차 있음을 최근에 발견하고 충격을 받았다"면서 "우리는 김영사에게 이 책에서 보여주고 있는 역사적으로 반유대주의, 폭력, 증오와 대량학살에 대한 명예훼손에 관하여 재고해 줄 것을 촉구한다"라고 밝혔다.[13] 아울러 그는 "유대인과 우리 종교의 가치를 사실대로 한국의 젊은 독자들에게 제공해 줄 것을 정중하게 제안한다"라고 언급했다.

또한 시몬 비젠탈 센터가 문제를 제기한 부분들로는 "억척스럽고 부지런하기로 둘째가라면 서러워할 한국인들이 미국에 건너가 그 특유의 근면함과 승부근성으로 많은 성공을 거두지만 마지막에 가서 번번이 부딪히는 것은 바로 유대인이라는 장벽이지"(220쪽), "한 마디로 미국의 언론은 유대인의 것이며 유대인의 소리, 그 자체라고 해도 지나친 말이 아니지"(242쪽), "미국이 저렇게 온 세계에서 욕을 먹어 가면서 이스라엘을 전적으로 감싸고도는 (것은)… 바로 미국을 움직이는 실세가 유대인이기 때문이야"(247쪽)라는 부분

---

13 반유대주의는 정의하기 쉽지 않은 용어다. 그것은 수천 년 동안 각기 다른 시대와 장소에서 다양한 원인에 의해 다양한 형태로 표현되어 온 것이기 때문이다. 애써 일반화해서 말한다면 반유대주의란 "유대인은 천성적으로 또는 역사적으로 악하며 열등하다고 여기는 일체의 태도와 행동"이라 할 수 있을 것이다. 그러나 반유대주의는 "유대인 개인에 대한 것이 아니며, 유대인이 단지 유대인이라는 이유로 당하는, 집단으로서의 유대인에 대한 증오와 박해를 의미한다."

〈그림 1〉 이원복 교수의 『먼 나라 이웃나라』(미국인 편), 247쪽

과 "아랍 테러 세력이 이를 갈며 미국을 미워하는 이유도, 뉴욕 세계 무역센터를 자살공격으로 무너뜨린 것도, 바로 WASP들 뒤에서 돈과 언론을 무기로 미국을 자신의 뜻대로 움직이는 유대인 때문이지. 그 유대인의 총본부가 뉴욕이라 테러공격의 목표가 된 거다!" (247쪽)라는 부분이다. 본문은 위의 〈그림 1〉과 같다.

2월 15일, 이원복 교수는 미주 한인단체인 한미연합회(KAC)에 이메일을 보내 "나는 반인종차별주의자이며, 나의 저작물 내용이 유대인들의 마음을 아프게 했다면 깊은 사과를 드린다"라고 말하면서 "지적한 부분에 대해 시정조치를 하겠다"고 약속했다. 아울러 그는 "이번의 일이 한인과 유대인 간의 우의와 협력에 부담이 되지 않을 것을 진심으로 바란다"라고 말했다.

한편 2월 27일, LA 코리아타운 내 윌셔 유대인 회당에서 유대인과 한인 관계자들은 모임을 갖고 『먼 나라 이웃나라』 문제로 야기된 불필요한 갈등을 없애고 친밀한 이웃으로 발전해 나가자는 데 뜻을 같이하고, 한미연합회와 한미재단 등 각계 한인 대표들도 이번 논

란에 대해 유감을 표하고 앞으로 다양한 행사를 통해 서로를 이해

하는 기회로 삼자고 답한 것으로 보도되었다.

급기야 3월 15일 시몬 비젠탈 센터의 아브라함 쿠퍼 부회장 등

일행 3명이 이 책을 출간한 김영사를 직접 방문하여 박은주 대표와

저자 이원복 교수를 만나 현재 유통되고 있는 책을 회수·폐기할

것을 요구하였으며, 이에『먼 나라 이웃나라: 미국인 편』을 폐기 처

분하고, "문제가 된 부분을 수정하겠다"는 약속을 받아내기에 이르

렀다. 보도에 따르면 이 단체는 유대인에 대한 비난을 반박하는 내

용을 담은『거짓말을 파헤치다』(시몬 비젠탈 센터 발간)의 한국어판도

내줄 것을 요청했다.[14]

---

14 「조선일보」 2007년 3월 16일자. 사실 시몬 비젠탈 센터는 1995년 일본의 문예춘추사
에서 펴내던 시사 교양 월간지『마르코 폴로』를 폐간시킨 전력이 있다. 당시 일본의
한 신경의학자가 이 잡지에 기고한 글에서 나치 정권이 유대인을 대량 학살한 것은 사
실이지만 아우슈비츠를 비롯한 강제 수용소의 악명 높은 가스실은 부풀려진 허구일
수도 있다는 내용을 썼다. 25만 명의 독자가 읽는 이 잡지는 즉각 유대인 단체들로부터
항의를 받았고, 이스라엘 정부도 주일대사관을 통해 공식적으로 문제를 제기했다.『마
르코 폴로』편집주간은 유대인들의 주장을 대변하는 반박기사를 싣겠다는 제안을 했
으나 거절당했으며, 실력행사에 나선 유대인 단체들은 굵직한 광고주들을 움직였다.
카르티에, 폴크스바겐, 미쓰비시, 필립 모리스 등의 기업들이 광고를 취소했다. 결국
이 사태는 편집주간의 할복자살로 끝이 났다. 시몬 비젠탈 센터의 랍비 쿠퍼와 문예춘
추사 다나카 사장이 공동 기자회견을 열고,『마르코 폴로』를 폐간하고 편집진을 전원
직위 해제한다는 발표를 했다. 참고. 신문영, "만화 '먼 나라…'의 실수가 일깨운 것,"
「조선일보」 2007년 2월 19일자 "시론".
또한, 시몬 비젠탈 센터는 일본 도쿠마 서점(Tokuma Shoten)이 최근 캐나다 기자
벤저민 풀포드(Benjamin Fulford)와 일본 작가 오사무 데키나(Osamu Tekina)가
공동으로 저술하여 펴낸『니체는 유대-기독교의 '세계지배' 구조를 꿰뚫어 보고 있었
다』가 명백한 허위이며 증오에 찬 내용이라며 판매 중지를 요구하고 나섰다. 「연합뉴

이번 사건에 대한 네티즌들의 반응들을 보면 "사실을 사실대로 말한 건데, 너무 민감하게 반응한다. 이런 것도 말 못 하고 비판 못 한다면 민주국가 아니지"(저스티스, 2007. 2. 15), "누구나 다 아는 사실을 단지 책으로 냈다고 바로 경보 보내네?…"(tgtg, 2007. 2. 15), "맞는 말 쓴 건데 이게 왜 비하하는 말?… 아무튼 유대인들 정말 입김이 세, 미국에서"(daum 관리자, 2007. 2. 16), "그냥 일반적인 풍자에 불과한데… 유대인의 힘이 막강하긴 하네. 남의 나라 책까지 내용을 바꾸라 하니…"(일반인, 2007. 3. 16) 등 상식적으로 납득하기 어렵다는 반응부터 "2000년 전 자기가 살던 땅이라고 그동안 살던 팔레스타인인들 내쫓고 죽이는 자들이 유대인 아닌가? 하늘의 벌을 받아야 할 사악한 무리들이다. 역시 돈이 구만 유대인의 돈이 바로 힘이야"(고성들, 2007. 2. 17), "저게 비하냐 비판이지. 남의 일 간섭 못 해서 안달 난 유대인들아. 히틀러가 왜 대량살상으로 씨를 말리려 들었는지 이해가 간다"(cirEnoW, 2007. 2. 18), "아니 땐 굴뚝에 연기는 절대 나지 않아… 지구의 쓰레기~ 이스라엘 유대인… 뭐 바이러스 같은 존재…"(_0-ʓ, 2007. 2. 18)라는 우려할 만큼 극단적인 반유대주의적인 표현까지 등장한다.

사실 이 사건이 불거지기 이전에도 유대인의 '글로벌 파워'에 대한 보도는 종종 있어 왔다. 유대인 스스로 유대인과 이스라엘을 비

스」 2007년 2월 23일자.

판하는 내용의 보도—"유대인들의 용기 있는 이스라엘 비판"[15], "소로스 '유대인 로비력' 정책 왜곡 비판"[16] 등—를 포함하여, "글로벌 파워 미국도 못 건드리는 성역 슈퍼파워 미 유대인"이라는 제목의 「동아일보」(2007년 1월 30일자) 기사[17]를 비롯하여 "이스라엘은 미

---

[15] 「한겨레」 2007년 2월 7일자. 이 보도에 따르면 "영국의 양심적인 유대인들이 팔레스타인 문제에 대한 이스라엘 정책을 비판하는 성명을 발표했다. 역사학자 에릭 홉스봄, 남아공의 반아파르트헤이트 투쟁을 이끈 조 슬로보의 딸 질리안 슬로보, 노벨상 수상작가 해럴드 핀터 등 300여 명이 서명한 성명은, 이스라엘 정부 정책에 대한 반대를 반유대주의로 낙인찍는 상황이 오히려 반유대주의와의 싸움을 어렵게 한다고 지적하고 보편적 인권은 이스라엘은 물론 팔레스타인 점령지에도 존중되어야 한다고 강조했다."

[16] 「세계일보」 2007년 4월 17일자. 이 보도에 따르면 "'금융계의 황제' 조지 소로스는 15일 전문 서평 주간지 『뉴욕 리뷰 오브 북스』 최신호 기고문에서 친이스라엘 로비 단체인 '미 이스라엘 공무위원회(AIPAC)'가 워싱턴 정가에 막강한 영향력을 행사하고 있다고 지적하고, 조지 W. 부시 행정부의 대이스라엘 유대가 중동 평화 정착의 걸림돌이라고 주장했다. 10만 명이 넘는 회원을 거느린 AIPAC은 미국에서 가장 영향력이 큰 특수 이익단체의 하나로 꼽힌다"라고 적고 있다.

[17] 지미 카터 전 미국 대통령이 회고록에서 유대인에 대한 비판적인 발언으로 친유대계 단체들과 인사들에게 호된 비판을 받았던 사실을 공개했으며, "'열린사회'의 상징이라는 미국 사회지만 이스라엘, 유대인에 대한 비판이 갖는 '폭발성'은 지난해에도 여러 차례 입증되었다"면서 콘돌리자 라이스 국무장관의 중동 문제 상담역이었던 필립 젤리코 보좌관이 2006년 9월 "이란 핵문제 해결을 위해 이스라엘의 양보가 선행되어야 한다"는 취지의 발언으로 11월 사임한 사실을 지적했다. 아울러 배우 멜 깁슨이 2006년 7월 음주운전 중 적발된 뒤 "유대인들 때문에 세계의 모든 전쟁이 일어난다"고 '취중진심'을 얘기했다가 혹독한 비난을 받고 사과했다고 덧붙였다.
멜 깁슨 사건은 2006년 7월 그가 만취 상태에서 과속 운전을 하다가 경찰에 긴급 체포되는 과정에서 "이 세상 모든 전쟁의 책임은 유대인에게 있다"라며 한 경찰관에게 "너도 유대인처럼 보인다"라고 한 말이 알려지면서 큰 물의를 일으킨 것이다. 그의 '반유대주의적' 발언은 이스라엘의 레바논 침공으로 무고한 양민들이 학살당한 것에 대한 반감 때문으로 알려져 있다. 멜 깁슨은 그가 만든 영화 〈Passion of Christ〉(2004)를 개봉하면서 "제2차 세계대전 당시의 유대인 학살은 크게 부풀려져 있다"라고 발언하여

국 사회의 성역?"이라는 제목의 「한겨레」(2007년 1월 12일자)[18] 신문, "유대인에게 찍히면 정치생명 끝난다"라는 제목의 「한겨레」(2006년 7월 31일자)[19] 신문 보도 등 심심치 않게 등장하는 유대인 관련 기사들이 있어 왔다. 이러한 보도들은 한국인들로 하여금 미국 내에서 작동하고 있는 유대인 파워를 기정사실로 받아들이도록 만든 계기가 되었으며, 이런 사실에 비추어 볼 때 이원복 교수의 만화에서 언급하고 있는 유대인 묘사들은 한국인들이 생각하는 '대중적인 상식' 수준에서 다루어지고 있는 것처럼 보인다.

물의를 일으킨 바 있었다. 깁슨은 단순한 '취중 발언'이었다며 사과했으나 평소 할리우드를 장악하고 있는 유대인에 대한 반감이 작용한 것으로 보인다. 「오마이뉴스」 2006년 8월 1일자.

[18] 「한겨레」는 "이스라엘은 미국 사회의 성역?"이라는 제목에서 카터 전 미국 대통령이 설립한 카터센터의 자문위원인 윌리엄 슈워츠 전 바하마 주재 미국대사 등 14명이 지미 카터의 최근 저서 『팔레스타인: 아파르헤이트가 아닌 평화를』에 항의해 사퇴했다고 「월스트리스저널」의 11일자 보도를 인용 보도한 바 있다. 카터가 2006년 12월 책 출간에 즈음하여 「로스엔젤레스타임즈」에 "이스라엘과 팔레스타인에 대해 솔직히 말하라"라는 글을 기고하면서, 이스라엘 정부의 정책과 유대인들의 미국 내 로비를 공개적으로 비판하면서 불거진 사건이었다.

[19] 이 보도에 따르면 "2004년 말 미국 컬럼비아대학교 중동학 과정의 교수들이 반유대주의적이며, 이스라엘을 옹호하는 학생들을 협박하고 있다는 필름이 공개되었는데, 대학 쪽은 즉각 진상 조사에 착수했으나, 반유대주의에 대한 어떤 증거도 찾을 수 없었다"라고 밝히고 있다. 이어 이 기사는 "존 미어샤이머 시카고 대학 교수와 스티븐 월트 하버드대 교수가 지난 3월 〈이스라엘 로비와 미국의 대외정책〉이라는 글에서 미국이 다른 국가의 이익을 증진시키기 위해 자국과 동맹국들의 안보를 기꺼이 제쳐두는 상황은 미국 정치사에서 유례가 없다며, 그 원인을 미국 내 친이스라엘 유대인 로비에서 찾았다. 이 글로 두 교수는 2004년 컬럼비아대학교 교수들처럼 반유대주의자로 낙인찍혔다. 또 이런 낙인을 둘러싸고 학문의 자유 논쟁도 거세게 일었다"라고 밝히고 있다.

그럼에도 이원복 교수의 만화에 대해 유대인 단체가 민감하게 반응하는 것은 반유대주의에 대한 뿌리 깊은 거부감 혹은 두려움 때문이다. 2005년 3월 예루살렘의 홀로코스트 기념관 야드 바쉠을 재개관하는 행사에 이스라엘 정부는 UN 사무총장을 비롯한 세계 40여 개국의 정상들 및 장관들을 초청하였으나 유일하게 '일본인은 단 한 명도 초청을 받지 못했다.' 이는 당시 원폭 피해를 유대인의 홀로코스트와 연계하려고 했던 일본 정부의 모종의 시도가 이스라엘 당국을 상당히 당황시켰기 때문인 것으로 알려졌다. 일본이 제2차 세계대전을 일으킨 전범 국가이면서도 히로시마 등을 부각시켜 마치 자신들이 가해자가 아닌 피해자인 것처럼 국제사회에 이미지를 조작하고 있다는 지적이다. 역사 왜곡에 대한 유대인들의 엄중한 태도를 엿볼 수 있다 하겠다.

최근 미국 하원 외교위원회가 제출한 위안부 결의안에 대해 동원의 강제성을 부인하는 일본 정부의 국수주의적 역사관에 대해 비판의 목소리를 높이고 있는 것도 따지고 보면 일본의 역사 만행 문제를 미국이 덮고 지나가면 유대인의 홀로코스트 문제를 축소하거나 왜곡하려는 세력의 시도에 대처하기가 어렵다는 인식에서 기인하는 것으로 보인다. 미국 정부에 대한 유대인들의 입김과 비판이 작용한 듯하다. 여기서도 미국과 유대인의 관계의 깊이를 엿볼 수 있다. 따지고 보면 한국의 이원복 교수의 만화가 얼마만큼 반유대주의에 해당되는 것인지에 대한 구체적인 논의 자체도 없이, 그 책에 대한 미국계 유대인들의 반응이 그렇게까지 민감하고 단호한 까닭도 이러한 맥락에서 이해된다.

사실 우리를 당혹스럽게 하는 것은, 이 사건이 한국 사회에서 불거진 '최초의 반유대주의 사건'이라는 사실뿐 아니라, 불과 얼마 전까지만 해도 유대인에 대한 '이런 식의 묘사들'은 대부분 한국 사회에서는 유대인에 대한 긍정적인 평가로 해석되어 왔다는 사실 때문이다. 이미 앞서 언급한 유대인에 관한 수많은 출판물에서 유대인의 수월성과 글로벌 파워에 대한 묘사가 유대인의 이미지를 긍정적으로 부각시키는 데 사용되고 있다. 그럼에도 이원복 교수의 책에서 보여준 유대인에 대한 '유사한' 묘사가 시몬 비젠탈 센터에 의해 '반유주의적'이라고 평가된 데에는, 이제 한국 사회에서 동일한 유대인 이미지가 해석상의 시각 차이로 인해 양면성을 띠게 되었다는 점에서 무척 새롭다. 한마디로 말해서 오늘날 한국 사회에서 유대인 이미지는 더 이상 단일(單一)하거나 획일적(劃一的)이지 않으며, 매우 양면적(兩面的)인 동시에 상반된 감정을 드러내고 있다.

우리에게 유대인은 누구인가?

유대인에 대한 한국인의 태도는 결코 균일하지 않다. 지난 수십 년 사이 유대인에 대한 한국인의 인식은 빠른 속도로 변하고 있다. 불과 100년 전만 해도 유대인이 누구인지 관심조차 갖지 않았던 한국 사회에서, 지금까지 유대인에 대한 직접적인 접촉 기회조차 거의 없었던 한국인들이 갖는 유대인에 대한 '이중적' 혹은 '양면적'인 이미지는 다른 여러 나라와 비교해 볼 때 매우 특이한 현상이다.

근대 한국 사회에 우연하게 끼어든 몇몇 유대인이 끼친 영향은 '개인'치곤 매우 컸다. 개항 전후 근대 서구 문명이 밀어닥칠 때, 수구파와 개화파로 나뉘어 분열 양상을 보였던 당시에 몇몇 유대인의 등장과 그들의 역할이 역사적으로 부정적이었든지 긍정적이었든지 간에 근대 한국 사회에 영향을 끼친 최초의 유대인들임에 틀림 없다. 그러나 당시 한국 사회는 그들을 '유대인'으로 인식하지 않았을 뿐만 아니라, 그들을 어떤 특별한 '이미지'로 바라본 증거 또한 없다. 근대 한국 지식인들의 유대인에 대한 인식 역시 그러했다.

그러나 1960년대 개발 독재 시대, 민족주의와 애국심, 자주와 반공의 이데올로기로 권력을 정당화해 나가던 박정희 대통령은 이스라엘과 유대인에게서 가장 적합한 역할 모델을 발견했다. 특히 정치적으로나 외교적으로, 혹은 경제적으로 우리나라와 거의 관련이 없던 이스라엘과 유대인의 끈질긴 민족정체성과 애국·애족하는 정신은 물론, 작지만 잘사는 나라 국민으로서의 근면성까지 유대인은 박정희식 개발을 위한 최적의 정치적 상품이었다. 그는 철저하게 유대인 이미지를 '정치화'해 나갔으며, 그러한 전략은 오랫동안 한국인의 머릿속에 판타지, 즉 '유대인 신화'를 새겨두기에 충분했다. '한국인은 제2의 유대인'이라는 별칭을 자랑스럽게 여기던 시기가 바로 그때였다. 신화화·정치화된 유대인의 이미지에 상당한 과장과 허상, 환영(幻影)이 자리한 것은 두말할 필요가 없다.

이러한 바탕 위에서 세계에서 가장 교육열이 높은 한국 사회에서 '길라잡이 유대인 배우기'는 너무나 자연스럽고도 극성스럽게 퍼져 나갔으며, 이와 관련한 서적 출판이 폭발적으로 늘어났다. 나아가 경제 성장을 기반으로 한 기독교인의 성지 순례는 유대인 이미지의 '상업화'를 부추겼다. 상업화된 유대인 이미지 속에 얼마나 구체적인 실체적 진실이 자리하고 있는지는 모를 일이다.

그러나 1980년대 이후 반미 감정과 함께 싹튼 미국의 절대적인 친이스라엘 정책에 대한 의구심을 시작으로 반유대주의는 급속히 확산되기 시작했다. 미국의 일방주의 정책과 식민지배적 발상은 한국은 물론 국제사회에서 반미주의를 크게 불러 일으켰으며, 이는 곧 이스라엘/유대인에 대한 거부로 이어진 것이다. 특히 9·11 테러 이후 이슬람에 대한 관심이 커지는 가운데 소개된 중동-이슬람에 대한 각종 소개물들을 통해 그들에 대한 우호적인 감정이 급속하게 확산되었으며, 그 과정에서 그간 습득한 정보를 바탕으로 '미국=이스라엘'이라는 등식이 한국인의 머릿속에 자리 잡는 데에는 그리 오랜 시간이 걸리지 않았다.

이러한 일련의 과정에서 한국인의 유대인 이미지는 '긍정에서 부정으로' 크게 선회하기 시작했으며, 일부에서는 여전히 긍정적인 이미지를 유지하거나 혹은 일부에서는 극단적인 유대인 혐오로 발전했다. 이제 한국 사회는 유대인에 대한 단일한 이미지에서 벗어나기 시작했으며, 양면성을 갖게 되었다. 이원복 교수의 『먼 나라 이웃나라: 미국인 편』 만화 사건에서 보여주듯이, 예전에는 부러워하며 묘사하던 유대인 이미지가 이제는 반유대주의로 몰려 쟁점이 되는 현실에 우리는 살고 있는 것이다.

사실 무엇이, 어디까지가 반유대주의냐 하는 논쟁을 뒤로 하고서라도, 한국 사회에서 반유대주의는 아직 그 용어조차 생소하다. 그만큼 유대인에 대한 긍정적인 이미지는 오랫동안 한국인의 머릿속에 자리해 왔다. 그런 의미에서 아직까지 한국 사회에서는 '홀로코스트에 대한 부인', '피에 대한 모욕', '예수를 죽인 자들이 져야 할 책임', '음모론', '인종주의적인 차별' 등 고전적인 의미에서의 반유대주의 양상은 거의 나타나지 않는 편이다. 일부 네티즌에게서 종종 발견되는 이스라엘/유대인에 대한 '악플'(악의적인 리플)조차 그들에 대한 뿌리 깊은 반유대주의적 감정에서 비롯한 것이라기보다는 익명성이 보장된 웹상에서 수시로 등장하는 하나의 '메타포'로 이해할 수 있는 여지는 얼마든지 있다.

그럼에도 앞으로 한국 사회에서는 점진적으로 유대인에 대한 부정적인 이미지나 반유대주의적인 태도가 고양(高揚)되어 어떤 형태로든지 구체화하여 '적절한 사회적 온도와 문화적 습도를 갖춘 정치적 토양과 만나면' 그 모습을 드러낼 가능성을 배제할 수 없다.

왜냐하면 그것은 전 지구적으로 확산되고 있는 반미주의와 더불어 이스라엘-팔레스타인 분쟁에 대한 한국인들의 반(反)이스라엘 정서와 직결된 것이기 때문이다. 아직까지 반유대주의라는 용어조차 생소한 지구상에서 거의 유일한 '반유대주의 청정지대(淸淨地帶)'인 한국에서조차 유대인에 대한 혐오와 반유대주의는 확산될 조짐을 보이고 있다. 지금이 바로 그 경계를 넘는 문턱인 것 같다.

제 2 부

오늘날 누가 유대인인가

1장

디아스포라 역사와 반유대주의

유대인의 역사는 디아스포라(Diaspora)의 역사다. 히브리인(유대인의 초기 이름)은 본래 고대 근동의 여러 지역에 흩어져 타 민족의 지배하에서 떠돌이로 살며 사회적으로 하층계급에 속하던 '하삐루'라 불리던 이들로써, 토라(모세법)를 구심점으로 하나의 공동체를 형성하여 동일성을 갖기 시작한 것은 대략 기원전 13세기경의 일이었다. 기원전 10세기 초 팔레스타인 땅에 거주하던 원주민들과 섞여 살던 히브리인들이 하나의 국가를 수립하고 얼마간 왕정을 유지하였으나, 얼마 못 가 남왕국 유다와 북왕국 이스라엘로 각각 분열한 채 왕정을 유지한 기간은 대략 500여 년에 이른다.

그러나 기원전 721년 북이스라엘이 아시리아 제국에 의해, 그리고 기원전 586년 남유다가 바빌로니아 제국에 의해 나라의 독립을 잃고, 근동의 여러 지역으로 흩어져 살게 되면서 유대인의 방랑의 역사는 시작되었다. 기원전 538년 페르시아 제국의 등장과 더불어 일부 유대인이 팔레스타인으로 돌아가 나라의 재건 운동을 일으키지만 성공하지 못하고, 그리스에 이어 로마 제국의 통치로 이어져 오면서 결국 기원후 70년 유다 왕국은 종말을 고하게 된다. 이로부터 1948년 현대 이스라엘의 독립에 이르기까지 유대인들은 디아스포라의 세계에서 살게 된 것이다.

고전적인 신앙에 따르면 이스라엘 백성들에게 '흩어짐'(디아스포라)이란 신의 심판이요, 흩어진 백성들이 자신들의 땅으로 돌아와 다시 모이게 되는 것은 신의 은총이라는 사상을 발전시켜 왔다(이사야 66:18ff 등). 이러한 사상은 기원전 6세기 바빌로니아에 포로로 잡혀간 유대인들의 역사에 대한 깊은 반성과 더불어 새롭게 싹튼 희망의 산물이었다. 그러나 역사적으로 일어난 수차례의 귀향 운동이 실패로 돌아가면서, 이 사상은 가지가 모두 잘린 채 하나의 '희망의 그루터기'로만 남게 되었다.

수천 년간 지구의 구석구석에 흩어져 살면서 타 문화에 대한 이해와 동화 과정을 거치면서도 유대인이 자기 정체성을 어느 정도 유지할 수 있었던 까닭은 그들만의 독특한 종교 신앙과 문화 때문이다. 그들의 연대 의식은 물론 혈통에서 비롯된다. 하지만 민족적 자기 동일성이 유지될 수 있었던 까닭은 어디까지나 혈연이라는 자연적인 특성만이 아니라, 디아스포라 세계에서 살아남기 위해 고안한 독특한 문화적인 특성들, 즉 종교적인 제의(예배)와 관습, 그리고 가족 중심의 문화가 자리하고 있기 때문이다. 자연(혈통)과 문화(종교)는 유대인끼리의 관계를 맺게 해주는 날줄과 씨줄인 셈이다.

소수자로서의 유대인에 대한 타 민족의 관점과 이해는 매우 다양했다. 어떤 시대에 어떤 곳에서는 매우 성공한 유대인들이 부와 명예와 높은 지위를 얻어 존경을 받았으며, 다른 어떤 시대와 장소에서는 여러 가지 차별 속에서 가난하고 미천한 지위에 처하기도 했다. 그럼에도 오랜 기간을 두고 유대인에 대한 타인들의 생각과 태도는 점차 부정적으로 고정되어 갔다. "유대인을 천성적으로 또는 역사적으로 악하며 열등하다고 여기는 일체의 태도와 행동", 이를 일컬어 반유대주의(Antisemitism)라 칭한다. 유대인에 대한 이러한 부정적인 시각은 긴 역사를 뚫고 끈질긴 생명력과 놀랄 만한 유연성과 뛰어난 융통성을 가지고 오늘날까지 살아 활동하고 있다.

이른바 '가장 오래된 증오'로 일컬어지는 반유대주의의 역사는 유대인의 디아스포라의 역사와 그 맥락을 같이 한다. 유대인에 대한 이러한 고정관념은 하루아침에 탄생하지 않았다. 나라를 잃고 여러 지역에 흩어져 살면서 타 민족들과의 불가피한 접촉 과정에서 생겨난 유대인에 대한 하나의 고정관념이 오랜 시간에 걸쳐 싹트고 자라고 성장하여 형성된 것이다. 그것이 태어난 곳은 신화가 지배하던 그리스-로마의 땅이었고, 그것이 젖을 먹고 자란 곳은 절대

신앙을 자랑하던 기독교 천년 왕국이었으며, 마침내 그것이 '위대하고 순수한' 피를 가진 아리안의 독일에서 '악의 꽃'을 피웠다.

그리스-로마인이 유대인에게 이렇게 말했다. "너는 **유대인으로서** 우리와 함께 살 권리가 없다." 이번에는 기독교도가 말했다. "너는 **우리와 함께** 살 권리가 없다." 마지막으로 히틀러가 말했다. "너는 **살 권리가** 없다."

유대인에 대한 미움은 어떻게 시작된 것일까? 아주 먼 옛날 어떤 사람이 일종의 그릇된 생각, 즉 '유대인은 나쁜 놈'이라는 생각을 갖기 시작했다. 그 편견은 오랫동안 여러 사람들에게 전염되어 집단적 기억, 즉 '유대인은 다 나쁜 놈'이라는 고정관념을 만들었다. 그 고정관념은 '유대인 없는 세상에서 살면 좋겠다'는 하나의 이미지와 신앙이 되어버렸다. 이러한 신앙은 객관성을 띤 하나의 이론으로 발전하며 기구화되었다. 그런 의미에서 반유대주의는 하나의 사실과 하나의 이미지 사이에서 작용한다.[1] 그래서 반유대주의는

---

1 "관념보다 이미지에 더 많은 실재성이 존재한다"는 베르그송의 이미지 존재론을 언급하지 않더라도, 우리는 세계를 구성하는 이미지의 존재를 부정하기 어렵다. 나아가 "모사(模寫)물은 그것이 사물의 이데아를 닮음에 따라서만 진정으로 어떤 사물을 닮는다"는 들뢰즈의 주장대로, 이미지가 세상을 지배한다는 사실 또한 잘 알고 있다. 인간이 신의 형상(이미지)에 따라 창조되었다는 성서의 가르침은 실상은 인간이 신의 형상(이미지)을 보존하고 있다(곧 닮았다)는 뜻일 뿐만 아니라, 인간은 신의 지배를 받는다는 사실을 의미하기도 한다.

실체로 이해하기에는 너무 추상적이고, 허상으로 보기에는 너무 구체적이다. 예를 들어 셰익스피어의 『베니스의 상인』에 등장하는 샤일록이라는 생생한 인물을 통해 구현된 유대인의 이미지는 모든 유대인을 샤일록처럼 이해하고 해석하게 만듦으로써 유대인을 악마화한 사회의 기억을 영속화했다.

이러한 신앙은 오랜 세월 동안 세대에서 세대로 이어지며 인간의 기억이라는 유전자 속에 흡수·저장되어 있다가 적절한 사회적 온도와 문화적 습도를 갖춘 정치적 토양과 만나면서 가공할 만한 힘을 가진 괴물—이 괴물은 시대마다 모양을 달리하지만 그 본질은 하나다—로 탄생하여 역사를 뒤흔들어 놓았다. 어느 날 그 같은 신앙을 가진 콧수염 달린 이가 나타나, 자기와 같은 생각을 가진 사람들과 힘을 합쳐, 살기 좋은 세상을 만든다는 미명하에 유대인을 모두 멸절(滅絶)시켰다. 해충(害蟲)에 약을 치듯이.

반유대주의는 1879년 독일의 빌헬름 마르가 유대인과 유대교에 대한 증오를 기술하기 위해서 처음으로 고안해낸 용어로 유대인에 대해 "천성적으로 또는 역사적으로 악하며 열등하다고 여기는 일체의 태도와 행동"이라 정의한다. 이러한 반유대주의는 하루아침에 탄생하지 않았다. 그것은 2천 살도 넘은 늙은 망령이다. 반유대주의는 끈질긴 생명력과 놀랄 만한 유연성과 뛰어난 융통성을 갖고, 고대에서부터 중세를 거쳐 현대에 이르는 긴 역사를 관통해 오늘날까지 살아 활동하고 있다.

반유대주의의 다양한 얼굴들

사회적 반유대주의

반유대주의의 출발은 디아스포라 세계에서 소수자로 살아가던 유대인들의 유일신 신앙으로 대표되는 독특한 신앙과 삶의 방식—안식일 준수나 까다로운 음식법, 타 민족과의 결혼 금지 등— 때문이었다. 유대인의 남다른 생활방식과 외양(外樣)은 다수의 비유대인들의 눈에 거슬릴 만큼 독특한 것이었으며, 비유대인들은 다수의 외집단에 협력하지 않는 소수의 내집단의 배타적 태도라고 여기며 눈을 흘겼다.[2] 기원전 3세기 이집트의 사제 마네토와 아피온, 그리스의 몰론과 로마의 타키투스 등은 바로 '유대인들의 반사회적 경향'을 지적한 이들이었다. 역사가 타키투스는 자신의 책 『역사(Historiae)』(5.5)에서 이렇게 말했다.

그들(유대인)은 다른 모든 사람에 대해 오직 증오심과 불화만을 드러

---

[2] 여기에 반유대주의의 '보편성'이 자리한다. 즉, 사회·심리학적으로 말해서 반유대주의란 소수자에 대한 부정적인 태도에서 비롯한 것이라는 설명으로, 여기서 미움은 타 문화의 환경 속에서 자기 동일성을 지키며 살아가려는 소수자(minority)의 문제로 일반화된다. 그러나 여기에도 타 문화 속에서 살아온 여러 민족 중에서 왜 유독 유대인에 대한 증오는 항구적(恒久的)이며, 심지어 유대인이 살지 않는 지역에서조차 극단적인 형태를 띠고 있는가 하는 문제의 '특수성'이 자리하게 된다. 또한 유대인에 대한 반감의 정도가 모든 나라와 문화에서 동일한 것이 아니기 때문에 사회·심리학적 이론은 설득력을 잃게 된다.

내고, 따로 앉아 식사하고, 따로 잠을 자고, 색욕이 강한 종족이면서도 외국 여인들과는 성교를 금하며, 그들 사이에는 법이 아닌 것이 없을 정도다.

기독교 세계는 그리스-로마 시대가 만들어 놓은 유대인에 대한 배타적 분리주의와 사회적 반감을 거의 고스란히 이어받아 그 토대 위에 새로운 신학적 편견과 차별을 쌓아 올렸다. 그것은 1세기 후반 예루살렘 성전 멸망 이후 기독교와 유대교가 분리되는 과정에서 '누가 하나님의 합법적인 상속자인가' 하는 피할 수 없는 질문으로부터 시작된 것이었다. 논쟁 과정에서 유대인은 '하나님의 아들(그리스도)을 살해한 자'라는 교회의 고정관념이 자리 잡기 시작했다.[3]

신학적 반유대주의

이러한 신학은 기독교 교부(教父)들에 의해 일차적으로 복음서에서, 그리고 사도 바울의 서신에서 그 근거를 찾아 발전되어 나갔다. 교부들은 '육을 따르는 이스라엘'은 버림받았으며, 젊은 기독교 교회야말로 하나님의 언약의 진정한 상속자인 '참 이스라엘'이라고 주

---

[3] 사실 필자가 여기서 강조하는 것은, 실제로는 몇몇 유대인만이 예수를 죽이는 데 가담했을 뿐인데도 모든 세대의 모든 유대인에게 '예수를 죽인 자'라는 딱지를 붙임으로써 그들을 어떤 정치적·종교적 목적으로 이용하거나 공격하려 했다는 점이다. 어떤 사실을 지나치게 일반화하거나 단순화할 때 발생할 수 있는 오류이며, 더욱 심각한 것은 여기에 개입된 정치적 의도다.

장했다. 다시 말해서 유대인에 대한 하나님의 낡은 선택과 옛 약속은 파기(破棄)되었으며, 이제 교회가 하나님의 '새 언약'을 상속받아 '참 이스라엘'로 탄생하게 되었다는 교리가 그것이다. 교부들의 주장은 여기서 멈추지 않고 유대인에 대한 차별을 정당화하는 제도들이 만들어지기 시작하면서 유대인에 대한 교회의 박해가 가시화되었다.

388년 메소포타미아에서 일어난 유대교도와 기독교도 사이의 폭력 사태는 유대교 회당 방화와 유대인에 대한 학살로 이어졌다. 그때까지만 해도 유대인에 대한 이미지와 박해의 정도는 그다지 '야만적'이지는 않았다. 결정적인 변화는 유대인 대량학살을 몰고 온 제1차 십자군 원정(1096년)을 통해서였다. 제1차 십자군의 지도자 고드프루아 드 부이용은 그리스도의 피 값을 이스라엘에 갚자며 "단 한 사람의 유대인도 살려두지 말 것"을 명령했고, 유대인을 그리스도의 적으로 간주한 십자군들은 사명감을 갖고 그 일을 감행했다. 십자군의 잔인한 대량학살은 유대인의 영혼에 깊은 상처를 남겼다.[4]

---

4 그런 의미에서 오늘날까지 유대인들이 기독교를 배척하고 예수를 메시아로 인정하지 않으려 하는 것은 신학적인 데 이유가 있어서라기보다 홀로코스트를 포함한 역사적인 경험 때문이라는 주장은 설득력이 있다.

종교적 반유대주의

십자군 운동은 유대인의 불신앙과 낮은 사회적 지위를 일깨움으로써 사회적 이탈과 지적 회의에 빠진 중세 기독교인으로 하여금 스스로 우월한 지위와 신앙을 입증함으로써 기독교 세계의 통합을 꾀하려 했다. 이로써 "유대인은 기독교인의 종이다"라는 유명한 명제가 탄생한다. 본래 아우구스티누스의 교리였던 이 명제는 1179년 제3차 라테란 공의회에서 교회법으로 확정되었다. 중세 대철학자 토마스 아퀴나스조차 유대인은 죄로 말미암아 '영구적인 노예 상태'에 이르게 되었음을 확증했으며, 교황 인노켄티우스 3세는 '기독교인의 이름을 모독하는 자'는 곧 "그 피를 우리와 우리 자손에게 돌릴지어다"(마 27:25)라고 말한 자들이라며, 그리스도를 처형자의 손에 내줌으로써 벌 받을 짓을 한 유대인들이야말로 기독교인의 노예일 뿐이라 강조했다. 1215년 제4차 라테란 공의회에서 유대인은 특별히 정해진 복장—둥근 모자를 쓰거나 옷에 노란색 유대 배지를 달게 했다—을 하고 다닐 것을 성문화했으며, 유대인의 교회 출입을 금지하고 기독교 명절에는 거리에 나와 걸어 다니는 것조차 금했다.

이러한 때에 영국 노리치에서 일어난 한 기독교 소년의 살해 사건(1144년)은, 유대인들이 자신들의 축제인 유월절에 누룩을 넣지 않고 구운 빵인 무교병을 기독교인의 피에 찍어 먹기 위해 저지른 짓이라는 소문이 퍼지면서 '성체(聖體)를 모독한 유대인'에 대한 파문으로 이어져 핍박과 추방을 불러일으켰다. 사실상 이러한 판타지는 당시 중세 유럽의 흡혈귀 전설 및 민담과 연결되어 중세의 미술, 음악, 문학, 성극, 설교 등을 통해 정형화되어 나갔으며, 아울러 제4차 라테란 공의회에서 결정된 화체설(化體說: 성례에서 사용되는 빵과 포도주는 입에 들어가는 순간 예수의 진짜 살과 피로 변한다는 중세 기독교의 교리) 등과 결합하여 상당한 설득력을 갖게 되었다. 1347~1360년 흑사병이 유럽을 휩쓸고 지나가면서 '유대인이 우물에 독을 탔다'는 소문을 낳아, 성난 군중에 의해 유대인 수천 명이 살해되었다. 이제는 '신을 살해한' 유대인의 이미지에 악마의 뿔과 꼬리를 단 셈이다.

상업적 반유대주의

이러한 시기에 기독교인의 머릿속에 유대인과 유대교에 대한 확고한 고정관념으로 자리 잡은 것은 바로 고리대금업자 이미지였다.[5] 당시 유대인은 토지를 소유할 수 없었고, 또 주로 무역업에 종사하면서도 길드에서 배척받았다. 상황이 이러했으므로 원활한 경제활동을 위해 유대인이 고리대금업으로 손을 뻗는 경우가 많아졌는데, 당시 교회는 이자를 받고 돈을 빌려주는 행위를 금지하고 있었으므로, 왕실을 비롯한 일부 기독교 부자들은 유대인 고리대금업자들과

---

[5] 유대인이 고리대금업자라는 주장 역시, 실제로는 몇몇 유대인만이 고리대금업을 하고 있을 뿐인데도 모든 유대인에게 '고리대금업자'라는 꼬리표를 붙임으로써 그들을 사회 · 경제적으로 공격하려 했던 것이다. 이런 이데올로기적 망상과 정치적 음모는 종종 정당한 것으로 받아들여지며, 그것은 실제로 사회적 동력으로 작동하기도 한다.

거래하면서 상호 이익을 주고받았던 것이다.

이미 신을 살해한 무신론자로 낙인 찍혀 있던 유대인들은 이제 가난한 이들의 돈을 빼앗는 흡혈귀로 묘사되기 시작했으며, 이는 유럽 봉건 사회에서 반유대주의가 더욱 사회·경제적인 성격으로 변해 가기 시작했다는 증거가 된다. 대중들의 마음속에 유대인은 점차 은행가, 환전가, 기독교의 땅에 침투해 기생하는 착취자 등 돈과 경제의 기수라는 이미지로 자리매김해 갔다. 유대인에 대한 중세의 이러한 고정관념은 근대 자본주의 시대의 도래와 함께 유럽의 반유대주의 역사사에서 운명적인 역할을 담당하게 된다.

종교개혁자 루터 역시 유대인에 대한 중세적 신화와 생각을 고스란히 받아들였다. 1543년에 쓴 논문 「유대인과 그들의 거짓말에 관하여」에서 루터는 유대인을 우물에 독을 탄 자, 제의적 살해자, 고리대금업자, 악마로 변신한 기독교 사회의 기생충 등으로 부르며, 유대인에 대한 차별과 박해를 정당화했다.

첫째, 그들의 회당이나 교회는 불태워져야 하며, 불태워지지 않은 것들은 먼지로 뒤덮어 아무도 타다 남은 찌꺼기나 돌멩이조차 볼 수 없게 해야 한다. 이런 일은 하나님께 우리가 그리스도인임을 보여드리기 위해서 하나님과 기독교의 명예를 걸고 행해져야 한다. 나아가 그리스도와 그리스도인을 저주하고 모독하고, 거짓말하는 것을 알면서도 그들에게 관용을 베풀거나 묵과하지 말아야 한다. … 둘째, 그들의 집을 부수고 파괴해야 한다. 회당에서 하는 짓을 거기서도 행하기 때문이다. 그들이 큰소리치듯이 그들이 우리 땅의 주인이 아니라 가여운 포로임을 깨닫게 하기 위해서, 그들을 한 지붕 밑이나 한 마구간에 집시처럼 집어넣어야 한다. 셋째, 그들에게서 기도서나 탈무드 같은 우상 숭배와 거짓말과 불평을 가르치는 책들을 빼앗아버려려 한다. 넷째, 랍비들에게 더 이상 가르치지 못하도록 해야 한다. … 다섯째, 유대인은 귀족도 공무원도 상인도 아니기 때문에 도시 지역에서 비즈니스를 하지 못하도록 유대인에게 여권 발급이나 여행 권한을 엄격하게 금지해야 한다. 그들을 집에 머물도록 하라. 여섯째, 고리대금업을 중단하도록 해야 한다. 모든 현금이나 은금 같은 값어치 나가는 것들을 빼앗아 보관소에 넣어두어야 한다. 그들의 재산은 고리대금업을 통해 우리에게서 훔치거나 빼앗아간 것들이기 때문이다. 그러한 사악한 돈은 하나님의 축복과는 반대로 저주받은 것이어서, 다시 선한 용도로 사용되어야 한다. … 일곱째, 젊고 강한 유대인은 도리깨질, 도끼질, 괭이질, 삽질, 실톳대질, 물레질을 시켜, 아담의 자손에게 요구했던 것처럼 콧등의 땀으로 빵을 벌어먹도록 해야 한다. 그들이 우리를 이방인(goyyim) 취급하여 우리의 이마에 땀을 흘리게 하고, 자신들은 게으름 피우며 화롯불 곁에 앉아 능청을 떨고 있던 것이 타당하지 않았음을 보여줘야 한다. … 우리는 교활하며 게으른 뼈들을 우리 제도 밖으로 추방해야 한다. 그들이 우리에게 봉사하고 우리를 위해 일할 때, 우리의 아내와 자식과 종과 가축이 해를 입을까 염려하기 때문이다. … 관대한 자비가 그들을 착하게 만들기는커녕 자꾸만 나쁘게 만들었다. 그래서 그들을 없애버려야 한다. … 요약하면 당신의 영토 안에 유대인을 가진 군주와 귀족들이여, 만약 내 충고가 당신에게 적합하지 않은 것이라면, 당신과 우리가 견딜 수 없는 이 무거운 짐, 즉 유대인으로부터 자유롭게 되는 보다 나은 방법을 찾을지어다.

인종적 반유대주의

유대인의 피가 세례를 통해서도 깨끗해질 수 없는 유전적 결함을 안고 있다는 최초의 주장은 15세기 스페인에서 처음으로 시작되었다. 평생을 유대인 개종을 위해 살아온 도미니크회 소속의 수도사 빈센트 페레르가 처음으로 제기한 소위 '나쁜 피' 이론은, 비록 그것이 나치의 인종주의와는 성격이 달랐지만, 그동안 지속되어 온 종교적 반유대주의를 축소시키는 대신 새로운 형태의 '인종적' 반유대주의를 탄생시키는 결정적 계기가 되었다. 고상한 혈통을 가진 '순수한' 기독교인과는 달리 '더러운 피'를 가진 유대인들은 설령 기독교로 개종했다손 치더라도 대학이나 성직 및 공직의 자리에 앉을 수 없었으며, 결국 1492년 페르디난도 왕과 이사벨라 여왕의 칙령에 따라 모든 유대인이 스페인 왕국에서 추방되고 말았다.

르네상스와 종교개혁이 중세 기독교의 가치관을 붕괴시키고 세속주의와 개인주의를 새로운 사회 가치로 환원시키면서 '종교와 정치의 분리'라는 원칙이 세워짐과 동시에 유대인과 기독교인 사이의 종교적 차별이 수그러드는 듯했다. 소위 계몽주의자들의 종교적 관용 이론이 "모든 인간은 종교에 의해 판단되지 않으며 국가에 대한 유용성에 의해 판단된다"는 중상(重商) 이론으로 발전하고, 유대인이 사는 곳마다 상업과 무역이 활발하게 이루어지며 유대인이 유럽의 경제 발전에 긍정적인 역할을 하고 있음이 인정되면서 '신을 살해한 백성'이라는 전통적인 증오심도 점차 누그러져 갔다. 여기에 모제스 멘델스존이나 에프라임 레싱 같은 유대인 계몽주의자들이 긍정적인 유대인의 이미지를 불어넣어 주었다.

합리적 반유대주의

그러나 17~18세기 계몽주의 시대에 나타난 합리주의자들과 자연종교에 기초를 둔 급진적인 이신론자(理神論者)들에게 유대교는 여전히 인간의 이성을 무시하는 원시적인 종교이며, 초자연적인 유일신을 신봉하는 유대인은 미신에 가까운 오류투성이의 구약성서를 믿는 어리석고 혐오스러운 존재였다. 근대 철학의 대가들—볼테르, 바우어, 바그너, 뒤링, 돌바흐, 피히테, 칸트, 루소 등—조차 사상의 진보와 갱신과 자유의 이름으로 유대교에 대한 부정적인 이미지를 존속시켰다.

영향력 있는 프랑스 학자 에르네스트 르낭(Ernest Renan, 1823~1892)은 인류의 거대한 진보를 가로막고 서 있는 유대 지식인의 배타적인 경향과 광신주의를 지적하면서, 인류 문명의 사다리의 맨

꼭대기에 자리 잡은 인도-유럽인 혹은 '아리안'과 대조되는 인종적인 개념인 '셈족'이라는 말을 대중화한 최초의 사상가였다. 르낭은 셈족에게는 창의성이 떨어지고, 규율 감각이나 독립적인 정치조직을 수용할 능력이 모자란다고 여겼다. 그래서 셈족에게는 신화, 서사시, 과학, 철학, 소설, 예술, 시민 생활이 없다고 생각했다. 결론적으로 그는 셈족은 '인간 본성의 열등한 집합체'라 단정했다. 르낭은 이러한 셈족의 결점이 창의성이 결여되고 편협하고 원시적인 고대 히브리인에게서 기인한다고 추정했다.

한마디로 17~18세기 유대인에 대한 계몽주의자들의 태도는 이중적이었다. 그들은 한편으로는 종교적 관용 이론이나 중상 이론을 바탕으로 유대인을 한 인간으로 또는 경제적 가치를 지닌 존재로 평가함으로써 유대인의 권리를 인정했다. 그러나 동시에 유대인을 종교집단으로는 인정할지언정 정치적으로 '국가 안의 국가'로 인정할 수 없다는 태도를 취했으며, 유대인은 선천적으로 열등해 개량이 요구되는 존재로 보았다. 중세 기독교가 유대인을 강제로 개종(改宗)시키려 했다면, 근대의 계몽된 유럽 사회는 유대인을 개량(改良)시키려 했다. 이로써 중세 기독교가 만들어낸 유대인에 대한 이미지는 세속화되기 시작했다.

역설적으로 유대인에 대한 비판은 오랫동안 유대교를 비판해온 기독교의 힘이 약해진 세속화와 근대화의 시대에 소생하여 새롭게 성장했다. 새로운 반유대주의의 이념이 새 시대에 적합한 세속화된 옷을 입고 피어났다. 진보-자유 사상가들은 유대교의 불관용과 비역사적 아집 혹은 유대인의 고립주의적 배타주의를 공격했고, 사회주의자들은 유대인을 '자본주의 정신'의 화신(化身)이라고 비난했다. 또한 민족주의자와 인종주의자들은 인류에게 퇴보를 가져다주는 '외부인'과 셈족 혈통의 특성을 유감스러워했고, 보수주의자들은 유대인이 유럽 사회에서 영구적인 사회 불안과 혁명적인 전복을 꾀하고 있다고 우려했다.

정치적 반유대주의

근대 철학자들에게서 합동 세례를 받고, 심각한 경제 불황과 정치적 불안정 속에서 자라난 히틀러와 나치는 유대인의 영적 구원을 불가능한 것으로 여겼다. 해로운 영장류에 가까운 유대인의 생물학적 결함과 인종적 특성은 이들에게 영원하고 불변하는 것이었다. 유대인의 영향은 자연에 대한 반자연의 승리, 건강에 대한 질병의 승리, 지성에 대한 본능의 승리를 의미했다. 생물학적·자연적 인종주의는, 유대인 개개인의 사회적 배경이나 신앙, 정치적 신념이 무엇이든지 간에, 모든(all) 유대인을 측정하는 마지막 제재 규약이 되었다. 히틀러는 단정적으로 이렇게 선언했다.

유대인은 결코 독일인이 될 수 없다. 그러나 아주 드물게는 될 수 있다. 만약 유대인이 독일인이 되기를 원한다면 자기 속에 있는 유대인 됨을 포기해야 한다. 불가능하겠지만 최대한 노력해야 한다. 그러나 여러 가지 이유 때문에 진정으로 독일인이 되는 것은 불가능하다. 첫째는 혈통 때문이요, 둘째는 성격 때문이요, 셋째는 자신의 의지 때문이요, 넷째는 그의 행동 때문이다.

나치는 반유대주의 프로그램을 단계적으로 이행해 나갔다. 유대인에 대해 법적 식별, 토지 몰수, 강제 이주, 그리고 대량 멸절을 위한 강제적 게토화 등의 조처를 취해 나갔다. 1938년 11월 '수정의 밤'[6] 프로그램 이전에 나치는 유대인을 공공기관과 독일 문화생활로부터 끌어내 한곳에 집결시켰다. 1935년에 제정된 뉘른베르크법[7] 같은 유대인 발본 방책은 독일인과 유대인 사이의 격리를 효과적으로 수행해냈다. 율리우스 슈트라이허의 「데어 슈튀르머」(Der Stürmer) 같은 신문은 독일인에게 국제적인 유대인의 음모와 유대인과의 성적 접촉을 통한 인종적 오염을 경고했으며, 유대인의 사업 활동을 보이콧할 것을 적극적으로 장려했다.

---

[6] '수정의 밤'(Kristallnacht)이란 1938년 11월 9~10일, 유대인에 대한 독일의 대학살이 사실상 시작된 날이다. 깨진 유리의 무수한 파편들이 아침 햇살에 수정처럼 빛났다고 해서 '수정의 밤'이라는 이름이 나왔다. 수정의 밤은 현대 독일사에서 반유대주의가 가장 폭력적인 방법으로 작동한 날이며, 어둠 속에서 저질러진 만행을 역설적으로 전해 준다.

[7] 1935년 9월 15일에 제정된 나치 독일의 법으로, 모든 유대인의 정치적 권리를 박탈했다. 독일 국민의 순수한 혈통을 지키기 위해 유대인은 비유대인과 결혼할 수 없다는 조항이 포함되었다.

히틀러의 망령과 홀로코스트

1938년 11월의 '수정의 밤'은 '유대인 문제'를 해결하기 위해 거리낌 없이 자행된 폭력이었다. 유대인 수백 명이 살해되거나 부상당했고, 독일에 있는 모든 유대 회당과 많은 유대인 가게가 불타거나 파괴되었으며, 3만 명 이상의 유대인 남자가 체포되어 수용소에 보내졌다. 독일 내에서 유대인에 대한 테러와 조롱은 미쳐 날뛰고 있었다.

히틀러의 '마지막 해결'은 반유대주의의 자생적인 폭력이 아니었다. 그것은 제3제국에 의해서 고도로 조직화된 프로그램이었다. '냉혹한' 조력자들과 빳빳한 제복을 입고 철십자 완장을 찬 수천 명의 고급 관료, 기업가, 법률가, 의사, 엔지니어, 회계사, 은행가, 사무원, 철도 공무원, 그리고 일반 노동자 들의 협조와 조력으로 이룩해낸 업적이었다. 역사가 파울 힐베르크(Paul Hilberg, 1926~2007)가 지적한 대로, 이 파괴의 기계장치는 나치 독일 같이 잘 조직화되고 고도로 발달된 기술을 가진 나라, 그리고 나치 친위대(SS) 같은 완전한 지배와 통제가 가능한 전체주의적 수단을 가진 나라에서만 가능한 것이었다. 나치의 반유대주의야말로 유대인을 서서히, 그러나 완전하게 비인격화하고 비인간화하는 데 가장 성공적인 도구였다.

그런데 문제는 여기서 끝나지 않았다. 나치의 지독한 살충제와 독가스 속에서도 멸절되지 않고 살아남은 유대인들은 시온주의라는 이름의 강력한 새로운 유전자를 배양하여 반유대주의라는 공격으로부터 자신들을 방어했다. "반유대주의가 시온주의를 낳았다." 다시 말해서 시온주의는 반유대주의가 낳은 역사의 산물이다. 시온주의는 각 시대의 환경마다 자신의 모양을 달리하고 나타난 반유대주의의 악질적인 변종 세균의 공격에도 꺾이지 않고 급기야 유대국가, 즉 이스라엘을 탄생시켰다.

반유대주의가 시온주의를 낳았다

'귀향'에 대한 꿈은 19세기 말 시온주의(Zionism)라는 이름으로 구체화·정치화되기 시작했다. 시온주의자들의 귀향에 대한 개념적 기초는 고대 이스라엘 예언자들의 사상에 뿌리를 박고 있다. 그러나 그들의 국가 건설이라는 목표 구현 방식은 철저히 정치적인 것이었다. 이스라엘의 국가 건설, 즉 '시온으로의 귀향' 운동을 하나의 종교적 메시아 운동의 핵심으로 이해하고 있는 전통주의자들의 주장과 정치적 시온주의자들의 견해는 근본적으로 다르다.

간단히 말해서 전통주의자들은 시온주의자들이 전통적이고 종교적인 메시아 사상의 유산을 의도적으로 세속화했다고 비판하면서 정치적 시온주의 운동을 위험한 세속주의라고 비난한 것에 반해, 시온주의자들 역시 전통주의를 형편없는 종교적 환상주의라 비판해 왔다. 소위 '종교적' 이스라엘과 '정치적' 이스라엘 사이의 갈등은 오늘날 이스라엘이 늘 안고 있는 딜레마다. 두 집단 간의 역사적 연속성과 이념적 불연속성 사이의 갈등은 '새로운' 이스라엘 건설이라는 과정에서 끊임없이 대립과 갈등의 요인이 되고 있는데, 정통파 청년에 의한 이츠하크 라빈 수상 암살 사건(1995년 11월 4일)으로 표출되기도 했다.

오늘날 이스라엘을 이해하기 위해서 필수적으로 요구되는 시온주의에 대한 오해와 진실을 밝혀내려면 우선, 흩어진 유대인을 하나로 묶는 힘을 지닌 시온주의 운동의 이념은 무엇이며, 시온주의자들이 꿈꾸던 이상과 목표는 무엇이었는가를 물으면서, 동시에 종교-전통주의자들의 뿌리 깊은 귀향에 대한 신앙과 희망이 왜 시온주의자들의 이념 및 실천 방안과 조화를 이룰 수 없는가에 관하여 묻지 않을 수 없을 것이다. 이 둘 사이의 연속성(같음)과 불연속성(차이)을 구별하지 않고서는 종교적 이념과 정치적 방안 사이에서 제기된 문제의 본질이 무엇인지 설명할 수 없기 때문이다.

이와 더불어 이스라엘의 독립은 시온주의의 완성인가 하는 물음을 제기하지 않을 수 없다. 즉, 시온주의 운동의 목표가 분명 '유대 국가 건설'이라면 1948년 이스라엘이 탄생하면서 이들의 목표는 완성된 것인가, 시온주의 운동은 과연 끝이 났는가 하는 점이다. 민족 통합을 위한 시온주의자들의 새로운 목표와 전략은 무엇인가,

그것은 오늘날 이스라엘-팔레스타인의 정치적 갈등에 어떤 결과를 가져다주었는가 하는 물음과 직접 맞닿아 있기 때문에 이는 매우 중요한 물음이다.

박해와 압제는 우리 유대인들을 멸종시키지 못했다. 지구상의 어느 민족도 우리가 겪은 것 같은 투쟁과 고통을 경험하지 못했다. 강한 유대인들은 박해가 멈출 때 우리의 줄기를 다시 회복하게 될 것이다. 이는 단순히 우리의 복장과 관습, 전통과 언어를 되찾는 외적인 비슷함뿐 아니라, 느낌이나 태도까지도 동일성을 회복하는 것을 의미한다.

현대 시온주의의 이념을 선명하게 밝혀 주는 이 선언은 시온주의 운동의 아버지 헤르츨이 『유대 국가』(*Der Judenstaat*, 1896)에서 한 말이다. 헤르츨은 1960년 부다페스트에서 태어났다. 그의 아버지 야콥은 의류상이었으며, 전통적인 유대교 가문 출신이었다. 그곳에서 고등학교를 졸업한 헤르츨은 문학에 관심을 갖고 오스트리아 빈으로 옮겼으나 1878년 로마법 공부를 위해 법학부에 등록한다. 1884년 빈에서 박사 과정을 마친 그는 저널리스트로 활동하기 시작했다. 그는 종종 빈에서 일어나고 있는 반유대주의자들의 유대인에 대한 폭력 사건을 경험하면서 "반유대주의는 개인적인 문제가 아니다"라고 생각하고 '유대인 문제'에 대해 관심을 갖기 시작한다. 1887년 베를린의 한 신문에 이 문제에 대해 기고하면서 자신의 주장을 발표하기 시작했다.

　1891년 10월 파리에 있는 「신자유신문」(Neue Freie Presse)에 채용이 허락된 그는 정치·문화 운동의 센터인 그곳에서 수년간 근무하면서 당대의 여러 선도적인 정신을 배우고, 유럽의 급진 사상으로부터 영향을 받게 된다. 1893년에 헤르츨은 교황 알현을 신청하면서 만약 교황이 반유대주의 추방을 위해 힘을 써준다면 많은 유대인을 기독교로 개종시키겠다는 제안을 준비했으나, 교황은 그를 만나 주지 않았다.

　「신자유신문」사에서 나온 그는 큰 꿈을 꾸며 유토피아 사상에 젖는다. 그는 당신 유대인 박애주의자였던 바론 모리츠 폰 히르슈(Baron Moritz von Hirsch, 1831~189)를 만나 "당신은 많은 돈을 가진 유대인이고, 나는 정신을 가진 유대인입니다"라며 제휴를 건의했으며, 당대 유대인 부호인 로스차일드를 만나 500프랑을 기부받기도 했다.

　1894년 7월에 발생하여 유럽 전체를 떠들썩하게 했던 드레퓌스 사건은 그가 반유대주의 문제와 씨름하는 결정적인 계기가 되었다. 헤르츨은 36세가 되던 1896년 2월에 『유대 국가』를 출판했다. 그는 이 책에서 하나의 이상적인 유대 국가 건설을 꿈꾸며 실질적인 기본 구상을 내놓았고, 이로써 시온주의 운동이 전개되었다. 시온주의 운동의 궁극적인 목표는 '유대 국가 건설'이었다. 즉, "지구 한 모퉁이에 영토를 차지하여, 국제법의 보호를 받으며 독립국가로서의 주권을 획득하는 것"이며, "이러한 목표는 도덕적이고 합법적이고 인본주의적 운동이며, 우리 국민이 오랫동안 열망해 오던" 것으로 지향되었다. 이 운동의 이념적 기초는 비록 토마스 모어의 유토피아 사상의 영향에서 출발한 것이었다 하더라도 구체적인 역사적 경험, 즉 반유대주의의 경험 그 자체에서 비롯된 것이었다.

그가 꿈꾸고 펼치기 시작한 시온주의 운동은 유토피아 사상이나 메시아 운동에서 비롯된 것이 아니라 유대인의 역사적 경험, 즉 반유대주의에서 출발한 것이었다. 헤르츨은 "유대인들이 가진 힘이란 곧 유대인들이 경험한 비참함 그 자체다"라고 말했다. 그런 의미에서 반유대주의라 불리는 박해의 총체적 경험은 유대인들에게 유토피아의 꿈보다는 현실의 고통에서 이해되는 해방이 더 크고 중요한 주제였음을 보여준다. 한마디로 말해서 "반유대주의가 시온주의를 낳았다." 반유대주의의 원인과 그의 영향에 대한 헤르츨의 주장은 이렇다.

현대의 반유대주의를 과거의 유대인들에 대한 종교적 증오와 혼동해서는 안 된다. 우리는 우리의 결점을 두고 지탄받는 만큼이나 우리의 재능에 대해서도 많은 시기를 받고 있다. 우리가 당한 박해는 경제적인 것과 사회적인 것이다. 우리에 대한 오랜 편견은 아직까지도 사람들의 마음속에 깊게 박혀 있다. 유대 민족에 대한 나의 마지막 당부는 이방인으로 하여금 '우리의 마음속에도 고향이 있다'는 사실을 느끼도록 하는 것이다. 법 앞에서의 평등은 취소되어서는 안 된다.

억압이 적개심을 가중하며, 적개심은 억압을 가중하는 악순환이 계속된다. 우리는 우리의 적들이 우리의 아무런 승낙도 없이 역사 안에서 반복적으로 자행해 온 일들을 경험한 민족으로서 고통에 묶여 있다. 우리는 갑자기 우리 자신이 매우 어색한 자들임을 발견했다. 동시에 우리는 우리가 하나의 모델 국가를 건설할 수 있는 충분한 힘을 지니고 있음을 안다. 유대 민족이 생존할 수 있었던 것은 주로 외부의 압력으로 인한 고통 덕분이라고 믿는다.

1897년 26개국 대표가 참석한 제1차 시온주의 총회에서 그는 "여기 나는 유대 국가를 창조했다"라고 선언하면서 "빠르면 5년, 늦어도 50년 안에는 모든 사람이 그것을 인식하게 될 것이다"라고 예언했다. 이 희망의 근거로서 그는 "강한 유대인들은 박해가 멈출 때 우리의 줄기를 다시 회복하게 될 것이다"라는 말을 남겼다. 그는 이 운동을 세속적 히브리 재생과 연관시키거나 민족적·종교적 정통파와 연계하려는 것을 강하게 배격했다. 그는 개인적으로 인본주의와 정교 분리를 주창했다. 헤르츨은 시온주의 운동을 오직 "영토 없는 백성, 백성 없는 영토"의 논리로 해석해 나갔다.

18세기 산업혁명 이후, 노동자는 생산의 도구로 전락해 기계에 종속되어버리고 말았다. 그러나 인간은 문명보다 우위의 존재다. 이러한 문명을 초월하는 우리와 우리의 후손들이 되기 위한 노력이 계속되어야 한다. 전기의 발명으로 우리가 새로운 빛을 얻은 것 같이 빛으로 인간성 문제를 해결해야 한다. 한 가지 문제는 바로 유대인 문제(Jewish Question)이다. 이 문제는 우리 자신만의 문제라기보다는 억압받는 다른 존재들을 위한 것이기도 하다. 내가 생각하기에 이 문제는 사회적 · 종교적 문제라기보다는 문명국가들과 더불어 정치적으로 풀어나가야 할 민족적 문제다. 우리는 하나의 민족이다.

헤르츨이 제시한 시온주의 운동은 내적으로는 종교적인 메시아 운동가들과 동화주의자들과 좌파 혁명주의자들의 공격을 받으면서도 자신들의 이념과 노선을 충실히 지켜 나갔으며, 외적으로는 제1차 세계대전을 겪으면서 변화하는 국제 정세의 판세를 정확히 읽어내어 터키와 영국을 무대로 한 외교적 노력을 통해 독립을 위한 지속적인 노력을 계속했다.

시온주의 운동을 거부한 유대인들

시온주의 운동은 처음부터 수많은 이념적인 논쟁을 거쳐서 전개된 운동이었다. 종교주의자들의 메시아적 사상과 시온주의자들의 정치적 이념 사이의 논쟁은 가장 핵심적인 문제였으며, 여전히 여러 국가 내에서 살아가고 있는 유대인 동화정책주의자들과의 문제는 여전히 과제로 남아 있다. 다만 좌파 혁명주의자들의 반시온주의적 경향은 이제 어느 정도 수그러진 상태라고 볼 수 있다.

먼저, 시온주의자들의 정치적 이념은 종교주의자들의 메시아 사상과 가장 크게 부딪혔다. 19세기 독일 정통종교주의자들의 정신적 지도자였던 삼손 라파엘 히르슈는 시온주의 운동이 일어나기 이전부터 시온으로 돌아가려는 희망과 기도를 하던 인물이었으나, 그는 구원을 촉진하는 어떠한 인위적인 노력(기도하는 일을 제외한)도 죄로 규정하여 엄격히 금지한 바 있었다. 이들이 꿈꾸는 이스라엘의 구원과 회복은 전적으로 메시아의 임재를 통한 토라(모세법)의 완성이었다. 그런 의미에서 전통적인 유대교 신학을 따르던 메시아 운동가들의 관점에서 시온주의자들의 유대 국가 건설 운동은 매우 위험하고 사탄적인 거짓 메시아 운동이자 세속화 운동이었다. 헤르츨은 처음부터 시온주의를 메시아주의와 연결해 보려는 시도를 경계했다. 그는 시온주의를 '순수한 민족운동'으로 여겼으며, 역사적 민족 재건의 차원에서 규정하고자 했다.

둘째, 시온주의 운동에 반대하는 또 다른 유대인들 중 가장 대표격인 동화주의자들은 기본적으로 시온주의 운동의 유토피아적인 성격을 거부했다. 이들은 인간을 삶의 현실에 동화되어 가는 존재로 보고, 수 세기 동안 각각 속해 있는 문화에 동화되어 살아온 유대인들이 '하나의 문화세계'를 만들어 가고 있는 현실에서 이미 흩어진 수백만의 유대인을 재결합한다는 것은 불가능한 망상이라 여겼다. 특히 이들은 세계를 각기 다른 문화활동의 영역으로 보지 않고 사해동포주의, 즉 '하나의 문화세계'로 보려는 전제가 그 기저에 자리 잡고 있는 자들로서 경제 · 사회의 발달로 민족적 구별이 점차 감소되고 있는 마당에 이미 수천 년 동안 각각의 문화에 동화되어 살아온 유대 민족이 새로운 한 지역에 모여 한 나라를 건설한다는 것은 의미 없는 일이며, 유대 민족주의로 복귀한다는 것이야말로 무가치한 일이라 여겼던 것이다. 이들에게 시온주의 운동은 곧 정치적 민족주의 운동이었다.

모리츠 골트슈타인(Moritz Goldstein, 1880~1977) 같은 이는 유럽의 유대인들이 독일의 음악, 문학, 극장을 장악하고 있음을 강조하면서 유대인들이 그들의 권리를 부정하는 유럽인들을 문화적으로 지배하고 있다고 주장했다. 그는 진보주의적 유대 지성인들은 좋은 유럽인으로서 살아가고 있으며, 이러한 상황에서 팔레스타인에 새로운 국가를 건설할 필요가 무엇이냐고 시온주의자들을 비판했다. 포겔슈타인은 "독일이 우리의 조국이며, 우리는 더 이상 다른 조국을 필요치 않는다"라고 선언하기도 했다.

셋째, 좌파 혁명주의자들은 민족이나 국가를 계급투쟁과 혁명을 통해 극복되어야 할 대상으로 보았기 때문에 시온주의 운동이 목표로 삼고 있는 유대 국가 건설이야말로 자신들의 국가 이론에 정면으로 배치되는 것으로 여겼다. 계급투쟁을 통한 사회주의 혁명을 목표로 삼고 있던 마르크스나 엥겔스는 문화·경제·사회적 진보를 통해 민족적 배타성을 극복할 수 있다고 생각했다. 그들에게 인간의 민족적 뿌리는 그렇게 중요한 개념이 아니었다. 적어도 민족은 계급투쟁을 통한 혁명보다 하위 개념이었던 것이다. 그런 의미에서 유대교는 전적으로 부정적인 현상이었으며, 시온주의 운동은 하나의 낭만적 유토피아를 꿈꾸는 복고적 병리현상으로 보였다.

좌파 사회주의자들의 반시온주의 이념은 카를 카우츠키(Karl Kautsky, 1854~1938)에 의해 정립되었는데, 그는 유대 민족은 혼합되어 더 이상 순수한 유대인은 존재하지 않는다고 보았다. 레닌이나 스탈린 역시 유대인들에게는 영토나 정치조직 및 경제시장이 없고 언어도 통일되어 있지 않다는 점에서 하나의 민족으로 볼 수 없으며, 유대인들이 자신들의 종교적 특성을 말하고 있으나 그것 역시 사회적·문화적 동화현상으로 인하여 그 특성을 찾아볼 수 없기 때문에 설득력이 없다고 보았다. 영화감독 오토 헬러(Otto Heller, 1896~1970) 같은 이는 시온주의를 유럽의 중산층 유대인들의 산물이자 반혁명 운동으로 규정했다.

이러한 맥락에서 볼 때, 좌파 혁명주의자들에게 유대인이란 국가를 세울 권리조차 없는 자들이었다. 카우츠키는 유대인의 팔레스타인을 향한 모험은 비극으로 끝날 것이며, 아랍인들의 무서운 공격을 견뎌내지 못할 것이라고 내다보았다. 결국 팔레스타인은 프롤

레타리아 혁명을 통해 완전한 해방을 맞게 될 것이라고 전망했다. 그의 추종자들 가운데는 레옹 블룸, 에드워드 번스타인, 로사 룩셈부르크, 레온 트로츠키 등이 있었다. 이들은 대체로 시온주의가 인류의 혁명과 진보를 방해하고 있다고 생각했다.

이처럼 시온주의를 반대하는 이들의 주장을 요약하면, 첫째로 시온주의는 세속주의자들의 정치운동으로서 전통적인 유대교의 종교적 신앙과 모순된다는 점, 둘째로 시온주의는 민족주의자들의 민족운동으로서 유대교의 보편적 구제론(救濟論)과 성격상 배치된다는 점, 셋째로 시온주의는 반혁명 운동으로서 인류의 혁명을 통한 진보를 방해하고 있다는 점 등을 꼽을 수 있을 것이다. 반시온주의자들의 이러한 주장들은 제1차 세계대전과 홀로코스트를 경험하면서 다소 주춤했으나, 이들의 비판은 오히려 시온주의 이념과 시온주의 운동의 성격을 더욱 명확히 해나가는 데 작용했다.

결론적으로 말해서 헤르츨의 시온주의 운동이 지향하는 일관성 있는 주장의 일단은 이렇다. 즉, 시온주의 운동의 목표는 '유대 국가 건설'이며, 운동의 이념적 기초는 '반유대주의의 경험'이다. 그가 꿈꾸는 국가 건설은 결코 메시아 운동가들이 주장하는 과거의 다윗 왕국으로의 복귀를 의미하지 않으며, 동시에 어느 곳에서나 유대인의 동질성을 가지고 살아가면 된다는 동화주의자들의 주장 역시 거부하고 있고, 좌파 혁명주의자들의 주장처럼 프롤레타리아의 계급

혁명에 의한 것도 아니었다. 왜냐하면 유대인들이 처한 현실은 반유대주의가 극성을 부리고 있는 세계였기 때문이며, 따라서 유대 국가 건설은 철저히 정치적이고 현실적인 문제에서 출발해야 한다는 점을 분명히 하고 있다.

이 문제에 대하여 헤르츨이 그토록 강조한 까닭은 무엇일까? 두 가지 측면에서 해석이 가능할 것이다. 첫째는 헤르츨 자신의 시대 혹은 그 이전부터 종종 경험해 온 여러 종교적 메시아 운동의 실패가 가져온 폐해 때문이었을 것이다. 종교적 신념에 기초한 이스라엘의 구원과 회복 운동은 현실적이지도 바람직하지도 않다는 이유 때문이며, 나아가 미래 이스라엘 사회 내부가 떠안게 될 종교와 정치 간의 갈등의 심각성을 예견하고 있었다는 점을 들 수 있을 것이다. 헤르츨을 비롯한 초기 시온주의 운동가들은 이상적인 종교사상이 빠지기 쉬운 감상적이고 맹목적인 이념을 철저하게 현실 정치이념에 붙잡아 매어둠으로써 하나의 정치적 대안운동으로 활성화하려 했던 것이다.

1897년 제1차 시온주의 총회가 바젤에서 열린 이래, 유대인이 살고 있는 지역에서는 시온주의 운동 지역연맹의 조직과 활동이 활발하게 전개되었다. 시온주의 운동의 활동무대가 된 영국에서는 물론 러시아, 독일, 프랑스, 오스트리아, 미국, 이탈리아, 네덜란드, 남아프리카공화국 등 강대국에 거주하던 유대인의 연맹을 비롯하여, 캐나다, 스위스, 호주, 뉴질랜드, 튀니지, 이집트, 불가리아, 체코, 폴란드, 유고, 라틴아메리카, 로도스 섬과 피지 섬 등지에서도 연맹이 조직되고 활발한 활동을 전개했다.

비록 1904년 헤르츨이 44세의 일기로 세상을 떠나고 말지만, 그의 뒤를 이어 등장한 다비드 울프슨이나 하임 바이츠만 같은 새로운 지도자들의 노력에 힘입어 급기야 1917년 11월 2일 밸푸어 선언을 이끌어냄으로써 팔레스타인에 유대인을 위한 국가를 건설하는 데 관한 최초의 지지를 얻어냈다. 그 후 제2차 세계대전과 홀로코스트로 이어지는 비극적인 상황에서 1947년 11월 29일 UN 안전보장이사회는 유대 국가 건설에 관한 역사적인 결정을 내렸다. 그리하여 헤르츨의 예언대로 시온주의가 제창된 지 꼭 50년 만인 1948년 5월 14일 이스라엘의 국가 독립을 선언하기에 이르렀다.

시온주의는 끝났는가? — 포스트시온주의

그렇다면 이스라엘의 독립은 시온주의의 완성인가? 이스라엘 독립 이후의 시온주의의 의미는 무엇인가? 시온주의 운동은 끝났는가? 분명 국가 건설 이후 시온주의 운동이 새로운 전환기를 맞이하게 된 것은 사실이다. 그러나 시온주의는, 그것이 포스트시온주의 (Post-Zionism)이든 네오시온주의(Neo-Zionism)이든 간에, 아직 진행형이다.

포스트시온주의인가 네오시온주의인가 하는 논쟁은 1980년대 후반부터 오늘날까지 구체화된 쟁점 중 하나이다. 초기 시온주의 운동이 목표로 한 이스라엘 국가 건설이 완성된 이후, 비유대인(특히 아랍-팔레스타인)의 지위 문제가 표면화되면서 시온주의의 새로운 이념과 목표를 두고 발생한 개념이다.

우선, 네오시온주의는 6일 전쟁 이후 민족주의 우파 및 종교주의자들이 확대 이스라엘을 주장하면서 시온주의의 목표가 적어도 전 세계 유대인들을 이스라엘 땅에 이주시키고 유대 전통(유대교)에 기반한 히브리어 교육으로 유대인의 정체성을 하나로 묶기 전까지는 아직 미완성이라고 보는 견해를 대변한다. 이들은 성서시대의 영토뿐만 아니라, 민족적 기풍이나 품위를 확보하고 확립하려면 훨씬 강력한 민족주의적·종교적 시온주의를 지향해야 한다고 여긴다. 이들은 유대인이 '유대(인만을 위한) 국가'에서 아랍-팔레스타인인들과 평화롭게 사는 것이 불가능하다고 보기 때문에 아랍-이스라엘인(팔레스타인들 중에서 이스라엘 국적 또는 영주권을 갖고 있는 자들)을 '제5열' 혹은 인구학적 취급 대상(인종차별적인 요소가 다분한)으로 여기며, 전 세계에 흩어진 유대인 중 마지막 한 명까지도 이스라엘 땅에 들어와 살 수 있도록 (아랍-팔레스타인인들을 몰아내고 그 자리에) 유대인 정착촌 확장 건설 등을 강력히 요구하고 있다. 이들에게 평화적 해결이란 곧 '억제력과 앙갚음'뿐이다. 또한 이들은 유대 국가의 정치-문화적 세속화는 이스라엘 민족주의의 약화로 이어져 유대 문화와 전통을 훼손하기 때문에 배격해야 할 요소로 보고 있다.

이에 비해 포스트시온주의(이 용어는 1993년 이스라엘과 팔레스타인 해방기구 간에 체결된 오슬로 협정에 대한 좌파들의 입장을 비판한 우파들이 사용한 용어이다)는 기본적으로 시온주의의 운동이 본래 목표로 삼았던 이스라엘 국가 설립으로 완성되었다고 본다. 따라서 시온주의의 보편적 이념, 즉 억압받는 약소민족이 인간으로서의 존엄성을 지킬 수 있는 최소한의 국가 건설 권리는 그것으로 종결되었다고 여긴다. 이들은 반(反)시온주의나 포스트모더니즘과 연계하여 유대인 귀향법 등을 비판적으로 생각한다. 포스트시온주의자들은 과연 이스라엘만이 유대 민족의 안전한 피난처인가, 세상의 다른 어떤 곳에는 좀 더 나은 조건의 유대인들의 거처는 없는 것인가, (민족적) 유대 국가와 (보편적) 민주주의는 양립할 수 없는 것인가, 이스라엘은 유대인만의 국가인가 아니면 시민권을 소유한 모든 이의 국가인가, 이스라엘과 팔레스타인의 갈등은 전적으로 흑백 문제인가, 이스라엘은 그 땅에 진정한 평화를 건설하기 위해 최대한의 노력을 다하고 있는가, 계속되고 있는 갈등의 책임과 원인이 아랍 쪽에게만 있는가? 등을 물으면서, 시온주의 운동사를 통해 작금의 갈등과 분쟁이 어디서부터 잘못 되었는가?에 대한 반성과 성찰을 뒤쫓고 있다.

이러한 주장은 주로 이스라엘 지식인들이나 양식 있는 시민들이 참여함으로써 이스라엘의 정치뿐 아니라, 경제·사회·문화 등 여러 분야에 걸쳐 많은 변화를 가져오고 있다. 이들은 우파들로부터 '자기기만적인 반시온주의자들' 또는 '자기 증오적 유대인들', 심지어 '배신자'라는 비판을 받고 있다.

1968년 예루살렘에서 열린 제27차 시온주의 총회에서는 다음과 같은 5개 항을 결의했다.

1. 유대 민족을 통합하고, 이스라엘을 유대인의 삶의 중심으로 삼는다.
2. 흩어져 사는 모든 나라의 유대인을 이민을 통해 역사적인 조국으로 불러 모은다.
3. 유대 국가를 예언자들의 최고 가치였던 정의와 평화 위에 굳게 세워 나간다.
4. 모든 유대인에게 히브리어, 유대 문화, 유대 정신 및 유대 가치를 교육시킴으로써, 유대 민족의 자기 동일성과 특성을 보존해 나간다.
5. 유대인의 권리를 보호한다.

이와 같은 새로운 결의는 시온주의 운동의 미래를 짐작하게 한다. 즉, 시온주의의 목표는 분명 이스라엘의 건립이었으나, 유대 국가의 건립 자체는 또 다른 목적을 달성하기 위한 필요조건에 지나지 않는 것으로 여기는 것이다. 궁극적 목적은 아직도 흩어진 유대인들이 자유롭게 다시 모여 평화롭고 행복한 삶을 영위하는 것이고, 이는 유대인의 고유한 인도적 권리에 속한다는 것이다. 유대 국가가 창설되었으나 흩어진 백성들이 다 같이 모여 행복하게 살 때까지 시온주의 운동은 지속되어야 한다는 것이다. 그런 의미에서 이스라엘의 건립은 시온주의의 끝이 아니며, 오히려 이 운동이야말로 새로운 이상을 제시함으로써 영속적인 운동으로 변형 또는 재정립되어 가고 있음을 알 수 있다.

시온주의의 운동의 새로운 방향으로는 (1) 이스라엘의 '구심성'(求心性), (2) 흩어진 유대인의 '모음'으로 요약된다. 첫 번째 요소는 이스라엘이 지구상 모든 유대인의 구심점이라는 선언이다. 유대인의 운명을 이스라엘의 운명과 일치시키려는 의도가 엿보인다. 다시 말해서 더 이상 이스라엘 없는 유대인은 없다는 주장이다. 따라서 모든 유대인은 이스라엘을 가장 중요한 관심사로 여겨야 하며, 이스라엘 또한 유대인의 문화, 종교, 교육, 학문 등 모든 분야에 걸쳐 중심 위치를 갖는다. 이러한 시도는 시온주의를 유대인의 생활 속에서 재통합하려는 의도로 해석된다.

두 번째 요소인 '모음'은 시온주의 운동이 지속적으로 견지해 온 이념이다. 이는 세계 곳곳에 흩어져 있는 유대인들이 이스라엘로 모여야 한다는 주장으로, 여전히 디아스포라의 삶 속에서 살고 있는 유대인들은 단지 '시온을 사랑하는 자'일 뿐 시온주의자는 아니라는 논리가 숨어 있다. 그러나 이러한 생각을 거부하는 이산공동체는 유대인들이 세계 도처에 흩어져 살면서 자신들의 지위를 확대해 나가는 것이야말로 이스라엘에 이익이 된다고 주장한다. 특히 디아스포라 유대인 공동체가 역사적으로 이스라엘의 안보와 창조적인 활동력을 보장하고 지탱하는 데 기여해 왔다고 여긴다. 이들은 디아스포라의 삶이 이스라엘에서의 삶과 마찬가지로 동등한 가치와 지위를 지니고 있음을 강조하면서, 이스라엘과 디아스포라의 균형과 상호보완 관계를 중요하게 생각한다. 그것이 오히려 다원문화 환경에 알맞은 삶의 방식이라고 설득한다.

결론적으로 시온주의는 유대 민족의 과거와 미래의 현존을 믿는 믿음이다.

첫째, 시온주의는 반유대주의에 대한 응전이다. 대부분의 민족운동은 자신들이 처한 독특한 역사적 상황에 대한 반응으로부터 시작되며, 외부의 힘에 대한 응전으로 전개되기 마련이다. 시온주의 역시 그러한 시대적 요청의 산물이다. 정치적 운동이란 결코 진공 상태에서 시작될 수는 없기 때문이다. 그런 의미에서 흩어진 유대인들이 처한 반유대주의라는 '가장 오래된 증오'가 없었다면 시온주의는 태어나지 않았을지도 모를 일이다. 민족주의가 역사적 필연성으로 받아들여질 수 없는 상황이었다면 시온주의의 꽃은 개화하지 못했을 것이다. 그럼에도 시온주의 운동의 결과가 반유대주의라는 오래된 문제를 해결했는가 하는 의문은 여전히 남는다. 그런 의미에서 시온주의가 성공했는지 실패했는지 판단하기는 아직 이르다.

둘째, 시온주의 운동에는 항상 안팎으로 주요 적들이 있었다. '포로로부터의 모음'을 구호로 삼고 있던 시온주의는 당시 중서부 유럽의 동화주의자들에게서 웃음거리로 여겨졌을 뿐만 아니라, 시대의 정신과 요청을 왜곡하는 자들이라는 비난을 받아야만 했다. 또한 전통적인 종교주의자들로부터는 오래된 유대교의 가치를 무시하는 세속적인 운동으로 여겨져 강력한 비판의 화살을 맞았다. 나아가 좌파 혁명주의자들로부터는 민족국가 건설이 계급혁명보다 하위의 개념이라 하여 비판받았다. 그러나 시온주의자들은 동화주의를 도덕적으로 비난받아 마땅한 자들로 규정하고 거부했으며, 종교적 전통주의자들을 역사의 수레바퀴를 과거로 끌고 가려 한다고 여겨 비록 '시온으로의 귀향'이라는 목표가 같다손 치더라도 그들과의 제휴를 거부했고, 혁명주의자들을 민족도 없는 냉혈동물로 규정했다.

셋째, 시온주의 운동은 '박해받던 유대인의 자존심과 존엄성을 회복'하고, '자신의 땅에서 자유로운 인간으로 살다가 자신의 고향에서 평화롭게 죽을 수 있는' 유대인을 위한 국가 건설을 목표로 삼고 출발했다. 일단 시온주의 운동은 자신들의 목표를 성공적으로 달성했다. 유대 국가 건설은 2천 년 유대 역사의 대전기를 마련한 것이었으며, 유대인의 삶에 혁신적인 변화를 가져다주었다. 하지만 그것으로 '완성'된 것은 아니었다. 신생 유대 국가가 단일한 이념과 하나의 체계보다는 다양한 유대 문화의 층위들을 차등 없이 연결함으로써 국가와 민족의 진보를 꾀할 것인가 하는 점이 시급한 과제가 되었다.

특히, 전통에 뿌리를 두고 있는 유대 문화와 세속화된 국가가 갈등 없는 조화로움으로 통합할 수 있느냐 하는 것은 이스라엘의 미래를 가늠하는 시금석이었다. 다시 말해서 신생 유대 국가 안에서 종교적 의무로서 할라카를 따르지 않고서도 유대 정체성을 나타낼 수 있는 완전한 세속적 유대 문화를 발전시키는 것이 가능한가 하는 물음에 직면한 것이다. 그래서 제시한 새로운 시온주의의 방향이 아직까지도 유효하게 적용되는 '전 세계 흩어진 유대인들의 정치적 · 문화적 구심점으로서의 유대 국가', '유대 공동체의 생존과 통합'을 표방하기에 이른 것이다. 그럼에도 '시온'이 모든 유대인의 새로운 북극성으로서뿐만 아니라, 고통받는 전 인류 구원의 모델로서, 보편적인 인간성 회복의 중심(사 60:14, 62:1)으로 자리 잡기에는 그 이념의 폭이 너무 좁다는 비판을 면키 어려운 실정이다.

넷째, 이스라엘 국가 독립은 팔레스타인 지역에 급진적인 새로운 문제를 야기했다. 오늘날까지 계속되고 있는 소위 '팔레스타인 문제'는 시온주의가 낳은 사생아인 셈이다. 최소한 시온주의 운동이 처음부터 의도한 결과는 아니었다 하더라도, 적어도 예측/예견 가능한 문제[1]였다는 점에서 시온주의자들의 책임이 전혀 없다 할

---

[1] 헤르츨조차도 팔레스타인 땅이 결코 주인 없는 빈 땅이 아니었음을 잘 알고 있었으나 원주민들이 자신들에게 방을 내어 줄 것으로 믿었다. 유대 철학자 마르틴 부버는 1946

수는 없을 것이다.

매년 수천 명의 유대인 이민자가 팔레스타인 땅에 들어와 정착하면 할수록 그곳에 터전을 두고 살아온 아랍-팔레스타인인들의 고통은 가중되는 셈이다. 자신의 고향에서 평화롭게 살던 팔레스타인인들이 이민자들로 낯선 땅에 들어와 살게 된 유대인들로부터 쫓겨나 어처구니없게도 이제는 고향에서 낯선 이국인으로 취급당하며 살아가게 된 것이다. 더구나 유럽에서 유대인을 박해한 이들이 아랍-팔레스타인인들이 아니었기 때문에, 유대인의 권리 회복 과정에서 아랍-팔레스타인인들이 고통을 당하는 것은 정당하지 못한 것이었다. 이런 상황에서 아랍-팔레스타인인들의 관점에서 시온주의 운동은 곧 과격한 식민주의 운동이었고, 유대인의 팔레스타인 이주는 하나의 침입이었으며, 이스라엘은 영국 등 열강들이 배후에서 조종하는 제국주의의 산물이었고, 유대인은 인종차별주의자들

년에 시온주의자들의 정책이 팔레스타인 지역의 아랍인들과의 협정에 기초를 두지 않고, 국제협정에 두고자 한 것을 비판하면서 "밸푸어 선언이 팔레스타인을 국제적 책략에 의해 '정복'하는 것을 목표로 하고 있는 것으로 해석된다면, 시온주의에 대한 아랍인들의 분노를 일으키게 할 뿐 아니라, 아랍인들은 우리의 노력이 의도를 은폐하기 위한 것에 불과하지 않느냐고 상상하게 될 것이다"라고 보았다. 또 히브리 대학 총장 유다 마그네스도 "만약 유대 국가의 실현이 가능하다면 그것은 무력에 의한 것 외에는 불가능하다. … 아랍인들에게 유대 국가 소리를 하는 것은 금물이다. 왜냐하면 유대 국가란 그 정의에 있어서 유대인이 국가 내에 거주하는 타 민족을 통치하는 것을 의미하기 때문이다"라고 단언했다. 이들보다 앞서 블라디미르 제브 야보틴스키는 이런 가능성을 예견했다. "자국을 스스로 내놓을 국민이 어디에 있단 말인가? 팔레스타인의 아랍인들도 그렇지, 힘으로 강점당하지 않는 한 주권을 포기할 리가 없지 않은가?" 그는 결국 시온주의자들로부터 파문당하여 시온주의 기구에서 추방당하고 말았다.

이었던 것이다. 불행하게도 아랍-팔레스타인인들에게 국제협약에
의한 유대 국가 건설은 곧 불의한 행위의 영속화이자 재앙이었다.

시온주의는 메시아 운동인가

19세기 초 빌나의 가온(Gaon of Vilna)¹은 '귀향'의 메시아적 본질을
강하게 발전시킨 인물로서 고전적인 메시아의 이상을 팔레스타인
에 정착하면서 실천했다. 그와 그의 제자들은 19세기 초(1808~
1847)에 이미 팔레스타인에 들어와 살면서 독특한 메시아 사상을
발전, 구현하고자 했다. 유럽에서 유대인의 정치적 해방을 위한 투
쟁의 시기에 일어난 이 개혁 운동은 포로로 흩어진 유대인들을 다
시 모으는 일과 에레츠 이스라엘(이스라엘 땅)에 유대 왕국을 건설하

---

1 가온(ﬡﬡ)은 바빌로니아 포로시절 수라(Sura)와 폼베디타(Pumbedita)에 세워진 아
  카데미의 우두머리에 대한 공적인 칭호이다.

는 일로 요약된다. 이러한 메시아 사상은 '특별한 신앙'에서 '보편적세계관'으로 변형된 것이었다. 이들의 모토는 "세계의 중심에 전능자의 왕국을!"이었다.

이전까지 정통파 유대인 그룹에서는 일반사회에서 시민권을 획득하는 것과 전통적인 메시아 사상을 구분했으며, 탈무드나 미쉬나에서 언급하듯이 이집트에서처럼 기적적인 해방이 이루어지기 전까지 경제적 힘이나 정치적 수단을 통해 이스라엘을 회복하려는 것을 엄격히 금지하고 있었다. 그러나 가온의 가르침은 율법을 지킨다는 것이 단순히 수동적으로 신에게 예배하는 행위가 아니라, 구체적·능동적으로 이스라엘 땅에 정착하는 행위임을 강조했다. 그에게 구원의 과정이란 단순히 영적인 것 혹은 개인적인 차원의 것이 아니라, 이스라엘 땅에 정착하려는 힘과 의지를 지닌 공동체의 메시아적 행동주의였던 것이다.

역사적으로 유대 신비주의자들은 여러 차례 메시아의 도래 시기와 관련되어 시간을 계산했다. 1096년과 1648년 등이 그것이었다. 그러나 예측은 번번이 빗나갔다. 가온과 그의 추종자들은 예측이 실패한 것은 회개가 부족했기 때문이라며, 유대력으로 "5600년(1840년)[2]이 될 때 하늘의 지혜의 문과 땅의 지혜의 문이 열려 하나

---

2 1840년, 즉 유대력 5600(ת"ר)년이 메시아 시대의 도래 또는 완성과 관련된 해로 이해된 것은 당시 존경받던 많은 랍비들의 주장이기도 했다. 모세 헤스(Moses Hess, 1812~1875) 역시 이 해를 구원의 해로 여겼다. 그는 이 주장의 근거로 구약성경 이사

님께서 이스라엘 민족을 구원하실 것이다"라고 선포했다. 그는 구체적으로 "회당을 짓는 것이 곧 구원의 시작을 알리는 신호"라고 믿으며, 예루살렘에 후르바 회당을 건축했다.

1840년이 되자 메시아적 기대가 더욱 강해지고 팔레스타인 땅으로의 이주가 유행병처럼 번져 나갔다. 그러나 메시아는 나타나지 않았다. 이 시기에 예루살렘을 방문했던 한 기독교 순례자는 "우리는 그들이 조상의 땅으로 돌아가기를 얼마나 원했는지를 잘 알고 있다. 그들은 구원의 시간이 가까이 왔다고 믿었다. 그러나 이 예언이 실패로 돌아가자 자신들의 과오를 깨닫기 시작했다. 몇몇 랍비들은 공개적으로 이것이 잘못된 것임을 선언하기를 주저하지 않았다. 많은 이들이 (기독교로) 개종했다"는 기록을 남겼다. 1842년 세 명의 랍비가 공개적으로 개종했으며, 이듬해 다섯 명의 유대인이 개종했는데 그중 셋은 가온의 제자들이었다. 티코친의 랍비 아비에젤은 이들의 개종을 광야에서 이스라엘 백성들이 시내 산에 올라간 모세를 기다리다 못해 금송아지를 만들던 사건과 비교하면서 5606년(기원후 1846년)을 구원의 절정이라 명하고 그때가 되면 '황무지가 아름답게 꽃피어 날 것'이라 선포했다. 그러나 그해는 19세기 중

야 1장 26절의 "내가… 본래와 같이 회복할 것이라. 그리한 후에야 네가 의의 성읍이라, 신실한 고을이라 칭함이 되리라"는 말씀 중에 나오는 히브리어를 숫자화하여 얻은 것이었다. 이러한 방식의 성경 해석은 유대 신비주의자들, 특히 조하르(Zohar)의 특징이기도 하다.

가장 덥고 건조한 해로 기록되었을 뿐 아무 일도 일어나지 않았다.

이러한 역사적 경험은 인위적인 노력이 메시아주의가 꿈꾸는 땅의 회복에 아무런 영향을 끼칠 수 없음을 깨닫게 해주었을 뿐만 아니라, 거짓 메시아 운동으로 낙인찍히는 결과를 낳고 말았다. 훗날 이 사건에 대해 1966년 노벨문학상을 수상한 바 있는 유대 작가 슈무엘 요세프 아그논(S. Y. Agnon, 1888~1970)은 다음과 같이 말했다. "나는 랍비 코소프스키가 그의 아버지에게 들은 이야기라면서, 누구라도 빌라의 가온의 이름을 들먹이거나 기록하는 자는 추방될 것이라 선언했다고 한 말을 들은 적이 있다."

종교적 구원과 정치적 현실 사이에서

이러한 과정을 겪은 것이 이후 19세기 말 본격적인 시온주의 운동이 시작되면서 여기에 참여한 이들의 이념과 실천이 결코 종교적 성격이 아닌 정치적 운동임을 고집하는 이유가 되었을까?

시온주의자들과 전통적 종교주의자들 사이의 '국가 건설'에 관한 입장은 시대의 흐름에 따라 다양한 반응을 낳았다. 즉, 전통 신앙에 따르면 메시아의 도래는 이스라엘에 구원을 가져다주며, 구원이란 곧 이스라엘의 회복, 즉 땅의 회복을 의미하는 것이었다. 그런 점에서 시온주의 운동은 땅의 회복이라는 구원의 한 과정을 담당하게 될 것이며, 따라서 시온주의 운동은 메시아 운동과 연관성을 갖는다고 볼 수 있다. 그러나 이 문제는 유대인의 정치적 독립을 위한 노력과 전통적인 메시아적 희망을 동일시하느냐 그렇지 않느냐에 따라 매우 복잡하게 전개될 수 있는 사안이다. 갈리시아의 젊은 지도자 오시아스 톤(Ozjasz Thon, 1870~1936)은 "시온주의는 메시아주의의 연장이다. … 시온주의는 반유대주의에 대한 반응이 아니라, 유대 역사의 즉각적인 요구에 대한 반응이다"라고 말하면서 시온주의를 메시아주의의 연속선상에서 해석했다.

그러나 메시아 사상과 시온주의 이념 사이의 구분은 처음부터 명백한 것이었다. 소설가이자 유대인 계몽운동을 이끌었던 페레츠 스몰렌스키(Peretz Smolenskin, 1842~1885)는 1881년 현대 히브리어의 아버지 엘리에제르 벤예후다(Eliezer Ben-Yehuda, 1858~1922)에게 이렇게 말했다.

만약 당신이 팔레스타인에 집단 거주지를 세운다면 가난한 이들을 많이 구제할 수 있을 것이다. 그러나 만일 그것을 메시아의 도래를 위한 길을 예비하는 일이라고 선언한다면 그 일은 심각한 반대에 부딪칠 것이다.

물론 초기 시온주의자들은 시온주의 운동이 과거 유대 민족주의라 불리던 메시아 사상과 닮았다고 보기도 했다. 한 걸음 더 나아가 "메시아는 시온주의 운동으로부터 이미 와 있다"고 말한 바 있던 이스라엘 쟁윌(Israel Zangwill, 1864~1926)은 시온주의의 아버지인 헤르츨을 '아시리아의 대왕 디글랏빌레셀'이라 불렀으며, 모데카이 벤 암미(Mordecai Ben-Ammi, 1854~1932)는 그를 '메시아, 다윗의 아들'로, 슈마리야후 레빈(Shmaryahu Levin, 1867~1935)은 '기드온'으로, 랍비 지그문트 메이바움(Rabbi Sigmund Maybaum, 1844~1919)은 '제2의 바르 코크바'로 부르기도 했다.

그러나 진작부터 헤르츨은 자신의 이 운동은 분명히 메시아 운동과 별개의 것임을 기회 있을 때마다 피력했다. 1904년 이탈리아 왕과의 대화에서 왕이 "아직도 유대인들은 메시아를 기다리느냐?"라고 묻자, 헤르츨은 "일부 종교인들 가운데는 그런 이들이 있으나, 학식이 있고 계몽된 사람들에게 그런 사상은 결코 없다"라고 대답했다. 헤르츨은 결코 메시아적 이미지를 가진 자가 아니었으며, 항상 '거짓 메시아'에 대해 경계하며 메시아주의 운동가들을 '낭만적인' 사람들로 여겼다.

헤르츨은 시온주의를 메시아주의와 관련지으려는 시각을 매우 우려했다. 그는 시온주의가 '순수한 민족운동'이요, 역사적·민족적 재건 운동임을 강조했다. 그는 시온주의 운동을 종교적 메시아 운동의 일환으로 이해하고 동참하는 이들에게 둘 사이의 근본적인 차이를 애써 강조했으며, 그 일로 인해 상당수의 참여자들—예컨대 그가 아끼던 랍비 엘리야 아키바 라비노비츠(Rabbi Elijah Akiva

Rabinowitz, 1861~1917)—과 결별하는 아픔을 겪어야 했다. 헤르츨은 시온주의 운동이 '동시대적 현실 조건에서' 시작된 것임을 누차 강조했다. 여기서 말하는 현실이란 곧 반유대주의로 얼룩진 '정치적' 현실을 말한다. 문제의 핵심은 시온주의의 목표는 정치적 이스라엘 국가 건설이지, 결코 이스라엘의 종교적 전통이 말하고 있는 '신정 정치의 회복'이 아니라는 점이다. 둘 사이에서는 '두 종류의 구원'이 충돌한 것이 아니라 정치적 운동과 종교적 신앙의 충돌이라는 점을 분명히 해둘 필요가 있다. 이스라엘 사회에서 정치와 종교의 갈등은 여전히 존재한다.

여기서 우리는 이 문제를 바라보는 시각을 다음 세 범주로 정리할 수 있을 것이다.

(1) 시온주의는 메시아 운동이며, 그러므로 개탄한다.
(2) 시온주의는 본질적으로 메시아 운동이지만, 그것은 믿을 만한 것이다.
(3) 시온주의는 메시아 운동이 아니며, 그래야만 한다.

이 세 가지 견해는 시대적 상황에 따라 언제나 유동적이었으며, 그러한 시각은 언제나 동시대를 살아가는 사람들의 자화상이기도 했다.

19세기 독일 정통파 유대교 지도자 삼손 라파엘 히르슈(Samson

Raphael Hirsch, 1808~1888)는 기도하는 일을 제외하고 구원을 촉진하는 모든 노력을 죄로 규정하여 엄격히 금지했다. 그런 점에서 그에게 시온주의 운동은 매우 위험한 거짓 메시아 운동이었다. 루블린의 사독은 이스라엘의 구원과 회복이 가깝다는 것은 인정하면서도 시온주의 운동을 그러한 성취를 향한 발전 단계로 이해하는 것은 거부했다. 영국의 초정통파 유대교의 대표 오르는 시온주의를 유대교의 종교사상을 부정하는 이단으로 규정하면서 "우리는 우리의 죄 때문에 디아스포라에서 살아가고 있다. 우리는 다만 하나님의 섭리에 의해 선택되었고 우리는 그러한 선고를 받아들여야만 한다"라고 설파했다.

반시온주의 랍비 펠릭스 골드만(Rabbi Felix Goldmann, 1882~1934)은 "유대 민족주의는 국수주의의 자식이며, 시온주의는 멋있는 국가를 건설하기 위해 종교를 희생시키고 있다"라고 비판했다. 네오칸트 철학자였던 헤르만 코헨(Hermann Cohen, 1842~1918)은 "시온주의가 메시아 사상을 거부하고 있다. … 메시아 사상 없이는 유대교는 없다. … 시온주의자들이 민족적 쟁점을 혼란스럽게 만들었다"라고 비판했다. 결국 이들의 주장에서 종교적 이상을 품고 있지 않은 시온주의자들이 세우려는 국가는 빈껍데기일 뿐이며, 유대 민족의 정체성을 박탈하려는 것으로 비춰졌다. 따라서 이들은 시온주의를 개탄한다.

그러나 이러한 견해는 역사적 상황에 따라 변해 갔다. 이들은 시대의 변화에 따라 자신들의 정체성을 재해석해 갔다. 예를 들어 1917년 밸푸어 선언이 선포되면서 이스라엘 국가 건설의 가능성이 극대화된 시점에서 반시온주의에 앞장섰던 이삭 브로이어(Isaac Breuer, 1883~1946)는 AGUDA(종교인연합) 총회에서 "밸푸어 선언이 하나님의 섭리인가 아니면 사탄의 계략인가"를 물었다. 총회가 이 질문에 대답하지 않자, 그는 만약 토라가 지켜진다면 팔레스타인에 국가를 건설하는 것에 반대하지 않겠다고 주장했다.

또한, 1967년 6일 전쟁이 끝나고 얼마 지나지 않아 브네이브라크에 있는 포네베츠 예시바의 교장인 랍비 엘리에제르 샤스(Rabbi Eliezer M. Schach, 1899~2001)는 한 종교학교 출신의 교육자들에게 연설했는데, 연설의 일부에 이런 대목이 나온다.

… 우리는 메시아의 임재나 구원의 도래가 이스라엘의 토라와 교섭하지 않거나 관계하지 않는 채널을 통해서 생기리라는 것을 믿어서는 안 된다. 구원은 안식일을 범한다든지 (종교적) 가르침을 근절하는 것과는 연관될 수 없다. … 토라는 '땅이 너희를 토하지 아니하리라'(레 20:22)고 말한다. 그리고 구원은—설사 구원의 도래라 하더라도—땅이 토하지 않을 행위로 인하여 시작될 수는 없다. … 참된 구원은 영혼의 구원인 혼의 구원뿐만 아니라, 몸의 구원이 될 것임을 믿어야 한다. 몸의 구원이 영혼의 구원을 결코 무시해서는 안 된다.

랍비 샤스의 말은 6일 전쟁의 군사적 승리, 즉 예루살렘의 회복과 이스라엘 땅의 정복 이후 대다수 종교 그룹이 가졌던 영적 고양의 분위기를 반영한다. 유대 민족이 유다의 성지들, 특히 통곡의 벽, 라헬의 무덤, 족장들의 무덤, 그리고 여러 곳에 대한 주권 회복—이들 지역들은 유대 민족과 유대교의 종교적·물리적 근거와 연결되어 있다—과의 새로운 만남은 구원에 대한 희망이 실제로 이루어지고 있는 중이라는 믿음을 북돋아 주고 강화해 주었다. 종교적이며 전통적인 신앙을 지니고 있는 유대인들은 이러한 역사적 현실들이 메시아적 구원의 현실들과 관련된 것임을 부인하기가 어려웠을 것이다.

이러한 종교사적 견해는 계몽주의 시대 이후 유대교 내에서 확산된 소위 세속화 과정에 대한 나름대로 고뇌에 찬 해석으로 보인다. 전통 유대교는 토라의 가르침과 이에 대한 전통적인 해석에 집착한다. 시온주의가 목표로 삼고 있는 유대 국가가 자신들이 꿈꾸어 왔던 토라 중심의 온전한 이스라엘의 회복과 본질적으로 다르다는 점을 강조하는 것은 이 때문이다. 랍비 샤스가 "이스라엘 국가 건설은 구원 그 자체도, '구원의 도래'를 예표(豫表)하는 것도 아니다"라고 선언함으로써 양자 간의 모순을 해결하려 했던 이유이기도 하다.

그러나 외견상 이 둘의 상이한 견해는 6일 전쟁 이후 세대에게서 구체화된다. 구쉬 에무님(Gush Emunim) 운동[3]을 이끈 랍비 츠비

예후다 쿡(Rabbi Zvi Yehuda Kook, 1891~1982)의 학생들은 "유대 민족은 (이제) 구원의 과정을 경험하고 있는 중이다"라고 선언했다. 한 랍비는 "누군가 '토라를 떠나 믿음을 저버린 사람들이 그 땅을 유업으로 받을까요?' '그 땅으로 돌아가기 위해 토라를 내던지는 것이 이스라엘의 소망인가요?'라고 묻는다면 나는 이렇게 대답할 것입니다. '조금 기다려 봅시다'"라고 말했다.

처음부터 종교적 시온주의자들이 세속적인 방법으로 유대 국가를 건설하려는 정치적 시온주의자들에게 협력하기란 어려웠을 것이다. 그러나 랍비 샤스가 언급한 역설, 즉 '혼과 몸의 구원'은 할라카적으로 볼 때 무모한 수단(안식일을 범하는 등)을 통해서도 이루어질 수 있다는 주장으로부터 점차 협력의 정당성을 찾기 시작했다. 다시 말해서 전통적인 종교사회가 강조하는 '영적인 삶'이 구원의 첫 단계를 구성하는 이스라엘 땅의 정착이라는 하나님의 사명을 이루려는 '대담한 자들'의 물질적인 측면과 불가분 관련된다는 이분법적인 역설의 철학이 새로운 국가 정체성을 확립하는 출발점이 된 것이다. 샤스의 뒤를 이은 랍비 쿡이 정통파 유대교의 종교적 사고, 즉 선과 악, 의와 불의, 거룩함과 더러움 사이의 이분법적 차이를 흐리게 하여 기존의 논리와 사유의 틀을 깨뜨렸다는 비판을 면하기

---

3 이스라엘 정통파 유대인들이 주축을 이루고 있는 이스라엘 재건 운동. 주로 6일 전쟁 이후 점령한 땅에 유대인 정착촌 건설을 주도하고 있는데, 이를 토라의 명령에 근거한 행위로 믿고 있다.

어렵다 하더라도, 밸푸어 선언과 이스라엘 독립, 6일 전쟁의 승리 등으로 종교 진영을 향해 이어지는 새로운 도전 앞에서 시온주의 운동에 대해 어떻게 설명할 것인가 하는 질문에 답해 주기도 한 셈이다.

그렇다면 시온주의는 구원 과정의 한 단계인가? 시온주의의 이념과 운동에 관해 정통파 유대교가 갖는 태도는 매우 복잡하고 내적 모순으로 가득하다. 첫째, 위에서 포괄적으로 논의한 것처럼, 세속주의 운동으로서의 시온주의는 필연적으로 의심쩍은 행위다. 둘째, 그러나 시온주의 운동이 팔레스타인에서 점차 활기를 띠어 가고 국가 건설이라는 목표 달성이 어느 정도 실현 가능해진 정치적 상황에 진입하자 다양한 유대 사회의 집단들이 협력하기 시작했다. 서로 다른 층위의 유대인들이 시온주의자들과 직접 연대하거나, 자신들을 스스로 시온주의자와 동일시하기도 했다. 유대 정체성 형성에 전기를 마련한 셈이다.

그 결과 팔레스타인에서는 의무 규범으로서의 할라카[4]를 따르

---

4 유대법의 총체를 일컫는 말이다. 유대법의 기초는 히브리 성서의 토라(율법)와 랍비 문학의 법(미쉬나와 탈무드), 관습이나 전통을 총망라하여 형성된 것이다. 전통적으로 유대법은 표면적으로 종교생활과 일상생활을 구별하지 않고 모두 포함한다. 즉, 유대 종교 전통은 종교, 민족, 인종, 윤리 등을 분명하게 구분하지 않으며 모든 삶의 영역에 적용되고 있다. '할라카'란 문자적으로 '걷는 길'이 된다. 역사적으로 할라카는 해석에서 수많은 갈래로 나뉘어 있기 때문에 법 적용에 있어 극단적인 문자주의에서 합리주의까지 그 범위가 매우 넓다.

지 않고도 유대 정체성을 나타낼 수 있는 완전한 세속적 유대 문화가 탄생하게 되었다. 다시 말해서 시온주의가 마련한 유대 사회는 오랫동안 민족(혈통)과 종교(유대교)를 구분하지 않고 동일시해 온 유대 문화에 대한 포괄적인 '반역'이었다. 세속주의 운동으로서 시온주의는 종교 전통의 유산에서 유래한 히브리어, 관습, 법률 등을 세속화했기 때문이다.

그러나 이러한 세속주의는 여전히 비판에 직면했다. 1920년 랍비 메나헴 카셰르(Rabbi Menahem M. Kasher, 1895~1983)는 시온주의, 특히 미즈라히(종교적 시온주의자) 운동을 다음과 같이 비판했다.

토라의 계명에 따라 이스라엘 땅에 정착하기 위하여 일하는 데 있어서 노골적으로 종교적 원리를 범하는 시온주의자들을 도와서는 안 된다. … 그들은 '거룩하고 복된 왕의 궁전'인 성지의 세속화를 부추기고 있다. … 시온주의는 수백만 유대인을 타락시켰기 때문에 시온주의의 죄는 더욱 크다. … 공적으로 안식일을 범하는 것은 배교 행위이며, 그들은 더 이상 유대인이 아니라고 여길 것이다. … 신민족주의라는 이름의 금송아지가 일어났으니 부끄러움의 외투가 모든 죄인에게서 벗겨졌도다. 그들은 젊은 유대인들로 하여금 토라를 어기고—하늘이여 막으소서!—자신들의 욕망대로 살게 하며, 거룩한 말[5]을 유창하게 하게

---

5 히브리어. 정통파 유대인들은 히브리어를 기도할 때만 사용하고, 일상어로는 이디시어를 사용한다.

하고, 이스라엘 땅에 정착하도록 선동하며, 주의를 딴 곳으로 돌리도록 다양한 수단을 사용하고 있다.

이처럼 오늘날까지도 종교주의 전통 안에서도 시온주의와 국가 건설에 대한 다양한 견해가 공존하고 있다. 밸푸어 선언은 유대 역사를 시온주의 편으로 모으는 첫 단계였다. 양차대전 기간에 동유럽의 유대인들이 팔레스타인을 자신들의 피난처로 바꾸었다. 독일의 나치 통치는 반시온주의 종교운동인 '아구다트 이스라엘'(Agudat Yisrael: 이스라엘 연합)조차 팔레스타인으로 불러들였다. 홀로코스트와 같은 극적인 사건이 전통적인 유대교 신학에 실존적인 딜레마를 가져다주었다. 이스라엘의 국가 건설이 결코 '구원의 도래'를 의미하는 것이 아니라는 기본적인 입장을 고수하는 사람들도 이제는 순진하게 '선은 악에서부터 나올 수 없다'는 생각에 머물러 있을 수 없었다. 그럼에도 종교적 구원의 완성은 '흩어진 백성들이 돌아오고, 이스라엘 땅이 완전히 회복되고, 그리고 할라카의 완전한 실천이 이루어질 때' 비로소 이룩된다는 종교주의자들의 주장이 완전히 철회된 것은 아니다. 그런 의미에서 이스라엘 혹은 유대 국가의 정체성에 대한 논의는 아직 끝난 것이 아니다.

4장

오늘날, 유대인은 누구인가

처음에 디아스포라[1] 유대인은 비자발적인 추방으로부터 발생되었다. 유대인은 빼앗긴 고국에서 추방되어 '포로'로서 여러 주인-국가나 주변 지역에 흩어져 이주 또는 정착하여 소수자로 살았다. 그들은 오랫동안 뿌리 없는 정착생활을 하며 과거 자신들의 민족-국가적 정체성을 유지할 것인가의 여부를 놓고 고민해 왔다. 많은 차별

---

1 '디아스포라'의 기본 개념을 요약하면 다음과 같다. (1) 본래 '중심'에서 분산되어 두 개 이상의 해외에 흩어질 것, (2) 고국에 대한 집단적 기억, 비전 또는 신화를 가지고 있을 것, (3) 주인-사회로부터 전적으로 또는 부분적으로 받아들여지지 않았다는 확신, (4) 상상으로나마 고국을 그리거나 조건이 허락하면 돌아가겠다는 생각, (5) 모두가 고향의 유지나 재건, 안전과 번영에 대한 헌신적인 의지를 가질 것, (6) 오랜 기간 강력한 인종-집단의식이 유지되고, 공동의 역사나 운명을 나눌 것이라는 믿음을 가질 것.

과 편견과 박해 속에서 얼마의 유대인 디아스포라 공동체의 경우 민족-국가적 정체성은 종교적 신앙으로 끈질기게 동화를 이겨내고, 신앙을 버팀목 삼아 버텨 왔다.

차별이 완화되면서 점차 지위가 향상되고 경제적 형편이 나아지자 상당수 디아스포라 이민자들은 주인-국가 내에서 자신들을 '포로'(捕虜) 또는 '유민'(流民)으로 간주하지 않았다. 계몽주의 시대에 처음으로 자신들의 정체성과 동일성이 최우선적으로 민족이나 인종에 기초한다는 생각을 버리게 되었다.

근대에 들어서자 유대인들에게도 시민권이 주어지고 자신들이 속한 사회의 완전한 일원이 될 수 있는 조건—"유대인으로서 유대인들에게는 아무것도, 시민으로서 유대인들에게는 모든 것이 (주어졌다)"라는 프랑스 작가 다니엘 할레비(Daniel Haléevy)의 말처럼—이 마련되자, 이전의 전통적인 민족이나 종교—"유대교는 더 이상 종교가 아니라 불운이다"라는 독일 시인 하인리히 하이네의 말처럼—보다는 보편적 시민으로서, 고국에 대한 낡은 향수보다는 주인-국가에 대한 우선적인 충성심이 더욱 커져 갔다.

소위 동화된 유대인들의 연대의식은 빠르게 확산되었고, 엘리트 계층이나 전문 활동가들에 의해 문화적 · 사회적 · 정치적으로, 특별히 경제적으로 풀뿌리 차원까지 깊숙이 촉진되어 갔다. 주인-국가 내에서 또는 초국적으로 경계를 넘나들면서 자신들의 역량을 확대하기 위해 점차 조직화되었고 집단 활동은 증가했다. 디아스포라 공동체의 특성을 활용하여 미로 같은 초국적인 네트워크를 촘촘하게 구성하고 활발한 경제활동을 전개했다. 그러나 이들의 경제적 가치가 커질수록 디아스포라 유대인 세계에 대한 주인-국가들의 태도는 더욱 이중적—이는 또한 민족·국가·종교적 특징을 지닌 유대인 디아스포라 공동체의 정체성이 점차 약화된다는 것을 의미하기도 한다—이 되어 갔다. 디아스포라 유대인들이 주인-국가의 발전에 기여하리라는 기대와 더불어 언젠가 세력화될 때 위협이 될 수 있다는 경계심이 동시에 작용했던 것이다.

그런 과정에서 디아스포라 유대인 공동체는 고국과 주인-국가 사이에서 충성심이 모호해지거나, 나뉘거나, 이중적인 것이 될 수밖에 없었다. 디아스포라가 자신들의 주인-국가 사회나 정부와의 마찰을 가급적 피하기 위해 모호한 태도를 견지하거나, 상황과 사안에 따라 고국이나 주인-국가에 각각 충성심을 나누어 사용하거나, 또는 양 진영에 대한 충성심이 서로 대립하는 것이 아니라고 보기 때문에 사전에 갈등을 예방하기 위해서는 양 진영의 법률과 문화와 관습을 존중하고, 나아가 두 공동체 사회 모두에 상당 부분 기여하며 살아가거나 했다. 이러한 과정들과 태도의 변화들은 어느 정도 디아스포라와 주인-국가 사이의 관계에, 그리고 그들과 고국 사이의 관계 설정에까지 영향을 끼쳤다.

그러나 일반적으로 말해서, 오늘날 글로벌 사회 환경에서 디아스포라 공동체에게 오직 한 나라나 한 사회에 온전한 충성심을 요구하는 것은 더 이상 곤란해졌다. 이중문화, 이중언어 등 문화적 하이브리드 사회에서 기여하고 봉사하고 일하며 살아가는 디아스포라 공동체 이민자들에게는 공민권이나 정치 참여조차 중복적이거나 다초점이 되었다.

그런 맥락에서 디아스포라 사회는 경제활동의 발달, 문화생활의 향유, 조밀한 네트워크 등으로 인한 초국적 사회가 되어 가고 있다. 디아스포라 사회가 고국에 대한 경제·사회·정치적 충성심이 약화되거나 나뉜 것처럼 보이는 것은 어디까지나 고국이 여전히 '유일한 고향'이라는 고전적 생각에 바탕을 둔 까닭이며, 주인-국가 또는 이민자 수용 국가의 입장에서 그것이 문제처럼 보이는 것 역시 '하나의 사회'에만 속할 것을 강요하는 낡은 사고 때문이라 할 수 있다.

디아스포라 유대인 세계가 주인-국가로부터는 '불충'(不忠)으로 의심받고, 이스라엘로부터는 고국에 대한 충성심이 줄어들었다는 이중의 비판을 동시에 받는 것도 바로 새로운 시대 변화에 적응하지 못한 낡은 사고 때문이다. 이제는 이스라엘과 디아스포라 유대인 공동체의 관계가 새롭게 '정상화'될 필요가 있다.

두 개의 국가, 하나의 조국

역사적으로 유대인 디아스포라의 발전 및 변화과정은 크게 세 시기
로 나뉜다.[2] (1) 역사적 디아스포라 시대(고대 및 중세 시대), (2) 새
로운 디아스포라 시대(산업혁명 이후), (3) 민족-국가 디아스포라
시대.[3]

그러나 보다 엄격히 말해서 디아스포라 유대인 세계는 크게 이
스라엘 독립 이전(국가 없는 디아스포라)과 이후(고국과 연결된 디아스

---

[2] 학자들에 따라 유대인 디아스포라의 시기는 다양하게 나뉜다. 라이스(M. Reis)는 (1)
고전시대, (2) 근대, (3) 현대로 나누면서 근대를 다시 (i) 유럽의 확산(1500~1814
년), (ii) 산업혁명(1815~1914년), (iii) 양차대전(1914~1945년)으로 각각 나누고
있다.

[3] 19세기 말 시온주의의 탄생은 유럽에서 민족주의가 발흥하던 때와 일치한다. 당시 디
아스포라 유대인들이 직면한 주요 문제는 민족·국가·종교적 정체성을 창조하거나
고안해내는 것이 아니었다. 자신들이 속한 유럽 사회의 동화와 통합—이는 곧 유대교
적 신앙과 삶의 '세속화'를 의미하는 것이었다—에 대한 유혹의 증가 속에서 어떻게
개인 혹은 집단으로서 유대인으로 살아남느냐 하는 것이었다. 이는 역사적으로 아주
오랫동안 그들이 겪어 왔던 것들보다 훨씬 심각한 중대한 문제였다. 즉, 반유대주의가
팽창하는 가운데 살아남기 위한 동화/통합이냐 '새로운 선택'이냐 하는 기로에 서 있었
다. 여기에는 (1) 동화냐, (2) 통합이냐, (3) 사회주의 계급투쟁이냐, (4) 문화·정치적
자치냐, (5) 협력이냐 등의 선택 가능성 너머에 있는 것이었다. 지리적으로 여러 지역
에 퍼져 있거나 이념적으로 다양한 사상을 가진 디아스포라 유대인 세계가 생존을 위
한 '새로운' 전략에 민족적 합의를 이끌어내는 일은 아주 어려운 과제였다. 이런 상황
가운데 '새로운' 선택이 등장한다. 곧 시온으로 돌아가, 독립 국가를 건설하자는 선언이
었다. 양차대전과 홀로코스트를 겪으면서 '신화적' 시온주의 운동은 현실적으로 디아
스포라 유대인 세계가 선택할 대안 전략이라는 확신을 갖도록 크게 고무시켰다. 국제
사회는 고통 받는 유대인들에게 주권을 가진 국가를 세울 정당한 권리를 점차 인정하
기 시작했다.

포라)로 나눌 수 있다. 이스라엘 독립(1948년)이 디아스포라 세계의 지위와 자의식뿐만 아니라 이후 양 진영 사이의 관계 설정에도 결정적으로 중요한 변화를 가져다주었기 때문이다.

1948년 건국 이래 이스라엘-디아스포라 관계는 다시 세 시기로 구분된다.

(1) 1948~1960년대까지 대부분의 이스라엘 사람들, 특히 정치 지도자나 관료들은 신생 국가의 독립에 고무되어 강력하고도 명백하게 유대인 디아스포라의 존재를 부정하고, 이스라엘이 유일한 세계 유대인 사회의 피난처이자 중심임을 설파했다. 이스라엘 사람들은 가능한 한 많은 유대인이 디아스포라의 '포로' 생활을 청산하고, 고향 땅 이스라엘로 '귀향'해서 고국의 유대 공동체에 합류하도록 요구하고 희망했다. 1950년에 제정된 유대인 귀향법[4]에 따라 전

---

[4] 1950년 7월 5일 제정된 이스라엘 법으로, 유대인이면 누구나 이스라엘로 돌아와 시민권을 얻고 정착할 권리를 정하고 있다. "모든 유대인은 올레(이민자)로 이 나라로 돌아올 권리를 가진다"고 선언하고 있는 이 귀향법은 1952년 국적법에 들어가고, 1970년에는 조부모나 배우자가 유대인이 아닌 경우에도 해당한다고 적용 범위를 넓혔다. 이전까지는 모계 혈통에 유대 조상의 피가 흐르는 자나 유대교 개종자들만을 귀향권자로 여겼다. 귀향법의 목적은 유대 문제는 유대 국가 건설로 해결하자는 시온주의 운동을 지원하는 데 있다. 귀향 즉시 시민권을 부여한다. 유대 이민자의 증가는 인구학적으로 팔레스타인 내의 아랍 인구 증가를 훨씬 능가하는 것이었을 뿐만 아니라, 종교적인 유대인들이 대량 이주해 옴에 따라 이스라엘의 정치·사회에 종교적 요소와 영향력이 신장되는 결과로 이어졌다. 1989년 이스라엘 대법원은 타 종교를 가진 자나 메시아닉 유대인(예수를 메시아로 믿는 유대인)에게는 귀향법에 의한 이민 자격을 제한했다. 귀향법이 제도적 인종차별에 해당한다는 비판이 있다. 팔레스타인인들에게도 동등한

세계에서 밀려들어오는 유대인 귀향자들은 급증했고, 1956년 제2차 중동전쟁(시나이 전쟁)은 디아스포라 유대인들의 기금이 이스라엘로 넘치도록 흘러들어오게 만드는 계기가 되었으며, 1967년 제3차 중동전쟁(6일 전쟁)에서의 승리는 이스라엘이 전 세계의 흩어진 유대인들의 중심으로서 완벽하게 '헤게모니'를 장악하는 계기가 되었다.

이 시기 디아스포라 유대인의 충성심은 시험대에 오른다. 고국 이스라엘로 '귀향'할 것인가? 여전히 이민사회에서 '포로'로 남을 것인가? 고국의 부름은 거셌고, 디아스포라 사회는 그 압박에 술렁였다. 충성심 택일 논쟁에서 두 진영의 힘겨루기는 팽팽했다. 급기야 1950년 8월 23일, 초대 수상 벤구리온과 미국 유대인 사회의 지도자 블라우슈타인 간의 협약은 "미국의 유대인들은, 집단으로 그리고 개인적으로, 미국이라는 하나의 유일한 정치적 연결 장치만을 가진다. 그들은 이스라엘에 대한 정치적 충성을 빚지고 있지 않다"는 선언과 함께 이스라엘은 디아스포라의 업무에 쓸데없는 간섭을 자제하기로 합의함으로써 긴장 국면을 완화시켰다. 오늘날까지 미

자격을 주지 않는다는 것이 비판의 근거다. 2011년, 유대인 동성애자 커플의 이민 신청에 대해서 유대인 남자에게는 즉시 시민권을 발급했으나, 그의 파트너는 거부했다. 귀향법에 따르면 유대 이민자의 배우자는 시민권을 받을 수 있다. 2007년 네오나치즘의 부활이 소련에서 이주해 온 청소년들 사이에서 일어나자, 유대인과 이스라엘을 증오하는 사람들에 대한 이민 제한을 골자로 한 귀향법 개정 운동이 일어나기도 했다. 귀향법은 아직까지 이스라엘 사회 내에서 '누가 유대인인가?'에 대한 논쟁이 계속되는 원인이 되고 있다.

국 내 이스라엘을 위한 가장 강력한 유대인 로비 창구로 활용되고 있는 AIPAC(미국·이스라엘공공정책위원회: American-Israeli Political Affair Committee)이 창립된 것은 1954년, 바로 이때였다.

물론 이 시기 전 세계 유대인 사회는 여전히 국가의 정체성에 대한 논의로 들끓었다: 이스라엘은 종교국가인가 세속국가인가? 사회주의인가 자본주의인가? 팔레스타인과는 어떤 관계를 설정할 것인가? (이것들은 주로 도구주의적―도구주의에서 도구란 사상이나 관념이 환경 지배 도구로서의 유용성에 따라 가치가 정해진다고 하는 미국 철학자 존 듀이의 설에 근거한다―요소들로써 새로운 환경에서 발생한 이념적 논의였다.) 누가 유대인인가? 결혼과 이혼의 기준은 무엇인가? 개종은 어떤 기준으로 인정할 것인가? 귀향법의 법적용은 누구까지인가? 시민권의 획득 기준은 무엇인가? 아랍-팔레스타인인들에게도 이스라엘 시민권은 주어져야 하는가? 국가의 존재를 인정하지 않는 초정통파 유대인은 어떻게 할 것인가? (이것들은 주로 초생적(初生的)인 요소들로써 원초적으로 디아스포라 유대인 세계가 겪어 왔던 문제들이 고스란히 국가 내로 이관된 주제들이다.) 아울러 예루살렘은 누구의 소유인가? 예루살렘은 이스라엘의 수도인가? '영토 회복'은 국제사회의 결정을 따를 것인가 '확대 이스라엘'을 구현할 것인가? (이것들은 주로 상징적인 요소들로써 아직까지 미제(謎題)로 남아 있다.) 이처럼 이스라엘 국가의 정체성에 대한 도구적이고, 초생적이고, 상징적인 논쟁은 여전히 계속되고 있으며, 이에 대한 세속적·종교적 시각차는 여전히 크고 깊다.

(2) 1973~1990년대까지 이스라엘이 전쟁, 학살, 분쟁, 테러 등으로 심각한 타격과 함께 국제사회로부터 비난이 거세게 일자, 세계 유대인 사회는 자신들의 유일하고 안전한 피난처이자 구심점으로서 이스라엘의 존재 능력과 도덕성 자체를 의심하기 시작했다. 1973년 제4차 중동전쟁(욤키푸르 전쟁)에서의 충격적 패배와 1982년 시작된 레바논 침공은 국내외를 막론하고, 특히 디아스포라 유대인 사회의 결속력과 충성심에 치명상을 입혔으며, 이스라엘에 대한 실망은 비난의 화살로 이어져 빗발쳤다(1978년 이집트와의 극적인 평화협정은 이런 맥락에서 취해진 조처였다). 이는 디아스포라 유대인 공동체가 이스라엘보다 상대적으로 안전해졌고, 주인-국가 내에서 디아스포라 유대인의 지위가 향상되었으며, 이스라엘에 대한 디아스포라의 역할이 어느 때보다 중요하게 인식되면서 생긴 변화다.

게다가 사회적으로 이스라엘에 사는 홀로코스트 생존자들은 나이가 들어 죽어 갔고, 젊은 세대는 그들의 역사적 기억을 점차 잊어 갔다. 급기야 1987년 겨울 이스라엘의 팔레스타인 점령에 맞서 일어선 인티파다(팔레스타인의 독립을 위한 투쟁과 소요)는 국제사회는 물론 디아스포라 유대인 세계로부터 이스라엘의 지위에 대해 심각하게 재고(再考)하도록 만들었다. 아직까지 이 시기(약 15년간)에 미국 유대인 단체가 모금한 총액의 약 65%―1990년대 이후에는 약 25%만이 이스라엘로 오고, 나머지 75%는 지역 내에서 사용된다—가 이스라엘로 보내졌으나, 1987년 이스라엘 스파이 혐의로 체포되어 종신형에 처해진 미국계 유대인 정보요원 요나단 폴라드 사건이 터지면서 고국과 주인-국가 사이의 '이중의 충성심'을 놓고 다시 한바탕 소란이 일어났다.

같은 시기 중요한 추가적 논쟁에는 전 세계에 퍼져 있는 디아스포라 유대인의 구심점이 어디에 있느냐 하는 것이었다. 이스라엘과 디아스포라 유대 공동체—가장 큰 규모는 북미(미국과 캐나다), 프랑스, 러시아, 독일이다—사이에서 정치-문화적으로 어디가 더욱 강력한 구심점 역할을 해야 하느냐를 놓고 많은 토론이 벌어졌다. 여기에는 시온주의 이념의 적용을 놓고 이스라엘 독립이 시온주의의 끝(완성)인가? '새로운' 시온주의는 계속되어야 하는가? 하는 토론과도 연관되어 있을 뿐만 아니라, 디아스포라 유대인의 지위와 역할의 문제와도 결부된 것이었다. 토론 과정에서 불거져 나온 주제들 가운데는 디아스포라 세계에서 살아가는 유대인들의 주인-국가와 이스라엘 사이에 미묘한 정치적 긴장관계를 불러일으키기도 했다.

(3) 세 번째 시기는 1990년대 이후 현재까지로, 갑자기 소비에트 연합이 붕괴되고 국제사회의 질서가 재편되는 과정에서 발생한 이스라엘과 디아스포라 간의 의미 있는 관계 변화가 그 시작 지점

이다. 기대하지도 않은 100만 명가량의 러시아 유대인 이민자—이들 대부분은 시온주의자들이 아니며, 그 속에는 비유대인 러시아인들이 많이 섞여 있었다. 조사에 따르면 이들 90%가 비종교인이다—가 '정치적 결정'에 의해 엑소더스처럼 대거 유입되면서 이스라엘과 세계 유대인 사회는 심하게 출렁였다. 우선 표면적으로 인구통계학적 변화가 크게 발생했다. 순식간에 새 이민자를 합한 이스라엘 인구(약 500만 명)가 미국 내에 거주하는 유대인(약 600만 명)과 거의 맞먹는 수준에 이르렀다. 이는 세계 유대인 사회의 중심부와 주변부가 순식간에 뒤바뀔 정도의 큰 변화였다.

주요 지역의 유대인 인구 분포(1970~2015)[5]

지역	1970		2015		비율 변화(%)
	수(명)	비율(%)	수(명)	비율(%)	
세계	12,662,400	100.0	12,950,200	100.0	2.3
디아스포라	10,080,200	79.6	7,856,000	60.7	-22.1
이스라엘	2,582,200	20.4	8,059,000	62.2	312.1
미국	6,199,800	49.0	6,071,600	46.9	-2.1

아울러 대규모 러시아 이민은 최초의 초국적(超國籍)인 사건이

---

[5] Sergio Della Pergola, Uzi Rebhun, and Mark Tolts, "Contemporary Jewish Diaspora in Global Context: Human Development Correlates of Population Trends," *Israel Studies* 10(2005), pp. 64, 72.

었다. 러시아-이스라엘 사람들의 초국적 활동은 사회-문화적으로 기존의 이스라엘 사회를 순식간에 뒤엉키게 만들어버렸다. 다수자로서의 러시아 이민자 사회는 소위 '러시아인 거리'라 불리는 영역을 확보하고 거의 지역 사회와의 사회-경제적 교류 없이 분리된 채 독자적인 삶의 터전과 생활방식—대부분 러시아어 및 러시아 문화만을 고집한다—을 구축함과 동시에, 하나의 정치집단으로서 정치적 힘—나탄 샤란스키가 창당한 〈Israel ba-Aliyah〉는 1996년 선거에서 7석을 얻었고, 그 후 러시아 이민자를 위한 두 개의 정당이 더 생겼으며, 지금까지 지속적으로 상당한 정치적 힘을 갖고 있다. —을 발휘하고, 고국과 러시아 간의 가교 역할을 수행하고 있으며, 훌륭한 고학력 인적자원으로서 이스라엘의 과학-기술, 경제, 농업, 예술 분야에 크게 기여함으로써 '새로운' 러시아-이스라엘인이라는 초국적 정체성을 창안해냈다.

여기에다가 에티오피아에서 들어온 대규모 '귀향/이민'(그들은 Beta Israel, Falasha 등으로 불림)은 아주 최근까지도 여러 논쟁—여기에는 비유대인 기독교 이민자들의 정체성 문제, 그들의 개종 과정 거부 문제, 사회 통합 문제, HIV 문제, 후속 세대 문제, 자살 문제, 사회적·인종적 차별, 이민자 우대정책 등이 포함된다—을 거치면서 그들을 유대 사회의 일원으로 받아들이기조차 어렵다는 이스라엘 사람들의 심각한 태도 변화를 가져왔다. 상대적으로 에티오피아 이민자들 역시 자신들이 다른 디아스포라 유대인과 마찬가지로 고국으로 돌아온 유대인으로 대우받기를 간절히 원하고 있는 형편이다. 에티오피아 이민자 유입은 디아스포라 유대인이 존재하는 한 귀향/이민은 필요하지만, 그것이 무엇/누구를 위한 것이냐에 관한 좀 더 새로운 차원의 문제를 제기한 채 이스라엘 사회 내 '종파적 구조' 균형에 관한 논의를 이끌어냈다. 이는 지난 20년간 이스라엘을 높은 수준의 문화나 문명을 가진 국가로 대하지 않았던 세속적-진보적인 디아스포라 유대인들의 인식과 태도와도 관련된 것이다.

1990년대 이후 글로벌 세계에서 일어난 주목할 만한 변화들로는 글로벌화, 유럽 통합, 유능한 인력들의 자유로운 유동과 유입, 국경 없는 네트워크 통신기술의 출현, 디아스포라 사회의 경제적 지원 능력 증대, 민주주의의 신장, 고국과 주인-국가 사이의 정치적 갈등이 사라지고 지리적·외교적·정서적 거리가 축소되는 등의 여러 요소를 꼽을 수 있다.

이러한 환경 변화 속에서 진행된 대규모 유대인 이민은 이전처럼 반유대주의적 재앙이나 홀로코스트 같은 정신적 외상 또는 시온주의자 이념에 의한 '귀향'이 아니다. 이는 더 나은 삶의 '기회 찾기'의 일환으로 발생한 글로벌 차원의 '이주'로써 고국과 디아스포라와의 관계는 물론 디아스포라 유대인 세계에 대한 이스라엘 사람들의 태도 등 패러다임을 근본적으로 바꾸어 놓았다.

국가주의를 넘어서

오늘날 디아스포라 세계는 훨씬 다양하고 복잡해졌다. 문화-사회적으로 동질성/통일성은 최소화되고, 다양성/이질성은 커지고 있다. '고전적' 디아스포라가 멸망과 '포로' 생활로 인한 직접적이고도 광범위한 대규모 이산(離散)과 연관된 것이라면, '현대적' 디아스포라는 사회적 붕괴나 혼란 또는 더 나은 정치적·경제적 삶을 찾는 과정에서 비롯된 이주(移住)의 성격이 강하기 때문에 고국과의 결정적인 단절이나 뿌리 뽑힘을 의미하는 것이 아니다. 여기서 새로운 패러다임으로서 '디아스포라화'는 '글로벌화'와 그 맥락을 같이하고 있음을 알 수 있다.

심지어 자주성과 자율성이 크게 강화된 디아스포라 유대인 공동체들이 좀 더 솔직하고 자유롭게 이스라엘 (우파) 정부나 (종교) 정당의 여러 정책—예컨대 인종차별주의적인 남아프리카공화국과의 협력, 팔레스타인과의 평화협정 과정에서의 부적절한 결정, 점령지 내의 유대인 정착촌 건설, 그리고 최근 불거진 미국 대사관의 예루살렘 이전 등 민감한 의제가 포함된다—을 비판하고, 자신들을 향한 이스라엘의 무리한 요구와 정치적 속임수를 비판하고 나섰다. 이는 국제사회의 이스라엘에 대한 비판적 여론과 팔레스타인에 대한 동정적 여론이 교차하는 가운데 이스라엘의 고립이 점차 심화되는 것과도 추이를 같이한다.

이와 관련해서 최근 디아스포라 유대인의 이스라엘 방문자와 이민자 수가 현저하게 줄어들자, 디아스포라 유대인들에 대한 이스라엘 내 여론 또한 부정적으로 흘러갔다. 급기야 이스라엘 지도자와 전문가들은 디아스포라 유대인들이 더 이상 이스라엘의 일에 참견할 권리가 없음을 선언하기에 이른다(이는 1950년대와는 주객이 완전히 뒤바뀐 것이다). 이들은 이스라엘에 들어와 살지 않으면서 이스라엘 정부의 결정/정책에 대해 왈가왈부할 권리는 없는 것이라며, 디아스포라 유대인들을 향해 "돈이나 내, 입은 닥치고!"라며 비대칭적 관계를 요구하기도 했다.

이러한 상호간의 불편한 비판적 관계는 그동안 디아스포라 유대인 세계가 보편적으로 취해 온 태도가 아니었다. 현실적으로 이스라엘은 늘 박해와 갈등의 위기에 처한 디아스포라 유대인 동포를 구조하고 지원하는 일에 힘써 왔으며, 디아스포라 유대인 세계 역시 이스라엘 정부의 정책과 결정에 대해 꾸준한 지지를 보내 왔다. 하지만 두 세계가 밀접하게 연결되어 작동할수록, 전통적으로 낭만적 관계를 유지하던 때보다 훨씬 더, 두 공동체 간의 비판적인 관계 검토가 요구되곤 했다.[6] 본래 방관자나 관람객의 대부분은 사건에

---

[6] 2012년 미국계 유대인을 대상으로 한 조사에 따르면 자신의 삶에서 '유대인'이 얼마나 중요한가 하는 물음에 36.1%가 매우 중요, 30.4%가 중요, 16.7%가 별로 중요치 않음, 그리고 14.3%가 전혀 그렇지 않다고 응답했으며, 자신이 동의하든 그렇지 않든 이스라엘을 얼마나 돌봐야 한다고 생각하느냐에 대한 물음에 38.7%가 매우, 31.9%가 그저 얼마간, 12.5%가 불필요, 14.6%가 아주 불필요하다고 응답했다. 이는 2001년 같은

직접 개입하거나 간섭하지 않는 반면, 강한 유대관계 속에서 관심과 이해관계가 커질수록 사안은 늘 복잡해지고 다양한 견해가 나타나 시끄럽기 마련이다.

요약하면 고전시대에 '강제 이산'으로 시작된 유대인 디아스포라는 전근대 사회에서 하나의 불운으로 간주되었다. '약속의 땅의 상실'은 곧 하나님의 징벌(심판)이자 역사의 종언을 의미했기 때문이다. 근대 민족주의의 부상과 함께 '하나의 민족에게 하나의 국가'라는 목표가 생겼고, 시온주의자들에 의해 유대 민족국가가 탄생하고, 흩어졌던 백성들이 고토에 다시 모이기 시작하면서 그 불운은 끝난 것처럼 보였다.

그러나 오늘날 빠른 속도의 글로벌화로 인해 민족이나 인종, 종교 단위의 국가보다는 훨씬 넓고 다양한 형태의 제도나 기구가 생겨나면서 민족-국가 시스템에 위기가 닥쳐왔다. 더 이상 어떤 고정적인 기원이나 뿌리에 부착될 필요도, 정주의 목적지라는 종착역을 가질 필요도, 사회적 정체성과 민족적 정체성 사이가 반드시 일치할 필요도 없게 되었다. 이제는 민족주의자들이 주장하는 특정 영토적 민족국가의 틀이 사회정체성을 규정짓는 유일한 기준이 될 수 없다. 글로벌화는 디아스포라 공동체로 하여금 민족국가 차원을 뛰

조사에서 매우 돌봐야 한다 72%, 그럴 필요가 없다 26%와 비교해 볼 때 두드러진 변화를 드러낸다.

어넘는 '초국적', '탈영토적' 역할을 요구하고 있다.

이런 맥락에서 민족-국가인 이스라엘 건국 이후 디아스포라 유대인 세계와의 관계는 다음과 같이 변했다.

(1) 독립 이전까지 매우 강력하게 유지되던 디아스포라 유대인 사회의 우월적 지위가 독립 이후 차츰 고국이 주도권을 쥐면서 넘어가기 시작했다.

(2) 1970년대 이후 초래한 이스라엘의 위기 상황에서 고국의 구심성이 의심받으면서 디아스포라 유대인 세계의 지위와 중요성이 다시 부상했다.

(3) 1990년대 이후 세계가 재편되는 과정에서 대규모 이민자가 유입되며 인구통계학적 균형이 거의 역전되는 상황이 전개되면서 이스라엘과 디아스포라 세계 사이의 관계가 더욱 '정상화/다원화'되어 가는 추이를 보인다.

디아스포라 유대인의 정체성과 귀속 의식

오늘날, 과연 누가 유대인인가? '하나'의 유대인은 있기나 한 것인가? 이것은 결코 진부한 질문이 아니다. 하나의 민족 집단이란 '공통의 기원, 구별된 역사와 운명, 독특한 성격, 집단 연대감 등의 집합'이라고 정의할 때, 유대 민족은 여기에 종교를 추가해야 할 것이다. 그런 점에서 '유대성'(Jewishness)은 혈통(친족관계)과 신앙(종교)의 용해물이다. 그러나 근대 세속주의의 부상으로 인종적·종교적 정체성은 점차 해체되고, 민족주의 운동으로서 시온주의가 성취한 정치적 실체로서 '국가 내의 민족', 즉 민족-국가가 그 내용을 대체하고 있는 형국이다.

시온주의자들의 가설에 따르면, '한 민족'(one nation)이 존재하므로 '한 국가'(one state)가 필요한데, 유대 국가 건설은 곧 유대 민족의 부활을 의미한다. 그러나 정치적 시온주의 운동이 유대 국가 건설에는 성공했지만, 그것이 곧 디아스포라 유대 민족의 부활을 가져다준 것은 아니었다. 역설적으로 유대 국가가 건설되고 70년이 지난 오늘날 디아스포라 유대인 세계의 존재가 의심받고 있다. 왜냐하면 '세속적' 시온주의 이념이 오히려 유대인을 유대교 신앙으로부터 멀리 밀어내고, 이제는 '세속 국가' 이스라엘이 전 세계의 유대인을 하나로 묶는 유일한 '유대성'의 준거가 되었기 때문이다. 민족-국가로서의 이스라엘이 디아스포라 유대인의 집단 정체성을 규정하는 유일한 기준일까?

이스라엘에서 유대인이란 언어나 관습 등 문화적으로, 이념이나 영토 등 정치적으로 쉽게 경계가 지워지는 데 반해, 디아스포라 유대인 세계는 어떤 경계로도 구별 가능하지 않을 뿐 아니라, 그들을 규정할 만한 가시적인 기준조차 사실상 없다. 그들은, 막연히 자신들이 고국과 연결되어 있다고 생각할 뿐, 이스라엘보다 자신들이 속한 사회의 정치-문화적 환경에 훨씬 친숙해져 있다. 한걸음 더 나아가 글로벌화를 통한 다양한 정치-문화적 교류로 인해 스스로 사회의 내적·외적 경계를 허물어뜨리고 있다. 그렇다면 그들이 고국 이스라엘로 들어와 '알리야'(*aliyah*)로 사는 것만이 그들을 '유대성' 안으로 끌어들일 수 있는 유일한 대책일까?

'유대성' 역시 진화의 산물이다. 성서시대 한 사람이 영감을 얻으면서 '유대성'은 시작되었다. 고대사회 내에서 하부구조를 지탱하고 있던 무리들이 한 사람의 영감에 고무되어, 여러 무리의 가족들과 후손들이 이집트로부터 나와 집단을 이루고, 부족 연합체가 되고, '히브리'(*Habiru* 또는 *Apiru*)를 이루었다. 처음부터 친족관계가 집단의 일원이 되는 데 필수조건—민족의 조상 아브라함의 (배다른) 두 아들 중 하나는 히브리(민족)가 되고, 다른 하나는 아랍(민족)이 되었다—이었던 것은 아니었다. 나중에 히브리의 무리 가운데 하나가 이스라엘 자손(בני ישראל)이 되고, 이스라엘은 훗날 '예후디'(יהודי)라 불렸다. 다시 말해서 '게르'('떠돌이')라 불리던 이들이 오늘날 '아브라함의 자손'(*ben Avraham*)이 되고, 훗날 '이스라엘의 아들들'(*bnei Yisrael*)이 되고, 오늘날 '유대인'(*yehudim*)이 된 것이다. 유대인 혈통에서 태어나야 유대인이 된다는 생각은 나중 일이었다. 이를 두고 존 로크는 "정치-사회 집단의 일원이 되는 것이 혈통보다 우선한다"라고 말했다. 히브리적 사고로 볼 때, 집단의 일원이 되는 것이 우선이고, 혈통이나 개종은 일원이 되어 가는 '자연스런' 과정일 뿐이다. 바로 여기가 종교(적 신앙)와 민족(적 특성)이 섞이게 되는 지점이자, '유대성'에서 종교가 혈통보다 우선한다는 점이 자리하는 지점이다.[7]

종교와 민족 사이의 관계는 스펙트럼이 넓다. 보편 종교(기독교, 이슬람)에서 민족/혈통은 그리 중요하지 않다.[8] 사도 바울은 그리스도인은 모두 '아브라함의 자손'이며, 거기에는 "유대인이나 그리스인이나… 차별이 없다"고 선언했다(갈 3:26-19). 바울은 신앙의 근거가 혈통으로 결정되는 것이 아님을 강조했다. 그러나 부족 종교(유대교, 힌두교, 구 아만파)에서 민족은 종교와 매우 특별한 관계를 형성한다. 예컨대 "Polak to jest Katolik"(폴란드인은 가톨릭이다)라는 말은, 물론 폴란드인 중에 개신교도나 무신론자가 없는 것은 아니지만, "개신교나 무신론자 폴란드인은 없다"는 말과 통한다.

최근 여러 환경의 변화—보편 종교가 민족을 대체하고, 사람들이 종교에서 찾고 있는 개인 구원이 집단보다 우선시되며, 근대 자유주의가 집단의식보다는 개인의 권리를 더 중시하도록 가르치고, 종교의 중요성이 사람들 사이에서 점차 줄어들고 있는 점 등—로

---

7 히브리 성서의 룻기에 따르면, 이방인 여자 룻은 먼저 (어머니가 속한) 공동체의 신앙을 받아들인 뒤에 혈통 관계 속으로 들어가 비로소 유대 민족의 어미가 된다. 여기서 중요한 것은, 유대인이 되는 데 혈통이 우선한다면 무신론자 유대인이 태어날 수 있지만, 종교적 신앙이 우선한다면 세속적인 유대인이 될 가능성은 희박하다는 사실이다.
8 뉴욕의 랍비 힐렐 켐핀스키는 "바울은 최초의 볼셰비키였다"라고 말한다.

말미암아 유대교와 유대 민족의 혼성적(混成的) 관계는 많이 깨졌다. 그렇다면 현대 사회에서 유대교와 '유대성'이 점차 구별되는 것이라면 새로운 '유대성'은 어디서 찾을 수 있을까?

스테판 코넬은 민족 집단이 공통으로 가지고 있는 세 가지 요소로 (1) 관심 공유, (2) 제도(관습) 공유, (3) 문화 공유를 꼽았다. 그러나 오늘날 디아스포라 유대인들에게는 이 세 가지 모두 취약하다. 반유대주의의 감소와 강화된 이스라엘의 안보와 인구 감소에 따른 자기 보존 의식의 약화 등으로 말미암아 공통의 관심과 문화를 공유하는 데 실패하고 있다. 디아스포라 유대인 세계 내에서 비유대인과의 결혼이 늘어나고, 여러 유대 기구와 그에 대한 충성심은 급속도로 감소하며, 회원 수가 급감하고 기부금 및 활동 참여도가 현저히 떨어지고 있는 실정이다. 가장 큰 유대인 디아스포라 사회인 북미나 러시아, 유럽 등에서 이런 현상이 두드러지게 높게 나타난다.[9]

유대인들은 자신들이 조상들이 살던 고국과 연결되어 있다는 '전설적인' 의식 속에서 오랫동안 살아왔다. 19세기 민족주의자들에게 고국은 꿈에서나 꿈꿀 수 있는 그런 곳이었다. 그러나 지금은 엄연한 현실로서 유대 국가로서의 지위를 되찾아 유대 문화의 중심이 된 곳이 존재한다. 유대 국가 이스라엘은 전 세계 유대인들의 고

---

[9] 미국 내 유대인 중 41%가 회당에 가지 않으며, 러시아 62%, 영국 35%가 역시 그러하다. 러시아 유대인의 89%가 대속죄일(욤키푸르)에 금식하지 않는 것으로 나타난다.

향이자 박해받던 곳에서 벗어나 안전하게 머물 수 있는 피난처가 되었다. 미국계 유대인의 3분의 1은 아직도 자신이 이스라엘과 연결되어 있다고 여긴다. 이스라엘의 존재는 디아스포라 유대인의 정체성을 크게 강화한다. 디아스포라 유대인들은 고국의 유대 문화를 공유함으로써 자신들의 '유대성'을 찾아 나가며, 관습이나 절기, 의상이나 음식 등과 함께 히브리어를 배워 나가고 있다. 그러나 이것들은 주인-국가 내에서는 대부분 낯선 것들에 불과한 것으로 지속적인 영향을 끼치지 못한다.

일반적으로 민족 정체성, 특별히 민족-국가적 디아스포라 정체성은 초생적(初生的)이고, 도구적이며, 상징적이라 믿는다. 민족 정체성이란 가족이나 친족과 연결된 사회적 요소이자 동시에 상징적·문화적 요소—여기에는 공통의 역사적 경험과 더불어 의복, 음식, 음악, 공예, 건축, 절기 및 관습 등이 포함된다—와도 결합된 역사적 산물로써 '민족에 근거한 도구적 구성체'라 정의할 수 있다. 이것은 이념적 요소로부터 사회, 정치, 경제 등 실질적 필요와 관심에서 파생된다.

이러한 개념으로 볼 때, 디아스포라 유대인 세계에서 그들의 정체성이란 고정적이고 불변의 것이 결코 아니었다. 오히려 이성적 고려와 정서적·상징적 요소, 나아가 궁극적으로 이념적 요소가 결합한 역동적인 것이다. 그것은 상황에 따라 끊임없이, 다양한 방식으로 변할 수 있는 것이다. 이런 과정에서 개인, 가족, 소그룹, 큰 집단 등으로 구성된 공동체의 다양한 모양을 하고 있으나 그들은 다른 개인이나 집단과는 다른 매우 독특하고 차별화된 특성에 어느 정도 속박되기도 한다.

디아스포라 공동체의 정체성(들)은 그들이 속한 사회의 조직과 활동에 기반을 둔 여러 요소가 복잡하게 얽혀 상호작용한 결과의 산출물이다. 여기에는 주인-국가와 고국이 처한 환경과 상황과 밀접하게 연관된다. '정체성'(Identity)이 개인과 그가 속한 사회 간의 관계에 대한 개인의 문제 또는 가족이나 소그룹의 문제라면, '귀속 의식'(Identification)은 개인과 집단이 공적 영역에서 특정한 정체성을 드러내 표현하는 것으로, 예컨대 소속하고 있는 집단과 그룹에 대한 충성심이나 그들이 중요하다고 여기는 규율에 대한 책무와 관련된다.

종종 정체성과 귀속 의식 간의 차이가 발생한다. 특정한 상황하에서 특정한 집단의 구성원으로서 개인이 문화적·사회적·정치적·경제적 이유 때문에 공적으로 귀속되지 않는 경우가 생겨난다. 이러한 경우는 특히 민족-국가적 디아스포라 세계에서 관찰되는데, 여러 가지 이유로 주인-국가가 그들을 박해하거나 자격을 박탈할 때 자주 발생한다. 특히 주인-국가가 동화정책을 사용하여 주인-사회로의 완전한 통합을 강요할 경우 정체성과 귀속 의식 사이의 간격은 극도로 벌어진다. 그럴 경우 본래의 민족 정체성을 버리거나, 노골적으로 자기가 속한 사회가 요구하는 방향으로 동일화(귀속 의식)하게 된다.

예를 들면, 제2차 세계대전 이전에 독일 사회에 완전히 동화되어 통합되기를 원했던 독일계 유대인들과 중세 스페인과 포르투갈에서 강제로 기독교로 개종당한 유대인들—그러나 그들은 몰래 유대 정체성을 유지해 왔다—을 꼽을 수 있다. 그러나 그들은 공적으로 (동화되었으나) 독일인으로 인정받지 못했으며, 동시에 (기독교로 개종한 자로 취급되어) 유대인으로도 동일시되지 못했다.

디아스포라 연대는 단지 구성원들의 정체성으로만 기초하는 것이 아니며 디아스포라적 자주성의 귀속 의식 위에서 마련되는 것이다. 개인적인 정체성과 구성원의 공동체와의 귀속 의식이 강할수록 연대의식은 강화된다. 그러한 결속만이 본질적으로 디아스포라의 사회적·정치적·경제적 조직을 만들고 작동시킬 수 있다. 그러한 결속 위에서 구성원들은 활성화되고, 활동가로 지원하며, 자금을 댄다. 결국 결속력과 유대감의 정도가 기구의 주요 요소를 가늠한다.

프랑스의 유대인 철학자 임마누엘 레비나스는 '쇠사슬에 묶인 몸으로부터 벗어나려 투쟁하는 자유로운 영혼의 이중성'을 지적한 바 있는데, 이는 나치 시대 유대 전통에서 벗어나려고 몸부림치면서도 전통에 지배당하는 유대인의 이중적 현실을 논의하고자 한 것이다. 레비나스는 디아스포라 유대인들이 한쪽으로는 나치가 표방하고 있는 서구 문명의 특성—반유대주의나 인종차별주의 등과 같은—과 싸우면서도 다른 한쪽으로는 그들이 강조하는 가치—조상과의 혈통적 결합이나 종교적 신념이나 고국과의 연결 등과 같은—
에 스스로 종속되어 가는 이중적 태도를 보여주고 있다.

전 세계로 흩어진 모든 유대인이 자신이 '잃어버린' 고국과 고향
땅에 부착(附着)되어 있다고 믿는 것은 하나도 이상한 일은 아닐 것
이다. 그러나 그것이 지나치게 '토착적'(autochthonous)—'첫 번째
사람이 심어 자연스럽게 퍼져나간 나무'라는 뜻—개념이라는 비판
역시 틀린 것이 아니다. '토박이'(indigenous)—'여기 땅에 속한 사
람'이라는 뜻—란 매우 모호한 개념으로, '현재와 과거의 토지 소유
권을 천부적으로 또는 정치적으로 행사하거나 했던 자'로 규정할 수
있기 때문이다. '토박이'와 '토착적'이란 단어 사이에는 늘 개념적·
정치적 모호함이 개입한다.

이스라엘의 독립 선언서는 유대인의 토착적 이미지—조상들이
살던 이스라엘 땅에 돌아와 재차 뿌리를 내리고 살 수 있는 되찾은
권리—를 강조한다. 이스라엘 국가의 힘은, 수천 년 동안 특정한 땅
에 뿌리를 내릴 수 없었던 유대인들을 강력하게 '제자리에 되돌릴'
수 있도록 했다. 시온주의자들은 '한 민족'이 되려면 반드시 '한 영
토'를 가져야 한다고 믿었다. 그러나 그 땅은 디아스포라 유대인들
이 태어난 곳이 아니다. 즉 유대인은 그 땅의 '토박이'는 아니다. 유
대인은 '포로' 생활 중에 태어났다. 따지고 보면 그들은 조상들로부
터 오늘날의 유대인들까지 '약속의 땅'을 찾아 그 땅에 들어온 '이주
민'(나그네)이었다.

초국적 네트워크의 시대

우리는 유대인의 오래된 역사에서 유대인의 정체성을 구성하는 문화접변 과정을 다음의 세 단계로 구분해서 살필 수 있다.

(1) 다른 세계의 그것과 전혀 다를 것 없는 '한 부족'이 여러 부족들 사이에서 자리 잡고 살던 단계. 그들은, 다른 부족들처럼, 자신들이 특별히 구별된 '선민'(選民)이라고 믿었으나, 결코 홀로 그 땅에 살지 않았으며, 스스로 그 땅의 '토착민'이라고 여기지도 않았다. 그들은 자신을 늘 '떠돌이'(이주민 또는 노마드)라고 규정했다.

(2) 삶의 형태가 점차 구체화되고 나름의 제도적·문화적 특징이 형성되어 갔지만, 강력한 외부세계와의 문화적·사회적·정치적 접촉으로 전해지는 새로운 것들―예컨대 부족 통합이나, 왕을 세우거나, 성전을 짓는 일 등―에 대한 수용태도는 서로 달랐다. 어떤 이들은 강하게 거부했고, 어떤 이들은 부드럽게 받아들였고, 어떤 이들은 이전의 것들을 과감하게 버리고 새것을 선택했다.

(3) 국가가 해체되고 민족이 흩어지자, 예언가들은 언젠가 고향으로 되돌아갈 것을 희망했다. 그러나 그 꿈은 불신앙적인 정치적 방법이나 폭력적인 물리적 수단에 의한 것이 아님을

분명히 하고 있다. 오직 신의 개입으로만 가능한 것이어야 한다고 믿었다. 이러한 꿈은 비현실적으로 몽상적 예언가들의 역사적 미몽(迷夢)일 뿐이거나, 현실적으로 무기력했기 때문에 어쩔 수 없이 선택한 것이라는 비판이 가능하겠으나, 좀 더 근원적으로 말해서 힘없음을 인식하는 것이야말로 적대적 디아스포라 환경 속에서도 자신들의 뿌리를 지켜낼 수 있는 효과적인 '힘'이 된다는 사실을 그들이 알고 있었을지 모를 일이다.

여기서 강조하려는 것은 유대인 디아스포라의 긴 역사적 경험 속에서 오늘날의 디아스포라는 '새로운' 범주로 취급되어야 한다는 것이다. 막연한 혈연(血緣)이나 지연(地緣), 즉 일정한 지리적 경계 안에서 민족적 일체감으로 유지해 온 민족-국가의 논리로는 디아스포라 세계의 실체와 그 가치를 제대로 평가할 수 없다는 사실이다. 에드워드 사이드 식으로 말해서 디아스포라의 정체성은 장소와 시간으로부터 분리된 '상상의 지리'(imaginary geography)에서의 정체성이다. 여기에는 '초국적 네트워크'라는 새로운 수평적 구조가 자리한다. 그것은 유연하고, 규모 조절이 용이하며, 재생 가능한 상호 링크로 이루어진다.

디아스포라의 특권이란 인종-국가적 헤게모니와 아무런 관련 없는 것이라는 사실을 인정할 때다. '탈경계'[10]와 '탈영토화' 선언은 필요조건을 넘어서, 지연(땅)과 혈연(민족)이 본질적으로든 근원적으로든 서로 연결된 것이 아니라는 새로운 인식이야말로 디아스포라 유대인이 전 세계에 인종이나 영토에 근거를 두지 않고도 얼마든지 유대인의 민족-문화적 자치권을 형성하고 유지할 수 있다는 가능성을 열어주는 바탕이 될 것이다.

차이('구별 짓기')를 포기하면 인간의 삶은 빈곤해지고, 차이를 거세하려고 하면 그것은 필연적으로 억압의 징조가 된다. 토착민과 토박이 의식, 그리고 영토의 자기 결정권 담론에 의해 정당화되는 통치권의 포기, 즉 '탈영토화'와 '다중 정체성'이야말로 상호간의 문화적 정체성과 화합하여 매일매일 죽고 죽이는 일을 멈추게 하는 데 기여할 수 있을 것이다. 불행하게도 이 점을 시온주의자들은 효과적으로 무시해버렸다.

글로벌 시대, 국경 넘어 사유하기

21세기 글로벌화 상황에서 현대 디아스포라 세계는 비지역(dislo-cation)과 재생(regeneration) 과정이 더욱 동적이어서 예측이 어렵

---

10 이스라엘과 전 세계 유대인 커뮤니티와의 강한 유대관계를 빗대어 이프타첼은 이스라엘을 '국경 없는' 나라 또는 정체성의 경계가 한정된 영토나 국경에 국한되지 않은 나라라 불렀다.

다. 새롭게 생성되는 글로벌 정치-경제 속에서 디아스포라 공동체와 그들의 역할은, 지구적 안보나 환경 문제, 인종 갈등이나 분쟁의 이슈만큼, 더욱 중요해져 가고 있다. 이전의 디아스포라 세계가 식민주의, 산업화, 민족국가의 출현, 자본주의 시장의 발전 등과 관련된 것들이었다면, 현대에 와서 디아스포라는 정치 갈등, 경제적 불안정, 기회 찾기 및 글로벌화 등에 의해 부추겨진 것들이다.

따라서 디아스포라는 고국이나 주인-국가 모두에게 매우 중요하다. 두 진영 사이의 연결의 정도에 따라 상호 이익은 달라진다. 따라서 양 진영의 정부 당국자나 정책 결정자들 또는 고국의 디아스포라 공동체에 대한 크고 작은 정책 결정이 함축하고 있는 중요성이 매우 크다. 예컨대 주지하다시피 해외 동포의 경제적 자산이 고국의 금융, 투자, 경제 활성화뿐 아니라 교육, 문화, 여행, 관광 분야에까지 끼칠 영향력은 갈수록 커져 가고 있다.

이스라엘과 디아스포라 유대인 세계와의 관계는, 유대관계가 약하거나 강하거나, 누가 더 큰 힘을 갖든지 간에, 유대인의 디아스포라 역사가 시작된 이래 역사적으로 계속되어 왔다. 아울러 두 집단의 사회-이념적 성격은, 좌파든 우파든, 시온주의자든 반시온주의자든, 결코 균일하거나 단일한 것이 아니었음에도 고국과 디아스포라 간의 관계에 영향을 끼쳐 왔다.

우리는 이스라엘-디아스포라 관계 분석을 통해 한 집단이 다른 집단을 바라보는 시각이, 그리고 이스라엘 사회의 정치 시스템과 디아스포라 세계가 얼마나 '균일화'에서 멀리 떨어져 있는가 하는 것을 알 수 있다. 서로 다른 시선은 이스라엘 대중들의 여론에서도 잘 드러난다. 디아스포라 세계에 대한 무관심과 냉담함을 드러내는 세속적인 유대인에서부터 그들과 매우 긴밀하게 연결되어 있다고 느끼는 종교적 유대인까지 그 스펙트럼은 매우 넓다.

그럼에도 이스라엘 정당이나 정부는, 한편으로는 끊임없이 이민을 장려하면서도 다른 한편으로는 여전히 유지될 디아스포라 유대인 세계가 미래의 이스라엘의 안보와 경제에 매우 중요한 파트너임을 인식하고, 그들과의 새로운 협력관계 유지를 위해 힘쓰고 있다. 이제야 비로소 디아스포라 유대인 세계는 부정적인 이미지의 '갈룻'(포로 생활)을 벗어 던지고 미래지향적인 희망의 파트너가 되기 시작한 셈이다.

그러나 아직까지도 많은 이스라엘 사람들은 유대인 디아스포라를 고국에 종속된 사람들로 여기고 있으며, 일부 정치인 가운데서는 입으로 디아스포라 세계와의 동등한 협력과 열린 대화를 강조하면서도 실질적으로 정치, 사회, 외교, 재정적으로 의존 관계를 면치 못하는 상황 속에서 디아스포라 유대인 세계의 구심점은, 역사적 권리로 보나 영향력으로 보나, 여전히 이스라엘이 되어야 한다는 생각을 갖고 있다. 더 중요한 것은 유대인을 대하는 외부세계의 환경이 더더욱 관용적으로 변화되어 가고 있음에도, 여전히 '갈룻'을 부정적으로 보거나 디아스포라 유대인 세계를 근본주의적-시온주의자 시각에서 바라보는 이들이 적지 않은 현실이다.

이러한 완고하고 관성적인 교조적 사고는 여전히 바깥 세계의 유대인을 이스라엘로 조만간 돌아와야 할 대상, 그래서 그것이 자신들에게나 이스라엘에게 이익이 되는 선택이라는 단선적 취급 태도가 여전히 곳곳에 남아 있기 때문이다. 이러한 생각의 기저에는 디아스포라의 세계는 여전히 반유대주의와 인종차별주의가 재발하여 폭발할지도 모를 유대인들에게는 위험한 곳이며, 이스라엘만이 유일한 유대인의 피난처요 보호소라는 의식이 깔려 있다.

글로벌 경제의 관점에서 이스라엘의 디아스포라 유대인 흡수 및 통합 정책은 디아스포라 유대인 세계가 제공하거나 제공할 의지가 있는 재정보다 비용 면에서 훨씬 많이 드는 정책이다. 상대적으로 최근 디아스포라 유대인 세계로부터 NGO나 기타 단체에게 흘러 들어가는 후원금은 증가하고 있다. 갈수록 유대인 사회에서 동화나 국제결혼, 자원 부족과 같은 기존의 민족 통합을 해치는 변화 요소는 증가하고 있는 마당에 이스라엘의 태도 변화 없이는 디아스포라 세계와의 지속적인 관계를 육성하기는 점차 어려워질 것으로 전망한다. 이스라엘은 디아스포라로부터 재정적 지원과 정치적 지지에 대한 요구와 기대치를 낮출 필요가 있다. 일반화해 말해서 고국과 디아스포라 관계가 '정상적'인 단계로 새롭게 나아가야 할 필요성이 크다 하겠다.

디아스포라 유대인 세계는 국경을 뛰어넘는 '초국가 사회-정치적 존재물'이다. 상대적으로 여러 국가와 복잡하게 얽혀 있으나 그들과 분리된 채 발전한 자율적 공동체다. 디아스포라 유대인 공동체는 한편으로 복잡한 국가 안보, 정치-경제 이슈 등과 관련되어 있는 이스라엘 사람들과 연결되어 있으면서, 다른 한편으로 주인-국가의 특수한 조건과 이해관계와도 연관되어 살아간다. 디아스포라의 '자율적 공존'은 최근 글로벌화 경향과 맞물려 있으며, 국가 간의 다양한 상호관계 속에서 움직여 나간다. 상호 동등하면서도 다원적인 디아스포라 유대인 사회와의 관계 정립은 하나의 대안이 될 수 있을 것이다.

'시온'은 고통 받는 지구의 소수 민족들에게 새로운 정신의 북극성으로서 인류 구원과 인간성 회복의 희망을 보여주는 것이었다. '영토 없는 백성'으로 수천 년간을 디아스포라로 살면서 차별과 박해 속에서 불행하게 떠돌아다니던 유대인들이 반유대주의에 대한 새로운 각성과 함께 오랫동안 열망해 온 '도덕적이고 합법적이며 인본주의적인' 유대 국가를 건설하고, 자신들의 '공동체의 생존과 통합'을 이룩했다. 유대인의 역사가 소수자에 대한 편견의 역사요 희생자의 역사이자 차별을 극복하고자 하는 해방의 역사인 한은 그러하다.

　그러나 이스라엘의 독립은 곧 팔레스타인에 급진적인 새로운 문제를 야기했다. 다시 말해서 아랍-팔레스타인과의 갈등은 이스라엘의 독립이 낳은 가장 큰 사생아인 셈이다. 대규모의 유대인 이민자들이 팔레스타인 땅으로 들어와 정착하면 할수록 아랍-팔레스타인들의 고통은 가중되었다. 유럽에서 유대인을 박해한 이들은 아랍-팔레스타인인들이 아니었으므로, 유대인의 생존권 회복 과정에서 아랍-팔레스타인인들이 고통을 당하는 것은 정당하지 못한 결과인 것이다. 따라서 아랍-팔레스타인인들의 관점에서 시온주의는 과격한 식민주의 민족운동이었으며, 유대인의 이민은 하나의 침입이었다. 따라서 이스라엘은 제국주의 침략의 산물이며, 유대인은 인종차별주의자로 비춰진 셈이다.

어제는 역사의 피해자였던 유대인들이 오늘은 역사의 가해자가 되어버림으로써 '유대인을 박해한 나치'와 '팔레스타인인들을 박해하는 유대인'이 동일시되는 역사의 불가해한 아이러니 속에서, 세계의 유대인 통합을 꿈꾸며 자신들의 세력을 확장해 나가려는 유대인들의 노력을 우리는 어떻게 평가할 것인가? 또, '제2의 유대인'이라 자처하고 있는 우리가 거기서 얻을 수 있는 교훈은 무엇인가?

참
고
문
헌

제1부

Betta, Chiara, "From Orientals to Imagined Britons: Baghdadi Jews in Shanghai," *Modern Asian Studies*, 37-4(2003), pp. 999-1023.

Bickers, Robert A., *Britain in China: Community, Culture and Colonialism 1900-1949*, Manchester; New York: Manchester University Press, 1999.

Bieder, Joan, *The Jews of Singapore*, Singapore: Suntree Media, 2007.

Cesarani, David and Romain, Gemma, ed., ed., *Port Jews: Jewish communities in cosmopolitan maritime trading centres, 1550-1950*, London: Frank Cass, 2002.

Cesarani, David and Romain, Gemma, ed., *Jews and Port Cities 1590-1990: Commerce, Community and Cosmopolitanism*, London: Vallentine Mitchell, 2006.

Chirot, Daniel and Reid, Anthony, ed., *Essential Outsiders: Chinese and Jews in the modern transformation of Southeast Asia and Central Europe*, London: University of Washington Press, 1997.

Choe Young-Chul, "A Study on the Editorials of Majors Korean Newspapers with respect to Middle Eastern Affairs. Proceeding of the 15th International Conference of the Korean Association of Middle East Studies," Nov. 30. 2006, pp. 375-397.

David Goodman and Masanori Miyazawa, *Jews in the Japanese Mind*, Free Press, 1995. Expanded Edition, 2005.

Ehrlich, Avrum M., *Encyclopedia of the Jewish diaspora: origins, experiences, and culture, Santa Barbara*, Calif: ABC-CLIO; London: Eurospan distributor, 2008.

Ephraim, Frank, *Escape to Manila: from Nazi tyranny to Japanese terror*, Urbana: University of Illinois Press, 2003.

Gao, Bei, China, *Japan and the flight of European Jewish refugees to Shanghai, 1938-1945*, Ann Arbor, Michi: UMI, 2007.

Goldstein, Jonathan, *The Jews of China*, N.Y.; London: M.E. Sharpe, 1999.

Goodman, David and Miyazawa Masanori, *Jews in the Japanese Mind*, Free Press, expanded Edition, 2005.

Jarvis, Adrian, and Lee, Robert, ed., *Trade, migration and urban networks in port cities, c. 1640-1940*, St. John's, Nfld: International Maritime Economic History Association, 2008.

Kaganovich, Albert, *The Mashhadi Jews (Djedids) in Central Asia*, Berlin: Klaus Schwarz, 2007.

Kranzler, David, Japanese, *Nazis & Jews: the Jewish Refugee Community of Shanghai, 1938-1945*, Hoboken, N.J: Ktav Pub. House, 1988.

Langmuir, Gavin I., *Towards a Definition of Antisemitism*, California University Press, 1990.

Lee Hee-Soo, "9-11 Event and New Approach to Islam and Middle East in Korean Society. Proceeding on Forum for Korea-Middle East Cooperation," 13. Dec. 2003, American University in Cairo, pp. 41-50.

Liberman, Yaacov (Yana), *My China: Jewish life in the Orient, 1900-1950*, Berkeley, Calif: Judah L. Magnes Museum; Jerusalem: Gefen Pub. House Ltd., 1998.

Loomis, H., "The Story of a Russian Jew who became a Christian Colporteur in Korea," 1896.

Malek, Roman, *From Kaifeng... to Shanghai: Jews in China*, Sankt Augustin: Monumenta Serica Institute and the China-Zentrum, 2000.

Mendelssohn, Sidney, *The Jews of Asia, especially in the sixteenth and seventeenth centuries*, London: K. Paul, Trench, Trubner & co., 1920.

Nathan, Eze, *The History of Jews in Singapore: 1830-1945*, Singapore: HERBILU Editorial & Marketing Services, 1986.

Oppert, E. J., *Ein verschlossenes Land. Reisen nach Corea*, Leipzig: F. A. Brockhaus, 1880. 신복룡 · 장우영 역주, 『금단의 나라 조선』, 집문당, 2000.

Parfitt, Tudor, *The Thirteenth Gate: Travels among the Lost Tribes of Israel*, Bethes-
da: Adler & Adler, 1987.

Pieters, Alexander A., "First Translation," *The Korea Mission Field*, May 1938, pp.
91-93.

Prosser, Jay, "My Grandfather's Voice: Jewish Immigrations from Baghdad to
Bombay," *Life Writing* 4-1(2007), pp. 103-110.

Rabinowitz, Louis, *Far East mission*, Johannesburg, 1952.

Ristaino, Marcia Reynders, *Port of Last Resort: Diaspora Communities of Shanghai*,
Stanford, Calif: Stanford University Press, 2001.

Rutland, S. D., "'Waiting room Shanghai': Australian Reactions to the Plight of
the Jews in Shanghai after the Second World War," *The Leo Baeck Institute
Yearbook* 32(1987), pp. 407-433.

Sassoon, David Solomon, *A history of the Jews in Baghdad*, Letchworth: S. D.
Sassoon, 1949.

Schiff, J., *Our Journey to Japan*, New York: The New York Co-Operation Society,
1906.

Shulman, Frank Joseph, ed., *Directory of Individuals Interested in the Jews and the
Jewish Communities of East, Southeast, and South Asia, Carrollton*, Georgia:
West Georgia College, 1993.

Silverstein, Josef & Lynn, "David Marshall and Jewish Emigration from China,"
The China Quarterly 75(1978), pp. 647-654.

Sorkin, D., "The Port Jew: Notes toward a social type," *Journal of Jewish studies*
50(1999), pp. 87-97.

Wright, A., ed., *Twentieth Century Impressions of Hong Kong, Shanghai and Other
Treaty Ports in China: Their History, People, Commerce, Industries, and
Resources*, London: Lloyd's Greater Britain Publishing Company, 1908.

강기천, 『나의 人生 旅路』, 서울: 계몽사, 1995.

국사편찬위원회 편, 『윤치호 일기』, 1권~11권, 국사편찬위원회, 1973~1989.

金禹鉉, 「시온主義와 시온運動」, 『眞生』 6(1935), 6-10쪽.

김상태 편역, 『윤치호 일기 1916~1943: 한 지식인의 내면세계를 통해 본 식민지시기』,
역사비평사, 2001.

김영자, 『서울 제2의 故鄕 : 유럽인의 눈에 비친 100년 전 서울』, 서울市立大學校 부설
서울학硏究所, 1994.

김윤경, 「위대한 유태인 ①~⑥」, 『靑年』 제8권 제4호(1928년 5월)~제9월 제9호(1928
년 12월).

김중은, "最初의 舊約國譯 先驅者 : 알렉산더 피터스(Alexander A. Pieters, 彼得)," 『교회와 신학』13(1981), 29-42쪽.

김지환, "중국(中國) 유태이주민(猶太移住民)에 대한 일본(日本)의 인식과 정책,"『중국근현대사연구』46(2010), pp. 191-212.

睦榮萬,「猶太人의 世界史登場 ― 猶太人과, 猶太的 世界의 展開」,『春秋』제5권 제3호(1944년 3월), 38-51쪽.

潘光 主編, 猶太人在中國, 北京: 五洲傳播出版社, 2001.

元載淵, "오페르트의 조선항해와 내포 일대의 천주교 박해 ― 門戶開放論과 관련하여,"「百濟文化」第29輯, 公州大學校 百濟文化研究所, 2000, 171-188쪽.

尹素英, "朴珪壽와 셰난도어호 事件-『東津禦侮輯要』를 통하여,"「淑明韓國史論」2 (淑明女子大學校 韓國史學科, 1996), 217-260쪽.

이광수,『그의 自敍傳』, 光英社, 단기 4292〔1959년〕, 118-203쪽.

이원복,『먼 나라 이웃나라』(미국인 편), 서울: 김영사, 2004.

이지은,『왜곡된 한국, 외로운 한국: 300년 동안 유럽이 본 한국』, 서울: 책세상, 2006.

崔南善,「猶太人 排斥의 由來」,『自由公論』제1권 제1호(1958년 12월), 130-146쪽.

최창모,『기억과 편견: 반유대주의의 뿌리를 찾아서』, 서울: 책세상, 2004.

_____,『이스라엘사』, 서울: 대한교과서(주), 2005.

제2부

Arian, A., *The Second Republic: Politics in Israel*, Tel Aviv: Zmorah Bitan, 1997. (in Hebrew)

Beilin, Yossi, *On Unity and Continuity: A New Framework for Jewish Life in Israel and the Diaspora*, Jerusalem: World Jewish Congress Policy Forum, 2002.

Benz, Wolfgang, *Bilder vom Juden*, München: Verlag C. H. Beck, 2001, 윤용선 옮김,『유대인 이미지의 역사』, 푸른역사, 2005.

Boyarin, Daniel and Boyarin, Jonathan, "Diaspora: Generation and the Ground of Jewish Identity," *Critical Inquiry* 19(1993), pp. 693-725.

Boyarin, Jonathan and Boyarin, Daniel, *Power of Diaspora: Two Essays on the Relevance of Jewish Culture*, Minnesota: University of Minnesota Press, 2002.

Brass, Paul, ed., *Ethnic Groups and the State*, London: Ccroom, 1985.

Brueggemann, W., The Land, Philadelphia: Fortress Press, 1977.

Choucri, N., "Migration and security: some key linkages," *Journal of International*

Affairs 56(2002), pp. 97-122.

Coggins, Richard James, "The Origins of the Jewish Diaspora," in *The World of Ancient Israel*, Ronald E. Clements, ed., Cambridge: Cambridge University Press, 1989, pp. 163-181.

Cohen, Robin, "Diasporas and the State: From Victims to Challengers," *International Affairs* 72(1996), pp. 507-520.

_____. *Global Diasporas: An Introduction*, London: UCL Press, 1997.

Cohen, Steven, *Religious Stability and Ethic Decline: Emerging Patterns of Jewish Identity in the US*, New York: Florence G. Heller-JCCARC, 1998.

Connor, Walker, *Ethno-Nationalism: The Quest for Understanding*, Princeton, N.J.: Princeton University Press, 1994.

Corinaldi, M., *Ethiopian Jewry: Identity and tradition*, Jerusalem: Rubin Mass, 1988.

Della-Pergola, Sergio, *The Jewish People Between Thriving and Decline*, Jerusalem: The Jewish People Policy Planning Institute, 2004.

DellaPergola, Sergio, Rebhun, Uzi and Tolts, Mark. "Contemporary Jewish Diaspora in Global Context: Human Development Correlates of Population Trends," *Israel Studies* 10(2005), pp.61-69.

Don-Yehia, E. ed., *Israel and Diaspora Jews*, Ramat Gan: Bar Ilan University Press, 1990.

Dowty, A., *The Jewish State*, Berkeley: University of California Press, 1998.

Ehrlich, A., *Encyclopedia of the Jewish Diaspora*, Santa Barbara: ABC Clio, 2008, pp. 392-402.

Elazar, D., *Community and Polity: The Organizational Dynamics of American Jewry*, Philadelphia: The Jewish Publication Society, 1995.

Freyne, Sean, "Introduction: Studying the Jewish Diaspora in Antiquity," in *Jews in the Hellenistic and Roman Cities*, eds., John R. Bartlett, London: Routledge, 2002, pp. 1-5.

Gitelman, Zvi, "The Decline of the Diaspora Jewish Nation: Boundaries, Content, and Jewish Identity," *Jewish Social Studies* 4(1998), pp. 112-132.

Hechter, Michael, "Rational Choice Theory and the Study of Ethnic and Race Relations," *Theories of Ethnic and Race Relations*, eds., John Rex and David Mason, Cambridge: Cambridge University Press, 1988, pp. 264-279.

Horowitz, D. and Lissak, M., *From Yishuva to State*, Tel Aviv: Am Oved, 1977.

Laqueur, Walter, *A History of Zionism*, New York: Schocken Books, 1989.

Lau, Peter H. W., *Identity and ethics in the Book of Ruth: a social identity approach*, Berlin; New York: De Gruyter, 2011.

Lev-Aladgem, Shulamith, "Between Home and Homeland: Facilitating Theatre with Ethiopian Youth," *Research in Drama Education* 13(2008), pp. 275-293.

Levinas, Emmanuel, "Reflections on the Philosophy of Hitlerism," (1934), trans. Sean Hand, *Critical Inquiry* 17(1990), pp. 68-69.

Liebman, C., *Pressures without Sanctions: The Influence of World Jewry on Israeli Policy*, Rutherford: Dickinson University Press, 1977.

Lyons, Terrence, "The Ethiopian Diaspora and Homeland Conflict," *International Studies Association Conference Paper, 2008 Annual Meeting*, pp. 1-30.

Magid, Shaul, "In Search of a Critical Voice in the Jewish Diaspora: Homelessness and Home in Edward Said and Shalom Noah Barzofsky's *Netivot Shalom*," *Jewish Social Studies: History, Culture, Society* 12(2006), pp. 193-227.

Marzano, Arturo, "The Loneliness of Israel. The Jewish State's Status in International Relations," *The International spectator* 48(2013), pp. 96-113.

Newman, David, "Citizenship, Identity and Location: The Changing Discourse of Israeli Geopolitics," In K. Dodds & D. Atkinson, eds., *Geopolitical Traditions? Critical Histories of a Century of Geopolitical Thought*, London: Routledge, 1998.

Reis, Michele, "Theorizing Diaspora: Perspectives on "Classical" and "Contemporary" Diaspora," *International Migration* 42(2004), pp. 41-60.

Remennick, Larissa, "Transnational community in the making: Russian-Jewish immigrants of the 1990s in Israel," *Journal of Ethnic and Migration Studies* 28(2002), pp. 515-530.

_____, "What does integration mean? Social insertion of Russian Immigrants in Israel," *Journal of International Migration and Integration* 4(2003), pp. 23-49.

Ribner, D. S. and Schindler, R., "The Crisis of Religious Identity Among Ethiopian Immigrants in Israel," *Journal of Black Studies* 27(1996), pp. 104-117.

Rubin, Barry, *Assimilation and Its Discontent*, New York: NY Times Books, 1995.

Safran, William, "Diasporas in modern societies: myths of homeland and return," *Diaspora* 1(1991), pp. 83-99.

_____, "The Jewish Diaspora in a Comparative and Theoretical Perspective,"

Israel studies 10(2005), pp. 36-60.

Said, E. W., "Narrative and Geography," *New Left Review* 180(1990), pp. 81-100.

Sandler, S., *State of Israel, Land of Israel: The Statist and Ethno-national Dimensions of Foreign Policy*, London: Greenwood, 1993.

Sasson, Theodore, "Trends in American Jewish Attachment to Israel: An Asse-ssment of the 'Distancing' Hypothesis," *Contemporary Jewry* 30(2010), pp. 297-319.

Shahar, Yuval, eds., *Israel and the Diaspora in the time of the Second Temple and the Mishnah*, Tel Aviv: Tel Aviv University, 2012.

Shain, Yossi, "Jewish Kinship at A Crossroads: Lessons for Homelands and Diasporas," *Political Science Quarterly* 117(2002), pp. 279-309.

Shain, Yossi and Bristman, Barry, "Diaspora, kinship and loyalty: the renewal of Jewish national security," *International Affairs* 78(2002), pp. 69-95.

Sheffer, Gabriel, "A new field of study: modern diasporas in international politics," in *Modern Diasporas in International Politics*, Edited by G. Sheffer, London: Croom Helm, 1986, pp. 1-15.

_____, "A Nation and its Diaspora: A Re-examination of Israeli-Jewish Dias-pora Relations," *Diaspora* 11(2002), pp. 331-358.

_____, *At Home Abroad: Diaspora Politics*, Cambridge: Cambridge University Press, 2003.

_____, "Is the Jewish Diaspora Unique? Reflections on the Diaspora's Current Situation," *Israel Studies* 10(2005), pp. 1-35.

_____, *Who Leads? Israeli-Diaspora Relations*, Tel Aviv: Hakibutz Hameuchad, 2006, pp. 19-37.

_____, "Israel in diaspora Jewish identity. What does it all mean?" in *Israel, the Diaspora and Jewish Identity*, ed., D. Ben Moshe and Z. Shavit, Brighton: Sussex Academic Press, 2007.

_____, "Homeland and Diaspora: An Analytical Perspective on Israeli-Jewish Diaspora Relations," *Ethnopolitics: Formerly Global Review of Ethnopolitics* 9(2010), pp. 379-399.

Shuval, Judith T., "Migration To Israel: The Mythology of 'Uniqueness,'" *International Migration* 36(1998), pp.3-26.

Singh, Ashutosh, "Mapping Instability and Diversity of Diaspora: A Theoretical Perspective," *The Criterion: An International Journal in English* 4(2013), pp. 1-7.

Stock, E., *Beyond Partnership*, London: Herzl PR, 1992.

Tal, R., *The Jewish People between Thriving and Decline*, Edited by R. Tal, Jerusalem: The Jewish People Policy Planning Institute, 2005.

Tobin, Gary, *Opening the Gates*, San Francisco: Jossey-Bass, 1999.

Vital, D., *The Future of the Jews*, Cambridge, MA: Harvard University Press, 1990.

Yiftachel, O., "Israeli society and Jewish-Palestinian reconciliation: "ethnocracy" and its territorial contradictions," *Middle East Journal* 51(1997), pp. 505-519.

Wistrich, R. S., *Antisemitism: The Longest Hatred*, Thames Methuen, 1991.

윤인진, "디아스포라와 초국가주의의 고전 및 현대 연구 검토,"『재외한인연구』28(2012), 7-47쪽.

임채완, "글로벌 디아스포라학의 체계화,"『한국동북아논총』63(2012), 311-337쪽.

최창모, "시온주의 운동의 이념과 유대민족 통합전략,"『한민족공영체』5(1997), 82-111쪽.

_____,『기억과 편견: 반유대주의의 뿌리를 찾아서』, 서울: 책세상, 2004.

_____,『이스라엘사』, 서울: 대한교과서(주), 2005.